Georg Tschacher, M.Eng.

Handbuch Brandschutzvorschriften

Alle relevanten DIN-Normen und gesetzlichen
Vorschriften praktisch kommentiert zur Hand

9. aktualisierte und erweiterte Auflage

FORUM

WISSEN,
DAS ANKOMMT.

Bibliografische Information der Deutschen Bibliothek

Die Deutsche Bibliothek verzeichnet diese Publikation in der Deutschen Nationalbibliografie; detaillierte bibliografische Daten sind im Internet über http://dnb.dnb.de abrufbar.

© 2018 by FORUM VERLAG HERKERT GMBH
Mandichostraße 18
86504 Merching

Telefon: +49 (0)8233 381-123
Fax: +49 (0)8233 381-222
E-Mail: service@forum-verlag.com
Internet: www.forum-verlag.com

Dieses Verlagserzeugnis wurde nach bestem Wissen und nach dem aktuellen Stand von Recht, Wissenschaft und Technik zum Druckzeitpunkt erstellt. Der Verlag übernimmt keine Gewähr für Druckfehler und inhaltliche Fehler.

Alle Rechte vorbehalten. Das Werk einschließlich aller seiner Teile ist urheberrechtlich geschützt. Jede Nutzung in anderen als den gesetzlich zugelassenen Fällen bedarf der vorherigen, schriftlichen Einwilligung des Verlags. Das gilt insbesondere für Vervielfältigungen, Übersetzungen, Mikroverfilmungen und die Einspeicherung in elektronischen Systemen.

Hinweis: Aus Gründen der besseren Lesbarkeit und Einfachheit wird in den folgenden Texten meist die männliche Form verwendet. Die verwendeten Bezeichnungen sind als geschlechtsneutral bzw. als Oberbegriffe zu interpretieren und gelten gleichermaßen für das andere Geschlecht.

Titelfoto/-illustration: © fotografi edk – fotolia.com
Satz: mediaTEXT Jena GmbH, 07747 Jena
Druck: Druckerei & Verlag Steinmeier GmbH & Co. KG, 86738 Deiningen

Printed in Germany 2018

ISBN: 978-3-96314-020-4

Vorwort zur neunten Auflage

In Deutschland ist es Aufgabe der Länder, den baulichen und abwehrenden Brandschutz zu regeln. Gesetze, Verordnungen, Technische Regeln, Bestimmungen der Deutschen Gesetzlichen Unfallversicherung und Normen haben jedoch bundesweite Gültigkeit. Das macht es oft schwer zu erkennen, welchen gesetzlichen Vorgaben nun Folge geleistet werden muss und welche Rechtsvorschriften ober- oder unterhalb anderer Normen stehen.

Darum kann es schwirig sein festzulegen, ob, wann und wenn ja mit welchen Begründungen und Kompensationsmaßnahmen man von Vorgaben abweichen darf – und wie weit, denn manchmal findet man auch Widersprüchliches: Im Ort A ist etwas genehmigt, was in der Stadt B nicht genehmigungsfähig erscheint.

In diesem Buch finden Sie die komplexe rechtliche Normung für den Brandschutz in Deutschland verständlich kommentiert und von Format, Umfang, Gliederung und Inhalt her so, wie es der betriebliche Praktiker für die tägliche Arbeit braucht. Viele bekannte, erfahrene und gute Fachleute im Brandschutz haben ihr Wissen zusammengetragen und in drei übersichtlichen Kapiteln über anlagentechnischen, baulichen und organisatorischen Brandschutz wiedergegeben.

Vorwort zur neunten Auflage

Der Erfolg, nämlich dass dieses Buch jetzt in so kurzer Zeit bereits in der 9. aktualisierten und erweiterten Auflage vorliegt, zeigt den hohen Bedarf und belegt die Qualität des Werks: Sie halten die aktuellen Brandschutz-DIN-Normen kommentiert in der Hand, die von Bedeutung sind, kompakt und auf den Punkt gebracht.

In regelmäßigen Abständen verändern sich Vorgaben und Inhalte von Normen. Deshalb muss der betriebliche Brandschutz immer wieder kritisch analysiert, verändert und angepasst werden.

Das Einhalten von Technischen Regeln und DIN-Normen allein ist noch keine Garantie der Schuldfreiheit im Schadensfall. Wer allerdings belegen kann, dass er vorab nachgedacht und konstruktive Schritte der Prävention individuell umgesetzt hat, der wird Brände in Quantität und Qualität verhindern können und trägt somit zum sozialen und ökonomischen Erfolg seines Unternehmens bei.

Autoren und Verlag freuen sich über Ihre kritischen, konstruktiven Anregungen für die 9. Auflage – bitte schreiben oder mailen Sie uns, wenn Sie Verbesserungs- oder Ergänzungsbedarf sehen.

Wir wünschen Ihnen Brandfreiheit und viel Erfolg bei Ihrer wichtigen Aufgabe!

Georg Tschacher M. Eng. im Namen aller Co-Autoren und des Verlags

Gesamtinhaltsverzeichnis

Vorwort zur neunten Auflage	3
Herausgeber-/Autorenverzeichnis	17
DIN-/Vorschriften-Verzeichnis (aufgelistet nach Kapiteln)	29
Teil 1 Anlagentechnischer Brandschutz	29
Teil 2 Baulicher Brandschutz	34
Teil 3 Organisatorischer Brandschutz	38
DIN-/Vorschriften-Verzeichnis (aufgelistet nach Normen)	41
Teil 1 Anlagentechnischer Brandschutz	59
Brandmeldeanlagen (DIN VDE 0833-1, DIN VDE 0833-2, DIN EN 54, DIN 14675, VdS 2095)	61
Funktion und Struktur	65
Nachweise/Verantwortlichkeiten	69
Planung	71
Montage/Installation	71
Inbetriebsetzen	72
Abnahme	73
Betrieb	74
Begehung, Inspektion und Wartung	74
Erfassen von technischen Daten	76
Aktuelle Rechtsprechung	80
Feststellanlagen (DIN 4102-18, DIN EN 14637, DIN 14677, DIBt)	82

Technische Anforderungen und Zulassung bzw. Bauartgenehmigung	84
Baurechtliche Anforderungen	87
Anforderungen und Bestandteile	88
Brandmeldeanlagen	101
Montage	102
Abnahmeprüfung	102
Periodische Überwachung und Wartung	103
Ex-Bereich	104
Feuerlöscher (DIN EN 3, DIN 14406, ASR A2.2)	107
Begriffsbestimmung	107
Bauarten	110
Kennzeichnung	111
Löschmittel	114
Funktionsdauer – Löschmittelfüllmenge	114
Wasser-/Schaumlöscher	117
Pulverlöscher	120
Kohlendioxidlöscher	122
Fettbrandlöscher	124
Prüfung und Instandhaltung der Feuerlöscher	124
Ermittlung der bereitzustellenden Feuerlöscher	126
Brandklassen	127
Unterteilung der betrieblichen Brandgefährdung	129
Ausstattung von Arbeitsstätten mit Feuerlöschern	132
Löschvermögen	136

Auslegungsbeispiele für die Ausstattung mit
Feuerlöschern 138
Rauch- und Wärmeabzugsanlagen (DIN 18232,
VdS 4020). 141
    Wirkungsweise 144
    Natürliche Rauch- und Wärmeabzugsanlagen
    (NRA). 147
    Maschinelle Rauch- und Wärmeabzugsanlagen
    (MRA) 148
    Bemessung und Anzahl von RWA 149
    Nutzung des Gebäudes. 150
    Nutzungs- und Betriebsrisiko. 150
    Brandentwicklungsdauer. 151
    Raumgröße. 153
    Berechnung der Größe der Öffnungsfläche nach
    DIN 18232 156
    Nutzung des Gebäudes. 157
    Brandentwicklungsdauer. 158
    Raumgröße. 161
    Anordnung der Rauch- und Wärmeabzugsgeräte
    (RWG) 163
    Dachabschnittsfläche 165
    Rauchschürzen 166
    Zuluftöffnungen für NRW 167
    Einbauhinweise für NRW 169
    Auslösung von Rauchabzugsgeräten 171

Abnahme mit technischen Unterlagen und
Prüfzeugnis 174

Wartung und Instandsetzung 174

Wandhydranten (DIN 14461-1, DIN 14462) 177

Allgemeines 177

Baurechtliche Forderungen 178

Forderungen aus dem Arbeitsstättenrecht 181

Arten der Wandhydranten 182

Arten der Löschwasserversorgung 186

Wasserversorgungsdruck 190

Flutungszeit 190

Entleerung 191

Auslösung/Kabelstrang 191

Raumtemperatur 192

Anbindung von Löschwasseranlagen an das
Trinkwassernetz 192

Trinkwasseranbindung von Wand- und
Außenhydranten 193

Notstromversorgung 198

Entwässerung und Geräteaufstellung 198

Funktionsprüfung 200

Aufstellung von Übergabestationen oberhalb der
Rückstauebene 201

Aufstellung von Übergabestationen unterhalb der
Rückstauebene 201

Abnahme und Betrieb von Wandhydranten und
Löschwasserleitungen 205

Instandhaltung von Wandhydranten. 206
Sprinkleranlagen (DIN EN 12845, VdS CEA 4001). 210
    Nassanlagen. 210
    Trockenanlagen. 211
    Vorgesteuerte Anlagen. 211
    Tandemanlagen. 211
    Planung und Installation von Sprinkleranlagen . . . 212
    Einführung der DIN EN 12845 213
    Schutzniveaus der Normen. 214
    Verwendung zugelassener Bauteile 216
    Höhere Schutzanforderungen in der DIN EN 12845. 217
    Zuverlässigkeit von Trocken- und
    Nass-Trocken-Anlagen nach DIN EN 12845 220
    Zuverlässigkeit alter Anlagen. 221
    Hydraulische Berechnung 221
    Anbindung an das Trinkwassernetz 222
    Wichtige Begriffe 223
    Instandhaltungsanweisungen 225
    Aufgabe des Brandschutzsachverständigen. 225
    Abnahme von Sprinkleranlagen. 226
    Errichterfirmen 227
    Einbeziehung von Gas-/Wasser-
    Installationsunternehmen 227
    Zusammenfassung. 228
Schaumlöschanlagen (MBO, DIN 13565). 230
    Heißschaumlöschanlagen 231

Löschanlagen in Lagerhallen	235
Kompaktschaum-Feuerlöschverfahren	237
Löschanlagen in Tunneln	239
Weitere Löschanlagen	240
Einbau, Wartung und Prüfung	244
Gaslöschanlagen (Normenreihe DIN EN 12094)	249
Wirkungsweise Feuerlöschmittel Kohlendioxid	254
Sicherheitsmaßnahmen	255
Vorteile von CO_2	257
Weitere Löschgase der achten Hauptgruppe	258
Chemisch wirkende Löschgase	259
Auslegung Montage Wartung	260
Teil 2 Baulicher Brandschutz	263
Abschottungen	265
Einleitung	265
Eignungsnachweise	266
Die allgemeine bauaufsichtliche Zulassung	267
Die Europäische Technische Zulassung (ETApproval)	269
Die Europäische Technische Bewertung (ETAssessment)	270
Nationale Zusatzforderungen	271
CE-Kennzeichnung	273
Leistungserklärung (DoP)	274
Wie sind ETApprovals aufgebaut und zu lesen?	275
Wie sind ETAssessments aufgebaut und zu lesen?	277

Nach welchen Prüfnormen sind die
Zulassungsprüfungen durchzuführen? 280

Brandverhalten von Baustoffen; Brandschutzklassen
(DIN 4102-4, DIN EN 13501) 283

    Definition 283

    Baustoffklassen nach DIN 4102-4 283

    Baustoffklassen nach DIN EN 13501-1 288

    Allgemeine Verwendung mit Nachweisen 291

    Bauregelliste A Teil 1, Teil 2 und Teil 3 292

    Bauregelliste B Teil 1 und Teil 2 293

    Liste C 294

    Feuerwiderstandsklassen 296

    Feuerwiderstandsklassen nach DIN 4102-4 299

    Feuerwiderstandsklassen nach DIN EN 13501-2 . . . 303

Fugen (DIN 4102-4, DIN EN 13501). 305

    Einleitung 305

    Eignungsnachweise 306

    Das allgemeine bauaufsichtliche Prüfzeugnis. 308

    Die Europäische Technische Zulassung (ETA) 310

    Die Europäische Technische Bewertung
    (ETAssessment). 311

    Nationale Zusatzforderungen. 312

    CE-Kennzeichnung. 313

    Leistungserklärung (DoP) 314

    Wie sind ETAssessments aufgebaut und zu lesen?. 315

Nach welchen Prüfnormen sind die Prüfungen durchzuführen? 318

Industriebaurichtlinie 324

    Rechtlicher Hintergrund 324

    Muster-Industriebaurichtlinie 2014 324

    Ziel 325

    Geltungsbereich 326

    Begriffe 327

    Verfahren 331

    Allgemeine Bestimmungen 332

    Anforderungen an die Größe der Brandabschnitte und an die Bauart der Konstruktion im Verfahren nach Abschnitt 6 ohne Brandlastermittlung 348

    Anforderungen an Baustoffe und Bauteile sowie an die Größe der Brandbekämpfungsabschnitte unter Verwendung des Rechenverfahrens nach DIN 18230-1 349

    Brandbekämpfungsabschnitte 350

    Anforderungen an Brandabschnittsflächen ≥ 60.000 m^2 351

    Brandschutztechnische Bemessung der Bauteile 352

    Zusätzliche Bauvorlagen 353

    Pflichten des Betreibers 354

Lüftungsleitungen (DIN EN 13501, M-LüAR) 355

    Einleitung 355

    Brandschutztechnische Grundanforderungen an Lüftungsanlagen 357

    Zusätzliche wichtige Normen. 357
    Festgelegte Begriffe 358
    Der Brandversuch bei Lüftungsleitungen. 360
    Der Brandversuch bei Brandschutzklappen 363
    Klassifizierung von Bauprodukten und Bauarten zu ihrem Brandverhalten (DIN EN 13501). 364
    Rauchmelder für die Überwachung von Lüftungsleitungen (DIN EN 54-27) 365
    Muster-Richtlinie über brandschutztechnische Anforderungen an Lüftungsanlagen (Muster-Lüftungsanlagen-Richtlinie (M-LüAR)). . . . 366

Schlösser und Beschläge (DIN EN 179, DIN EN 1125, ELTVTR). 370
    Rechtliche Einordnung 373
    Notausgangsverschluss DIN EN 179 374
    Paniktürverschlüsse DIN EN 1125. 375
    Grundkomponenten elektrischer Verriegelungssysteme 387

Verglasungen im Brandschutz (DIN 4102-13). 389
    Einleitung 389
    Anforderungen an Brandschutzverglasungen nach DIN 4102-13, Abschnitt 6 394
    Kurzer Überblick über Einbausituationen und erforderliche Verglasung. 396
    Erforderliche Verwendbarkeitsnachweise 398
    Sicherheit gegen Glasbruch 401

Feuer- und Rauchschutzabschlüsse (DIN EN 16034,
DIN 18093, DIN EN 13501) 402
    Definition 402
    Anforderungen 403
    Bewertung der Feuer- und Rauchschutzabschlüsse
    durch Produktzertifizierungsstellen............ 407
    Leistungserklärung........................ 413
    Beispiel für eine Leistungserklärung........... 415
    Einbau und Wartung 418
    Wandtypen............................... 418
    Türbeschläge und Zubehörteile 419
    Änderungen an Feuerschutzabschlüssen........ 419
    Änderungen an Rauchschutztüren 421
    Checkliste................................ 421

Teil 3 Organisatorischer Brandschutz............. 427

Brandschutzordnung (DIN 14096) 429
    Brandschutzordnung Teil A.................. 432
    Brandschutzordnung Teil B.................. 435
    Brandschutzordnung Teil C.................. 446
    Muster Alarmplan 453

Feuerwehrpläne für bauliche Anlagen (DIN 14095).... 454
    Einleitung................................ 454
    Bestandteile des Feuerwehrplans und dessen
    Inhalte 458
    Format und Darstellung 462

Flucht- und Rettungspläne (DIN ISO 23601, ASR A1.3, ASR A2.3, DIN SPEC 4844-4).................... 468

    Einleitung................................ 468

    Rechtsgrundlagen......................... 468

    Anforderungen an Flucht- und Rettungspläne nach ASR A1.3 und ASR A2.3 471

    Beispiel für einen Flucht- und Rettungsplan...... 473

    Unterweisen und Üben..................... 480

    Prüfung und Überarbeitung.................. 482

Sicherheitskennzeichnung, Maße und Erkennungsweiten (ASR A1.3, DIN EN ISO 7010, DIN 4844)................................... 483

    Einleitung................................ 483

    Sicherheitszeichen – Farbe, Form und Material ... 485

    Sicherheitszeichen – Abmessungen und Anbringung................................ 487

    Rettungszeichen 491

    Brandschutzzeichen 496

    Zusatzzeichen 497

    Kombinationszeichen 500

Grafische Symbole für das Feuerwehrwesen (DIN 14034-6) 502

    Symbole für das Feuerwehrwesen 507

Stichwortverzeichnis........................... 517

Gesamtinhaltsverzeichnis

Herausgeber-/Autorenverzeichnis

Herausgeber

Georg Tschacher, M.Eng.
Herr Tschacher ist studierter Sicherheits- und Brandschutzingenieur mit den Schwerpunkten Brandschutz, Arbeitsschutz und Veranstaltungssicherheit. Neben der Qualifikation zum Fachplaner Brandschutz hat Herr Tschacher u. a. die Ausbildung zum Brandschutzbeauftragten sowie zur Fachkraft für Arbeitssicherheit. Der berufliche Werdegang umfasst die Tätigkeit innerhalb eines Ingenieurbüros sowie anschließend bei einem international tätigen Prüf- und Zertifizierungsunternehmen als Projektleiter. Innerhalb der BAV-Ingenieure GmbH ist er Geschäftsführer und als Sachverständiger für Brandschutz tätig. Darüber hinaus ist er Lehrbeauftragter an der Hochschule in Furtwangen. Privat ist Herr Tschacher Mitglied der Freiwilligen Feuerwehr.

Autoren

Michael Becker
Seit 1986 ist Michael Becker als Leiter von Trainings- und Ausbildungsabteilungen im Brandschutz tätig; seit 2009 leitet er die Abteilung Ausbildung und Training der Fa. TOTAL Feuerschutz in Ladenburg. Zu seinen Aufgaben gehört auch der Betrieb des neuen Lösch- und Versuchszentrums in Ladenburg, auf dem echte Löschübungen durchgeführt wer-

den können. Herr Becker ist Mitglied in verschiedenen Arbeitskreisen des DIN und als Sachverständiger im Sachgebiet Brandschutz des DGUV benannt. Weiterhin arbeitet er im BVFA-Bundesverband technischer Brandschutz sowie als Vorstandsvorsitzender in der GRIF (Gütesicherung Instandhaltung Feuerlöschgeräte). Er ist als Autor in verschiedenen Fachmedien und als Referent bei diversen Fachveranstaltungen tätig.

Michael K. Biehl, Brandamtsrat, gepr. Brand- und Explosionsursachenermittler

Jg. 1950. Nach Ausbildung u. a. an der Oklahoma State University, Tulsa, Oklahoma, und der Eastern Kentucky University, Richmond, Kentucky, von 1976 bis 1992 Brandschutzreferent im Hauptquartier der US-Armee in Heidelberg.

Ab 1993 Tätigkeit als Beamter des gehobenen feuerwehrtechnischen Dienstes in den kreisfreien Städten Pirmasens und Zweibrücken, beim Innenministerium des Saarlandes und der Aufsichts- und Dienstleistungsdirektion in Trier.

Seit 2004 Leiter des Referats Brand- und Katastrophenschutz, Rettungsdienst bei der Kreisverwaltung in Kaiserslautern mit den Aufgabenschwerpunkten vorbeugender Gefahrenschutz, Katastrophenschutz, betrieblicher Brandschutz und Werkfeuerwehren. Lehrbeauftragter an der Fachhochschule Kaiserslautern. Lehrbeauftragter an der Feuerwehr- und Katastrophenschutzschule in Koblenz.

Helmut Buchholz

Dipl.-Ing. (Architektur), zertifizierter Sachverständiger für Brandschutz. 1959 geboren in Hannover. Nach dem Abitur absolvierte Herr Buchholz den Zivildienst und vollendete eine Bildhauerlehre. Danach folgte ein Architekturstudium an der TH Darmstadt.

Seit 1994 ist er im Büro sander.hofrichter architekten GmbH tätig. 2003 absolvierte er die Ausbildung zum Brandschutzbeauftragten und im darauffolgenden Jahr die Ausbildung zum Fachplaner für vorbeugenden Brandschutz. Seit 2014 ist er Brandschutzbeauftragter im Büro sander.hofrichter architekten GmbH und zertifizierter Sachverständiger für Brandschutz (ISA).

Tobias Burgard

Tobias Burgard studierte an der Bergischen Universität in Wuppertal Sicherheitstechnik mit dem Schwerpunkt Brand- und Explosionsschutz. Studienbegleitend absolvierte er die Qualifikation zur Fachkraft für Arbeitssicherheit und zum Brandschutzbeauftragten nach VdS/CFPA, berufsbegleitend zur Fachkraft für Explosionsschutz. Neben der Qualifikation zum Fachplaner vorbeugender Brandschutz ist Herr Burgard Sachverständiger für vorbeugenden Brandschutz und Sachverständiger für brandschutztechnische Bau- und Objektüberwachung (EIPOS). Aktuell ist Herr Burgard als Teamleiter Brandschutz in einem mittelständischen Unternehmen tätig. Nebenberuflich ist er Inhaber des Ingenieurbüros Burgard für die Gebiete Brandschutz und Arbeitsschutz. Herr Burgard ist Mitglied der Freiwilligen Feuerwehr Markgröningen.

Reinhard Eberl-Pacan
Reinhard Eberl-Pacan verbindet eine hohe Kompetenz als Architekt und Brandschutz-Ingenieur mit breiten Erfahrungen im Journalismus und zu Vorträgen zu Brandschutzanforderungen und Baugesetzen. Im Zentrum seiner Tätigkeiten steht die Planung und Umsetzung von Brandschutzmaßnahmen im Bauprozess.

Reinhard Eberl-Pacan hat Architektur an der Technischen Universität Berlin studiert und viele Fortbildungen im baulichen Brandschutz abgeschlossen. Neben seinen Vortragstätigkeiten für eigene und fremde Brandschutzveranstaltungen schreibt er Bücher und Fachartikel zu Architektur, Holzbau und Brandschutz.

Seine Hobbys: innovative Brandschutzlösungen finden, die helfen, Gebäude mit hohen Anforderungen an die Nutzung, das Design und die Nachhaltigkeit zu errichten. Publikationen schreiben.

In verschiedenen Referaten und Veröffentlichungen in Fachzeitschriften beschäftigt er sich intensiv mit den aktuellen europäischen Richtlinien, u. a. mit der Bauproduktenverordnung (EU-Norm CE 305/2011), und erläutert Architekten und Ingenieuren den richtigen Umgang mit Baustoffen im Baugewerbe.

Dr.-Ing. Wolfgang J. Friedl
Studium in der Fachrichtung Brandschutz und Arbeitssicherheit in Nordrhein-Westfalen, mit anschließender Promotion in Sachsen-Anhalt. Seit 1986 ist Dr. Friedl im In- und Ausland tätig als Sicherheits- und Schadensingenieur, als

Brandschutz-Konzeptersteller für Gebäude, Gutachter und neutraler Unternehmensberater für alle Zweige der Industrie sowie Wirtschaftsunternehmen und Versicherungskonzerne. Er ist Autor von bisher 26 Fachbüchern und zahlreichen Fachartikeln in den großen nationalen und internationalen Sicherheitspublikationen. Er ist Co-Autor vieler Loseblattsammlungen und akkreditierter Fachjournalist. Zusätzlich ist Dr. Friedl Referent und Schulungsleiter bei Seminaren und Sicherheitskongressen der Industrie sowie den bekannten Ausbildungs-Akademien.

Enrico Götsch, öffentlich bestellter und vereidigter Sachverständiger

Jg. 1969, leitet ein Sachverständigenbüro für Sanitär-, Betriebs- und Regenwasser-Technologien und ist in der Geschäftsleitung von GEP Industrie-Systeme GmbH tätig. 1997 Spezialisierung „Betriebswasser", seit 1998 von der Handwerkskammer Chemnitz öffentlich bestellt und vereidigt als Sachverständiger für das Installateur- und Heizungsbauerhandwerk auf dem Teilgebiet des Gas- und Wasserinstallateurhandwerks. Schwerpunkte: Betriebs- und Löschwasserversorgung, seit 1998 Mitglied und Fachreferent der Fachvereinigung Betriebs- und Regenwassernutzung e. V. (fbr), von 1998 bis 2010 Mitarbeit in div. Normenausschüssen, u. a. DIN 1998, 1989, 14462, seit 1998 Autor div. Fachbeiträge und -artikel, seit 2001 tätig in der Geschäftsleitung von GEP Industrie-Systeme GmbH, einem Hersteller für Betriebswasserversorgung, Löschwasserversorgung und Trinkwasserversorgung.

Dipl.-Ing. Ron H. J. L. de Haan

Jg. 1965. Studium an der „Technische Hogeschool Arnhem (NL)". Arbeitet seit 1993 in Deutschland. Nach dem Studium Spezialisierung auf den baulichen und vorbeugenden Brandschutz. Bis zum Jahr 2000 im Klinikum Krefeld hauptverantwortlich für umfangreiche brandschutztechnische Maßnahmen. Anschließend als Sachverständiger Brandschutz in verschiedenen Ingenieurbüros in Deutschland und in den Niederlanden tätig. Langjährige Erfahrung in der Erstellung von Brandschutzgutachten im Bereich des baulichen Brandschutzes für Bauwerke aller Art sowie Planung und Beratung von brandschutztechnischen Maßnahmen und Fachbauleitung Brandschutz. Zurzeit angestellt bei der Stadt Tönisvorst als technischer Koordinator mit dem Schwerpunkt Brandschutz.

Dipl.-Ing. Dr. Helmut Haselmair

Jg. 1952. Studium der Technischen Chemie in Graz. Nach acht Jahren Tätigkeit in der österreichischen Stahlindustrie seit 1988 bei Hilti AG in Schaan, Fürstentum Liechtenstein, in verschiedenen Positionen. Ab 1999 im Bereich Bauchemie verantwortlich für die Prüfung und Zulassung der Brandschutzprodukte sowie für Brandschutzvorschriften und Standardisierung im Brandschutz mit Schwerpunkt Europa und Asien. Bis zur Pensionierung 2013 Mitglied und Leiter diverser Normenausschüsse auf europäischer Ebene, speziell im Bereich Abschottungen und Fugen, sowie Mitglied der Arbeitsgruppe der Europäischen Organisation für Europäische Zulassungen (EOTA) zur Erarbeitung der Leitlinien für die Europäische Technische Zulassung für Brandschutzprodukte. Vertretung von Hilti in Industrieverbänden, u. a. in

Deutschland und im Europäischen Verband für vorbeugenden Brandschutz (EAPFP), dessen Präsident er von 2006 bis 2008 war.

Robin Inscher, B.Sc.
Herr Inscher ist studierter Sicherheitsingenieur. Bis November 2015 war er Projektleiter in einem internationalen Prüf- und Zertifizierungsunternehmen. Aktuell ist Herr Inscher bei der BAV-Ingenieure GmbH für die Geschäftsbereiche Brandschutz, Arbeitsschutz und Veranstaltungssicherheit als Geschäftsführer tätig. Neben den Qualifikationen zum Brandschutzbeauftragten und Fachkoordinator Evakuierung ist Herr Inscher u. a. zertifizierter Fachplaner für Brandschutz sowie Fachkraft für Arbeitssicherheit. Zudem ist er aktives Mitglied in den Freiwilligen Feuerwehren Tuningen und Neuhausen auf den Fildern.

Dipl.-Ing. (Bauwesen) Thomas Kolb
Geschäftsführer der Brandschutzconsult GmbH & Co. KG. Er ist Beratender Ingenieur und Mitglied der Fachlisten 38 und 39 der Ingenieurkammer Baden-Württemberg sowie Nachweisberechtigter für vorbeugenden Brandschutz der Architekten- und Stadtplanerkammer Hessen. Außerdem Lehrbeauftragter für baulichen Brandschutz am Lehrstuhl für Bauphysik an der Universität Stuttgart und Dozent bei EIPOS im Masterstudiengang vorbeugender Brandschutz in Dresden und in den Lehrgängen Sachverständiger für vorbeugenden Brandschutz. Er arbeitet im VIB (Verein zur Förderung von Ingenieurmethoden im Brandschutz) und in der FDS-Usergroup mit.

Dipl.-Ing. (FH) Rolf Krannich

Jg. 1946, studierte an der Ingenieurhochschule Wismar Fachrichtung Allgemeiner Maschinenbau und an der AIS Bad Liebenstein Fachingenieur für Arbeitsschutz.

Absolvierung der Kurse A und B an der TFH Berlin, C-Kurs bei der BG Chemie, Weiterbildung an der TFH Berlin als Immissionsschutzbeauftragter, Störfallbeauftragter und VdS/CFPA EUROPE Brandschutzbeauftragter, Erfahrungen durch die Tätigkeit als Sicherheitsinspektor, leitender Sicherheitsingenieur in einem überbetrieblichen Dienst.

Heute werden im eigenen Ingenieurbüro Betriebe verschiedener Bereiche und BGn umfassend betreut.

Tätigkeitsbereiche: Sicherheits- und Gesundheitsschutzkoordination, Brandschutzplanung, Brandgefahrenanalyse, Brandschutzkonzepte, Prüfung Leitern, Gerüste, Spielplätze und -geräte, med. Technik.

Stefan Landsperger, Elektrotechnikermeister, Brandschutzbeauftragter (CFPA), Sicherheitsfachkraft

Jg. 1967, 1994 bis 2003 leitender Mitarbeiter für Gebäudetechnik. Seit 2003 Inhaber der Firma ASLAND in Hamburg. Stefan Landsperger ist freier Sachverständiger und mit seiner Firma tätig in den Bereichen vorbeugender Brandschutz, Arbeitssicherheit und technisches Projektmanagement. Die Firma ASLAND ist spezialisiert auf die Erstellung von Brandschutzkonzepten, Dokumenten zur Notfall- und Gefahrenabwehr, Gefährdungsbeurteilung etc.

Stefan Landsperger ist 1. Vorsitzender des Vereins der Brandschutzbeauftragten in Deutschland e. V. (www.vbbd.de), Vorstandsmitglied der Arbeitsgemeinschaft Brandschutz, Feuerwehr und Training e. V. (www.agbft.de) und Mitglied in den Arbeitskreisen „Innere Sicherheit" der Stadt Hamburg und „Wirtschaftskriminalität" der Handelskammer Hamburg.

Dipl.-Ing. (FH) Karsten Laudien, Architekt

Jg. 1960, Studium der Architektur an der Fachhochschule Buxtehude. Jahrelanger Mitarbeiter des Ingenieurbüros für Brandschutz, Dipl.-Ing. Peter Heitmann in Hamburg. Seit 2002 Geschäftsführer des Ingenieurbüros für Brandschutz, Dipl.-Ing. Peter Heitmann GmbH in Buxtehude. Karsten Laudien ist freier Brandschutzsachverständiger und beschäftigt sich mit dem Ingenieurbüro mit dem anlagentechnischen, baulichen und organisatorischen Brandschutz. Das Ingenieurbüro erstellt u. a. Brandschutzkonzepte, Brandschutzgutachten, Planungen für Feuerschutzanlagen etc. Das Leistungsspektrum beinhaltet dabei alle Leistungsphasen der HOAI.

Karsten Laudien ist Mitglied im VFdB – Vereinigung zur Förderung des Deutschen Brandschutzes e. V., VDSI – Verband Deutscher Sicherheitsingenieure, BVFS – Bundesverband Freier Sachverständiger. Das Ingenieurbüro ist kooperatives Mitglied im vbbd – Verein der Brandschutzbeauftragten in Deutschland e. V.

Dipl.-Ing. (Innenarchitektur) Beatrix Niehues

Fachplanerin für vorbeugenden Brandschutz (AK Thüringen), Sachverständige für die brandschutztechnische Bau- und Objektüberwachung (EIPOS) bei Eberl-Pacan Architekten und Ingenieure Brandschutz, Berlin.

Michael Ringwald, Staatl. gepr. Bautechniker, Brandschutzbeauftragter

Jg. 1973. Studium zum Staatl. gepr. Bautechniker (Hochbau) und Technischen Betriebswirt (IHK). Zuvor Ausbildung zum Bauzeichner und Ausbildung zum Brandschutzbeauftragten nach vfdb. Seit 1996 Inhaber des Planungsbüros BfB-Ringwald (Büro für Brandschutzplanung). Die Leistungen von Michael Ringwald und seinen zehn Mitarbeitern gliedern sich in vier Geschäftsbereiche:

1. Brandschutzpläne: Feuerwehrpläne nach DIN 14095, Flucht- und Rettungspläne nach DIN ISO 23601 etc.
2. Brandschutz-Ausbildung: Brandschutzunterweisungen, Ausbildungen zu Brandschutzhelfern, Brandschutzbeauftragte für Verkaufsstätten, Fortbildungen
3. Brandschutz-Management: Betreuung als externer Brandschutzbeauftragte
4. Facility-Management-Services: „Paperto-CAD" (Vektorisierung analoger Papierpläne), Gebäudevermessung, Aufbereitung von CAD-Plänen für CAFM-Software

www.bfb-ringwald.de

Heinrich Sadowski

Jg. 1957, Lodz. Nach Abitur und Zivildienst folgte ein Architekturstudium an der Universität Kaiserslautern, das er erfolgreich mit seinem Diplom 1988 abschloss. Zwei Jahre war er Assistent bei Prof. Rumpf an der Universität Kaiserslautern und Mitarbeiter im Büro Eichler in Alzey.

Seit 1994 ist er im Büro sander.hofrichter architekten GmbH als Leitender Architekt tätig, mit den Schwerpunkten Krankenhäuser, Altenheime, Schulen und Werkstätten für Menschen mit Behinderung. Es folgten 2003 eine Ausbildung zum Brandschutzbeauftragten und 2004/2005 eine Ausbildung zum Fachplaner für vorbeugenden Brandschutz. Zudem ist er seit 2013/2014 zertifizierter Fachplaner und Sachverständiger für Brandschutz (ISA). Seit 2014 hat er zusätzlich einen Lehrauftrag für „Brandschutz in Krankenhäusern" im Bachelor- und Masterstudium am medizinisch-technischen Fachbereich LSE – Life Science Engineering – an der THM – Technische Hochschule Mittelhessen – in Gießen.

Hans-Jürgen Straub
Jg. 1959. Nach einer Tätigkeit als Chemiefacharbeiter war Herr Straub von 1980 bis 2002 Feuerwehrbeamter, zuletzt in leitender Funktion. Durch Weiterqualifizierungen wie den Lehrgang für Führer einer technischen Einsatzleitung sowie Fachlehrgänge zum Thema Strahlenschutz und Gefahrstoffe konnte Herr Straub seine Fachkenntnisse ausbauen. Zusätzlich erfolgte eine nebenberufliche Weiterbildung zum Umweltschutzfachwirt (HWK), Betriebsbeauftragten für Gewässerschutz, Betriebsbeauftragten für Immissionsschutz, Gefahrgutbeauftragten und Asbestsachkundigen nach TRGS 519. Im Jahr 2001 übernahm er die Funktion des Amtskoordinators für Umweltmanagement der Feuerwehr Mainz. Darüber hinaus war er Beauftragter für die Bereiche Energie, Wasser, Abfall und Gefahrstoffe der Feuerwehr Mainz. Er verfügt über eine Ausbildung im Projektmanagement sowie zum Qualitätsmanagement-Beauftragten bei der Studiengemeinschaft Darmstadt. Seit 2005 ist Herr

Straub freiberuflich im Bereich Brand- und Umweltschutz tätig. Dies als Fachbuchautor, als Ausbilder für betriebliche Brandschutzhelfer und in der Durchführung von Beratungen zum betrieblichen Brandschutzmanagement. Seit 2012 ist er freier Sachverständiger (BVFS e. V.) für Brandschutz, Brandschutzorganisation und -ausbildung. Herr Straub ist als Feuerwehrbeamter derzeit Leiter des Dienstbetriebs und der Datenpflege einer Feuerwehrleitstelle.

Sven Winter, Maschinenschlosser, Werkfeuerwehrmann, Brandschutzbeauftragter, Sachverständiger im vorbeugenden Brandschutz

Jg. 1972. Seit 2002 Inhaber der Firma SBW Sachverständigenbüro im Brandschutz Winter. Sven Winter ist mit seiner Firma tätig in den Bereichen vorbeugender Brandschutz, Brandschutzschulung und der Ausbildung von Werkfeuerwehrmännern/-frauen tätig.

Des Weiteren ist er Ausbilder der mobilen Brandsimulationsanlage „Brandtrainer". Sven Winter ist 2. Vorsitzender der Bundesvereinigung der Fachplaner und Sachverständigen im vorbeugenden Brandschutz e. V. (www.bfsb-online.de).

DIN-/Vorschriften-Verzeichnis (aufgelistet nach Kapiteln)

Teil 1 Anlagentechnischer Brandschutz

Kapitel	DIN/Vorschrift	Seite
Brandmeldean-lagen	DIN 14095	74
	DIN 14096	79
	DIN 14675	61, 62, 63, 65, 69, 71
	DIN 14676	80
	DIN EN 54	61, 65, 69
	DIN EN 54-1	68
	DIN VDE 0833-1	61, 70, 74
	DIN VDE 0833-2	61
	VDE 0833-2	69
	VdS 2095	61
Feststellanlagen	DIBt	82, 93
	DIN 4102-18	82, 84
	DIN 14675	101
	DIN 14677	82, 84, 85, 86, 101
	DIN EN 54	101
	DIN EN 14637	82, 85, 100
	MBO	87
	MVV TB	86, 88

DIN-/Vorschriften-Verzeichnis (aufgelistet nach Kapiteln)

Kapitel	DIN/Vorschrift	Seite
Feuerlöscher	Arbeitsschutzgesetz	110
	ArbStättV	129
	ASR A1.3	110
	ASR A2.2	107, 108, 129, 130, 133, 135, 137, 140
	BetrSichV	124, 126
	DGUV Vorschrift 1	110
	DIN 14406	107, 124, 125, 126
	DIN 14406-4	124
	DIN EN 2	126
	DIN EN 3	107, 112, 115, 116, 125, 127, 136
	DIN EN 3-7	111
	DIN VDE 0132	117, 122
	VdS 2001	109
Gaslöschanlagen	DIN EN 12094	249, 252
	DIN EN 12094-2	252
	DIN EN 12094-10	252
	DIN EN 15004-1	253
	VdS 2893	254
	VdS 3518	257
Rauch- und Wärmeabzugsanlagen	ASR A2.2	142
	DIN 14090	142
	DIN 14675	142
	DIN 18232	141, 146, 156, 160, 164, 165, 167, 168

DIN-/Vorschriften-Verzeichnis (aufgelistet nach Kapiteln)

Kapitel	DIN/Vorschrift	Seite
	DIN 18232-2	141, 149, 157, 163
	DIN 18232-3	163
	DIN 18232-5	149
	DIN EN 54-5	171
	DIN EN 54-7	151, 171
	DIN EN 54-11	175
	DIN EN 528	142
	DIN EN 12101	141, 146, 175
	DIN EN 12101-1	162, 166
	DIN EN 12101-2	163
	DIN EN 13501-1	142
	DIN EN 13501-2	142
	DIN EN ISO 1182	166
	DIN V 18232	141
	DIN VDE 0833-2	143, 171
	EN 12101-1	166
	ISO 834	166
	MIndBauRL	142
	VDE 0833	158
	VDMA 24186-7	176
	VdS 2000	175
	VdS 2133	175
	VdS 2159	171, 175
	VdS 2221	176
	VdS 2257	176

DIN-/Vorschriften-Verzeichnis (aufgelistet nach Kapiteln)

Kapitel	DIN/Vorschrift	Seite
	VdS 2581	171, 176
	VdS 2583	176
	VdS 2593	171, 176
	VdS 2594	176
	VdS 2815	143, 176
	VdS 2881–2885	176
	VdS 4020	141
	VdS CEA 4020	150
Schaumlöschanlagen	DIN 13565	230
	DIN 13565-2	232
	MBO	230
	VdS 2091	245
	VdS 2212	245
	VdS 2893	245
	VdS CEA 4001	245
Sprinkleranlagen	Bauproduktengesetz	216
	DIBt	216
	DIN 1988	227
	DIN 1988-6	222
	DIN 1988-600	222
	DIN 14462	222
	DIN 14464	222
	DIN EN 12259	216

DIN-/Vorschriften-Verzeichnis (aufgelistet nach Kapiteln)

Kapitel	DIN/Vorschrift	Seite
	DIN EN 12845	210, 212, 213, 214, 216, 217, 218, 220, 221, 223, 224, 226, 227, 228
	MLAR	217
	Trinkwasserverordnung	227
	VdS CEA 4001	210, 212, 214, 216, 217, 220, 223
Wandhydranten	Arbeitsblatt DVGW 405	196
	ArbStättV	181
	ASR A2.2	182
	DIN 1986-100	198, 201
	DIN 1988-100	204
	DIN 1988-600	193, 197, 199
	DIN 14461-1	177, 182
	DIN 14462	177, 178, 184, 187, 195, 198, 199, 204, 205
	DIN 14462-1	182, 187
	DIN 14463-1	189
	DIN EN 671-1	183, 208
	DIN EN 671-3	184, 206
	DIN EN 1717	199
	DIN EN 12056	198
	DIN EN 12056-1	201
	DIN EN 12845	205

DIN-/Vorschriften-Verzeichnis (aufgelistet nach Kapiteln)

Kapitel	DIN/Vorschrift	Seite
	EN 671-2	208
	MHHR	180
	MIndBauRL	178
	MVKVO	179
	MVStättVO	180
	VdS CEA 4001	199

Teil 2 Baulicher Brandschutz

Kapitel	DIN/Vorschrift	Seite
Abschottungen	Bauproduktenrichtlinie	267
	Bauproduktenverordnung	267, 269
	Bauregelliste	266
	DIN 4102-9	280
	DIN 4102-11	280
	DIN EN 1366-3	280
	DIN EN 13501-2	280
	Europäische Technische Bewertung	269
	Leitungsanlagenrichtlinie	265, 280
	Liste der Technischen Baubestimmungen	267
	MVV TB	266

DIN-/Vorschriften-Verzeichnis (aufgelistet nach Kapiteln)

Kapitel	DIN/Vorschrift	Seite
Brandverhalten von Baustoffen; Brandschutzklassen	DIN 1054	286
	DIN 4102	283
	DIN 4102-1	295
	DIN 4102-4	283, 286, 287, 290, 296, 298, 303
	DIN 4159	286
	DIN 4213	286
	DIN 8061	287, 288
	DIN 8075	288
	DIN 8078	288
	DIN 12597	287
	DIN 18091	302
	DIN 18180	287
	DIN 18317	287
	DIN 18558	287
	DIN 18560-1	287
	DIN EN 206	286
	DIN EN 1566-1	287
	DIN EN 13501	283, 290, 304
	DIN EN 13501-1	288, 295
	DIN EN 13501-2	298, 303
	MVV TB	292
	Normenreihe Eurocode 2	286

DIN-/Vorschriften-Verzeichnis (aufgelistet nach Kapiteln)

Kapitel	DIN/Vorschrift	Seite
Feuer- und Rauchschutzabschlüsse	DIN 4102	403
	DIN 18093	402, 403, 418
	DIN 18095-2	421
	DIN EN 13501	402, 403, 414
	DIN EN 16034	402, 403, 409, 416, 418
	EN 13501-2	403
	EN 16034	407
	VV TB	406
Fugen	Bauproduktenrichtlinie	307
	Bauproduktenverordnung	307, 310, 314
	Chemikalienverbotsverordnung	313
	DIN 4102	307, 308
	DIN 4102-3	321
	DIN 4102-4	305, 306
	DIN EN 13501	305
	DIN EN 13501-2	306, 307
	EN 1364-3	319, 322
	EN 1364-4	319, 322
	EN 1366-4	319, 321
	EN 13501-2	319
	ETA	307, 310
	ETAG 026-3	318, 322

DIN-/Vorschriften-Verzeichnis (aufgelistet nach Kapiteln)

Kapitel	DIN/Vorschrift	Seite
	Europäische Technische Zulassung	307, 310
	ISO 11600	320
	MBO	305
	M-HFHHolzR	306
	MVV TB	307
Industriebaurichtlinie	DIN 18230-1	326, 331, 332, 349, 350, 353
	DIN 18234-1	345
	DIN 18234-2	345
	MBO	339
	MIndBauRL	324
Lüftungsleitungen	DIN 4102-1	357
	DIN 4102-2	358, 362, 363
	DIN 4102-4	358, 359
	DIN EN 54-27	356, 365
	DIN EN 13501	358, 364
	EN 54-27	358
	EU-Bauproduktenverordnung	358
	M-LüAR	358, 366
Schlösser und Beschläge	ArbStättV	370
	DIN 67510	383
	DIN EN 179	370, 373, 374
	DIN EN 1125	370, 373, 375
	ELTVTR	370, 383

DIN-/Vorschriften-Verzeichnis (aufgelistet nach Kapiteln)

Kapitel	DIN/Vorschrift	Seite
Verglasungen im Brandschutz	DIN 1045	394, 399
	DIN 1053-1	399
	DIN 4102	394
	DIN 4102-2	394
	DIN 4102-4	399
	DIN 4102-13	389, 391, 392, 394
	DIN 18175	399
	DIN EN 1051-1	399
	DIN EN 13501-2	392

Teil 3 Organisatorischer Brandschutz

Kapitel	DIN/Vorschrift	Seite
Brandschutzordnung	ASR A1.3	440, 447
	ASR A2.2	442
	DIN 1451	433
	DIN 14096	429, 446
	DIN EN ISO 216	446
	DIN EN ISO 7010	440
	DIN EN ISO 7010/A1-A7	440
Feuerwehrpläne für bauliche Anlagen	ASR A1.3	457
	DGUV Vorschrift 1	457, 463
	DIN 5381	457
	DIN 14011	457

DIN-/Vorschriften-Verzeichnis (aufgelistet nach Kapiteln)

Kapitel	DIN/Vorschrift	Seite
	DIN 14034-6	457, 463, 464
	DIN 14090	457, 459, 464
	DIN 14095	454, 456, 466
	DIN 14461-1	456, 457
	DIN EN ISO 216	457
	DIN EN ISO 7010	457
	DIN ISO 5455	457
Flucht- und Rettungspläne	Arbeitsschutzgesetz	468
	ArbStättV	469
	ASR A1.3	468, 469, 470, 471
	ASR A2.3	468, 469, 470, 471, 479, 480, 481
	DIN ISO 23601	468, 469, 470
	DIN SPEC 4844-4	468, 470, 471
	ISO 17398	480
Grafische Symbole für das Feuerwehrwesen	DIN 14034-6	502
	DIN EN ISO 7010	502
Sicherheitskennzeichnung, Maße und Erkennungsweiten	ASR A1.3	483, 488, 491
	DIN 4844	483
	DIN 4844-2	484
	DIN 67510-4	490
	DIN EN ISO 7010	483, 491
	DIN EN ISO 7010/A1	483
	DIN EN ISO 7010/A2	483
	DIN EN ISO 7010/A3	483

DIN-/Vorschriften-Verzeichnis (aufgelistet nach Kapiteln)

Kapitel	DIN/Vorschrift	Seite
	DIN EN ISO 7010/A4	483
	DIN EN ISO 7010/A5	483, 495
	DIN ISO 23601	491
	DIN SPEC 4844-4	483

DIN-/Vorschriften-Verzeichnis (aufgelistet nach Normen)

DIN/Vorschrift	Fundstelle im Kapitel	Seite
Arbeitsblatt DVGW 405	Wandhydranten	196
Arbeitsschutzgesetz	Feuerlöscher	110
	Flucht- und Rettungspläne	468
ArbStättV	Feuerlöscher	129
	Flucht- und Rettungspläne	469
	Schlösser und Beschläge	370
	Wandhydranten	181
ASR A1.3	Brandschutzordnung	440, 447
	Feuerlöscher	110
	Feuerwehrpläne für bauliche Anlagen	457
	Flucht- und Rettungspläne	468, 469, 470, 471
	Sicherheitskennzeichnung, Maße und Erkennungsweiten	483, 488, 491
ASR A2.2	Brandschutzordnung	442

DIN-/Vorschriften-Verzeichnis (aufgelistet nach Normen)

DIN/Vorschrift	Fundstelle im Kapitel	Seite
	Feuerlöscher	107, 108, 129, 130, 133, 135, 137, 140
	Rauch- und Wärmeabzugsanlagen	142
	Wandhydranten	182
ASR A2.3	Flucht- und Rettungspläne	468, 469, 470, 471, 479, 480, 481
Bauproduktengesetz	Sprinkleranlagen	216
Bauproduktenrichtlinie	Abschottungen	267
	Fugen	307
Bauproduktenverordnung	Abschottungen	267, 269
	Fugen	307, 310, 314
Bauregelliste	Abschottungen	266
BetrSichV	Feuerlöscher	124, 126
Chemikalienverbotsverordnung	Fugen	313
DGUV Vorschrift 1	Feuerlöscher	110
	Feuerwehrpläne für bauliche Anlagen	457, 463
DIBt	Feststellanlagen	82, 93
	Sprinkleranlagen	216
DIN 1045	Verglasungen im Brandschutz	394, 399
DIN 1053-1	Verglasungen im Brandschutz	399

DIN-/Vorschriften-Verzeichnis (aufgelistet nach Normen)

DIN/Vorschrift	Fundstelle im Kapitel	Seite
DIN 1054	Brandverhalten von Baustoffen; Brandschutzklassen	286
DIN 1451	Brandschutzordnung	433
DIN 1986-100	Wandhydranten	198, 201
DIN 1988	Sprinkleranlagen	227
DIN 1988-6	Sprinkleranlagen	222
DIN 1988-100	Wandhydranten	204
DIN 1988-600	Sprinkleranlagen	222
	Wandhydranten	193, 197, 199
DIN 4102	Brandverhalten von Baustoffen; Brandschutzklassen	283
	Feuer- und Rauchschutzabschlüsse	403
	Fugen	307, 308
	Verglasungen im Brandschutz	394
DIN 4102-1	Brandverhalten von Baustoffen; Brandschutzklassen	295
	Lüftungsleitungen	357
DIN 4102-2	Lüftungsleitungen	358, 362, 363
	Verglasungen im Brandschutz	394

DIN-/Vorschriften-Verzeichnis (aufgelistet nach Normen)

DIN/Vorschrift	Fundstelle im Kapitel	Seite
DIN 4102-3	Fugen	321
DIN 4102-4	Brandverhalten von Baustoffen; Brandschutzklassen	283, 286, 287, 290, 296, 298, 303
	Fugen	305, 306
	Lüftungsleitungen	358, 359
	Verglasungen im Brandschutz	399
DIN 4102-9	Abschottungen	280
DIN 4102-11	Abschottungen	280
DIN 4102-13	Verglasungen im Brandschutz	389, 391, 392, 394
DIN 4102-18	Feststellanlagen	82, 84
DIN 4159	Brandverhalten von Baustoffen; Brandschutzklassen	286
DIN 4213	Brandverhalten von Baustoffen; Brandschutzklassen	286
DIN 4844	Sicherheitskennzeichnung, Maße und Erkennungsweiten	483
DIN 4844-2	Sicherheitskennzeichnung, Maße und Erkennungsweiten	484

DIN-/Vorschriften-Verzeichnis (aufgelistet nach Normen)

DIN/Vorschrift	Fundstelle im Kapitel	Seite
DIN 5381	Feuerwehrpläne für bauliche Anlagen	457
DIN 8061	Brandverhalten von Baustoffen; Brandschutzklassen	287, 288
DIN 8075	Brandverhalten von Baustoffen; Brandschutzklassen	288
DIN 8078	Brandverhalten von Baustoffen; Brandschutzklassen	288
DIN 12597	Brandverhalten von Baustoffen; Brandschutzklassen	287
DIN 13565	Schaumlöschanlagen	230
DIN 13565-2	Schaumlöschanlagen	232
DIN 14011	Feuerwehrpläne für bauliche Anlagen	457
DIN 14034-6	Feuerwehrpläne für bauliche Anlagen	457, 463, 464
	Grafische Symbole für das Feuerwehrwesen	502
DIN 14090	Feuerwehrpläne für bauliche Anlagen	457, 459, 464
	Rauch- und Wärmeabzugsanlagen	142

DIN-/Vorschriften-Verzeichnis (aufgelistet nach Normen)

DIN/Vorschrift	Fundstelle im Kapitel	Seite
DIN 14095	Brandmeldeanlagen	74
	Feuerwehrpläne für bauliche Anlagen	454, 456, 466
DIN 14096	Brandmeldeanlagen	79
	Brandschutzordnung	429, 446
DIN 14406	Feuerlöscher	107, 124, 125, 126
DIN 14406-4	Feuerlöscher	124
DIN 14461-1	Feuerwehrpläne für bauliche Anlagen	456, 457
	Wandhydranten	177, 182
DIN 14462	Sprinkleranlagen	222
	Wandhydranten	177, 178, 184, 187, 195, 198, 199, 204, 205
DIN 14462-1	Wandhydranten	182, 187
DIN 14463-1	Wandhydranten	189
DIN 14464	Sprinkleranlagen	222
DIN 14675	Brandmeldeanlagen	61, 62, 63, 65, 69, 71
	Feststellanlagen	101
	Rauch- und Wärmeabzugsanlagen	142
DIN 14676	Brandmeldeanlagen	80

DIN-/Vorschriften-Verzeichnis (aufgelistet nach Normen)

DIN/Vorschrift	Fundstelle im Kapitel	Seite
DIN 14677	Feststellanlagen	82, 84, 85, 86, 101
DIN 18091	Brandverhalten von Baustoffen; Brandschutzklassen	302
DIN 18093	Feuer- und Rauchschutzabschlüsse	402, 403, 418
DIN 18095-2	Feuer- und Rauchschutzabschlüsse	421
DIN 18175	Verglasungen im Brandschutz	399
DIN 18180	Brandverhalten von Baustoffen; Brandschutzklassen	287
DIN 18230-1	Industriebaurichtlinie	326, 331, 332, 349, 350, 353
DIN 18232	Rauch- und Wärmeabzugsanlagen	141, 146, 156, 160, 164, 165, 167, 168
DIN 18232-2	Rauch- und Wärmeabzugsanlagen	141, 149, 157, 163
DIN 18232-3	Rauch- und Wärmeabzugsanlagen	163
DIN 18232-5	Rauch- und Wärmeabzugsanlagen	149
DIN 18234-1	Industriebaurichtlinie	345
DIN 18234-2	Industriebaurichtlinie	345

DIN-/Vorschriften-Verzeichnis (aufgelistet nach Normen)

DIN/Vorschrift	Fundstelle im Kapitel	Seite
DIN 18317	Brandverhalten von Baustoffen; Brandschutzklassen	287
DIN 18558	Brandverhalten von Baustoffen; Brandschutzklassen	287
DIN 18560-1	Brandverhalten von Baustoffen; Brandschutzklassen	287
DIN 67510	Schlösser und Beschläge	383
DIN 67510-4	Sicherheitskennzeichnung, Maße und Erkennungsweiten	490
DIN EN 2	Feuerlöscher	126
DIN EN 3	Feuerlöscher	107, 112, 115, 116, 125, 127, 136
DIN EN 3-7	Feuerlöscher	111
DIN EN 54	Brandmeldeanlagen	61, 65, 69
	Feststellanlagen	101
DIN EN 54-1	Brandmeldeanlagen	68
DIN EN 54-5	Rauch- und Wärmeabzugsanlagen	171
DIN EN 54-7	Rauch- und Wärmeabzugsanlagen	151, 171

DIN-/Vorschriften-Verzeichnis (aufgelistet nach Normen)

DIN/Vorschrift	Fundstelle im Kapitel	Seite
DIN EN 54-11	Rauch- und Wärmeabzugsanlagen	175
DIN EN 54-27	Lüftungsleitungen	356, 365
DIN EN 179	Schlösser und Beschläge	370, 373, 374
DIN EN 206	Brandverhalten von Baustoffen; Brandschutzklassen	286
DIN EN 528	Rauch- und Wärmeabzugsanlagen	142
DIN EN 671-1	Wandhydranten	183, 208
DIN EN 671-3	Wandhydranten	184, 206
DIN EN 1051-1	Verglasungen im Brandschutz	399
DIN EN 1125	Schlösser und Beschläge	370, 373, 375
DIN EN 1366-3	Abschottungen	280
DIN EN 1566-1	Brandverhalten von Baustoffen; Brandschutzklassen	287
DIN EN 1717	Wandhydranten	199
DIN EN 12056	Wandhydranten	198
DIN EN 12056-1	Wandhydranten	201
DIN EN 12094	Gaslöschanlagen	249, 252
DIN EN 12094-2	Gaslöschanlagen	252
DIN EN 12094-10	Gaslöschanlagen	252

DIN-/Vorschriften-Verzeichnis (aufgelistet nach Normen)

DIN/Vorschrift	Fundstelle im Kapitel	Seite
DIN EN 12101	Rauch- und Wärmeabzugsanlagen	141, 146, 175
DIN EN 12101-1	Rauch- und Wärmeabzugsanlagen	162, 166
DIN EN 12101-2	Rauch- und Wärmeabzugsanlagen	163
DIN EN 12259	Sprinkleranlagen	216
DIN EN 12845	Sprinkleranlagen	210, 212, 213, 214, 216, 217, 218, 220, 221, 223, 224, 226, 227, 228
	Wandhydranten	205
DIN EN 13501	Brandverhalten von Baustoffen; Brandschutzklassen	283, 290, 304
	Feuer- und Rauchschutzabschlüsse	402, 403, 414
	Fugen	305
	Lüftungsleitungen	358, 364
DIN EN 13501-1	Brandverhalten von Baustoffen; Brandschutzklassen	288, 295
	Rauch- und Wärmeabzugsanlagen	142
DIN EN 13501-2	Abschottungen	280
	Brandverhalten von Baustoffen; Brandschutzklassen	298, 303

DIN-/Vorschriften-Verzeichnis (aufgelistet nach Normen)

DIN/Vorschrift	Fundstelle im Kapitel	Seite
	Fugen	306, 307
	Rauch- und Wärmeabzugsanlagen	142
	Verglasungen im Brandschutz	392
DIN EN 14637	Feststellanlagen	82, 85, 100
DIN EN 15004-1	Gaslöschanlagen	253
DIN EN 16034	Feuer- und Rauchschutzabschlüsse	402, 403, 409, 416, 418
DIN EN ISO 216	Brandschutzordnung	446
	Feuerwehrpläne für bauliche Anlagen	457
DIN EN ISO 1182	Rauch- und Wärmeabzugsanlagen	166
DIN EN ISO 7010	Brandschutzordnung	440
	Feuerwehrpläne für bauliche Anlagen	457
	Grafische Symbole für das Feuerwehrwesen	502
	Sicherheitskennzeichnung, Maße und Erkennungsweiten	483, 491

DIN-/Vorschriften-Verzeichnis (aufgelistet nach Normen)

DIN/Vorschrift	Fundstelle im Kapitel	Seite
DIN EN ISO 7010/A1	Sicherheitskennzeichnung, Maße und Erkennungsweiten	483
DIN EN ISO 7010/A1-A7	Brandschutzordnung	440
DIN EN ISO 7010/A2	Sicherheitskennzeichnung, Maße und Erkennungsweiten	483
DIN EN ISO 7010/A3	Sicherheitskennzeichnung, Maße und Erkennungsweiten	483
DIN EN ISO 7010/A4	Sicherheitskennzeichnung, Maße und Erkennungsweiten	483
DIN EN ISO 7010/A5	Sicherheitskennzeichnung, Maße und Erkennungsweiten	483, 495
DIN ISO 5455	Feuerwehrpläne für bauliche Anlagen	457
DIN ISO 23601	Flucht- und Rettungspläne	468, 469, 470
	Sicherheitskennzeichnung, Maße und Erkennungsweiten	491

DIN-/Vorschriften-Verzeichnis (aufgelistet nach Normen)

DIN/Vorschrift	Fundstelle im Kapitel	Seite
DIN SPEC 4844-4	Flucht- und Rettungspläne	468, 470, 471
	Sicherheitskennzeichnung, Maße und Erkennungsweiten	483
DIN V 18232	Rauch- und Wärmeabzugsanlagen	141
DIN VDE 0132	Feuerlöscher	117, 122
DIN VDE 0833-1	Brandmeldeanlagen	61, 70, 74
DIN VDE 0833-2	Brandmeldeanlagen	61
	Rauch- und Wärmeabzugsanlagen	143, 171
ELTVTR	Schlösser und Beschläge	370, 383
EN 54-27	Lüftungsleitungen	358
EN 671-2	Wandhydranten	208
EN 1364-3	Fugen	319, 322
EN 1364-4	Fugen	319, 322
EN 1366-4	Fugen	319, 321
EN 12101-1	Rauch- und Wärmeabzugsanlagen	166
EN 13501-2	Feuer- und Rauchschutzabschlüsse	403
	Fugen	319

DIN-/Vorschriften-Verzeichnis (aufgelistet nach Normen)

DIN/Vorschrift	Fundstelle im Kapitel	Seite
EN 16034	Feuer- und Rauchschutzabschlüsse	407
ETA	Fugen	307, 310
ETAG 026-3	Fugen	318, 322
EU-Bauproduktenverordnung	Lüftungsleitungen	358
Europäische Technische Bewertung	Abschottungen	269
Europäische Technische Zulassung	Fugen	307, 310
ISO 834	Rauch- und Wärmeabzugsanlagen	166
ISO 11600	Fugen	320
ISO 17398	Flucht- und Rettungspläne	480
Leitungsanlagenrichtlinie	Abschottungen	265, 280
Liste der Technischen Baubestimmungen	Abschottungen	267
MBO	Feststellanlagen	87
	Fugen	305
	Industriebaurichtlinie	339
	Schaumlöschanlagen	230

DIN-/Vorschriften-Verzeichnis (aufgelistet nach Normen)

DIN/Vorschrift	Fundstelle im Kapitel	Seite
M-HFHHolzR	Fugen	306
MHHR	Wandhydranten	180
MIndBauRL	Industriebaurichtlinie	324
	Rauch- und Wärmeabzugsanlagen	142
	Wandhydranten	178
MLAR	Sprinkleranlagen	217
M-LüAR	Lüftungsleitungen	358, 366
MVKVO	Wandhydranten	179
MVStättVO	Wandhydranten	180
MVV TB	Abschottungen	266
	Brandverhalten von Baustoffen; Brandschutzklassen	292
	Feststellanlagen	86, 88
	Fugen	307
Normenreihe Eurocode 2	Brandverhalten von Baustoffen; Brandschutzklassen	286
Trinkwasserverordnung	Sprinkleranlagen	227
VDE 0833	Rauch- und Wärmeabzugsanlagen	158
VDE 0833-2	Brandmeldeanlagen	69

DIN-/Vorschriften-Verzeichnis (aufgelistet nach Normen)

DIN/Vorschrift	Fundstelle im Kapitel	Seite
VDMA 24186-7	Rauch- und Wärmeabzugsanlagen	176
VdS 2000	Rauch- und Wärmeabzugsanlagen	175
VdS 2001	Feuerlöscher	109
VdS 2091	Schaumlöschanlagen	245
VdS 2095	Brandmeldeanlagen	61
VdS 2133	Rauch- und Wärmeabzugsanlagen	175
VdS 2159	Rauch- und Wärmeabzugsanlagen	171, 175
VdS 2212	Schaumlöschanlagen	245
VdS 2221	Rauch- und Wärmeabzugsanlagen	176
VdS 2257	Rauch- und Wärmeabzugsanlagen	176
VdS 2581	Rauch- und Wärmeabzugsanlagen	171, 176
VdS 2583	Rauch- und Wärmeabzugsanlagen	176
VdS 2593	Rauch- und Wärmeabzugsanlagen	171, 176
VdS 2594	Rauch- und Wärmeabzugsanlagen	176

DIN-/Vorschriften-Verzeichnis (aufgelistet nach Normen)

DIN/Vorschrift	Fundstelle im Kapitel	Seite
VdS 2815	Rauch- und Wärmeabzugsanlagen	143, 176
VdS 2881–2885	Rauch- und Wärmeabzugsanlagen	176
VdS 2893	Gaslöschanlagen	254
	Schaumlöschanlagen	245
VdS 3518	Gaslöschanlagen	257
VdS 4020	Rauch- und Wärmeabzugsanlagen	141
VdS CEA 4001	Schaumlöschanlagen	245
	Sprinkleranlagen	210, 212, 214, 216, 217, 220, 223
	Wandhydranten	199
VdS CEA 4020	Rauch- und Wärmeabzugsanlagen	150
VV TB	Feuer- und Rauchschutzabschlüsse	406

DIN-/Vorschriften-Verzeichnis (aufgelistet nach Normen)

Teil 1
Anlagentechnischer Brandschutz

Teil II
Anlagentechnischer Brandschutz

Brandmeldeanlagen (DIN VDE 0833-1, DIN VDE 0833-2, DIN EN 54, DIN 14675, VdS 2095)

Eine automatische Brandmeldeanlage hat die Aufgabe, einen Brand in der Entstehungsphase zu erkennen, zu alarmieren und vorprogrammierte Steuerfunktionen von anderen technischen Anlagen zu aktivieren. Für die Planung, den Aufbau und den Betrieb von Brandmeldeanlagen ist insbesondere die Normenreihe der DIN EN 54, VDE 0833-1, VDE 0833-2 und die DIN 14675 einzuhalten. Die VdS 2095 konkretisiert die Vorgaben der DIN VDE 0833-2, um eine VdS anerkannte Brandmeldeanlage errichten zu können. Die bauordnungsrechtlichen Aspekte und spezifischen Anforderungen der Feuerwehr an Gebäude wurden besonders berücksichtigt. Die Anforderung an die automatische Weiterleitung von Alarmen von der Brandmeldeanlage an die Feuerwehr wird in dieser DIN berücksichtigt.

> ⚠️ **Hinweis**
>
> Die DIN 14675 liegt zzt. als Entwurf (Stand Juni 2017) vor. Es ist geplant, die DIN 14675 in zwei Teile aufzuteilen – der erste Teil für Aufbau und Betrieb von Brandmeldeanlage und der zweite Teil für Anforderungen an die Fachfirma, um den hohen Qualitätsanforderungen Rechnung

> zu tragen, da Brandmeldeanlagen immer häufiger zur Erreichung des bauordnungsrechtlich geforderten Brandschutzniveaus eines Gebäudes eingesetzt werden.

Nach DIN 14675 ist ein BMA-Konzept durch einen zertifizierten Fachplaner zu erstellen, die einzelnen Schritte und der Inhalt des BMA-Konzepts werden nachfolgend näher erläutert.

„Verantwortliche Person" nach DIN 14675 ist, wer die Systemkenntnisse, das Hintergrundwissen, die Erfahrungen und Fähigkeiten besitzt, eine Brandmeldeanlage in der vorgesehenen Weise zu planen, zu betreiben und/oder instand zu halten.

Die Brandmeldeanlage kann ein wesentlicher Bestandteil eines Brandschutzkonzepts sein und muss mit den Maßnahmen des vorbeugenden und des abwehrenden Brandschutzes eine konzeptionelle Einheit bilden, damit der Schutz für Personen und Sachen gewährleistet ist.

Die folgenden Schutzziele nach DIN 14675 müssen u. a. auch mit dem Einsatz einer Brandmeldeanlage erreicht werden:

- Brände werden in der Entstehungsphase entdeckt.
- Betroffene Menschen werden schnell informiert und alarmiert.
- Brandschutz- und Betriebseinrichtungen werden notfalls automatisch angesteuert.
- Feuerwehr und/oder andere hilfeleistende Stellen werden schnell alarmiert.

Brandmeldeanlagen

Teil 1 Anlagentechnischer Brandschutz

- Der Gefahrenbereich wird eindeutig lokalisiert und angezeigt.

Für die Brandmeldeanlage müssen nachstehende Punkte nach DIN 14675 abgestimmt und festgelegt werden:

- Welcher Bereich soll gesichert und überwacht werden?
- Welche Meldebereiche sind zu berücksichtigen?
- Welche Typen von Brandmeldern müssen ausgewählt und wo müssen diese installiert werden?
- Welche Alarmierungseinrichtungen müssen warum eingerichtet werden?
- Welche Leistungsmerkmale müssen für die Brandmeldezentrale beachtet werden?
- Welche Anforderungen bestehen an den Standort und die Zugänglichkeit?
- Welche zusätzlichen technischen Einrichtungen müssen angesteuert werden, z. B. Feuerschutzabschlüsse, Löschanlagen oder andere Betriebseinrichtungen?
- Welche Personen müssen beim Betreiber alarmiert werden, z. B. Brandschutzbeauftragte, eingewiesene Personen, hilfeleistende Kräfte?
- Welche Notfalldokumentation muss erstellt werden, z. B. Alarmpläne, Feuerwehrpläne und Feuerwehrlaufkarten?
- Wie erfolgt die Alarmierung der Feuerwehr und welche Anfahrtsmöglichkeiten sind für die Einsatzfahrzeuge vorzusehen?

Brandmeldeanlagen

Teil 1 Anlagentechnischer Brandschutz

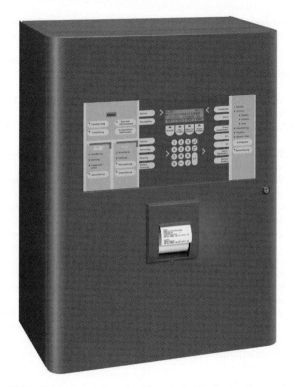

Bild 1: Beispiel einer Brandmeldezentrale (Quelle: Landsperger)

Brandmeldeanlagen

Teil 1 Anlagentechnischer Brandschutz

Funktion und Struktur

Brandmeldeanlagen sind Gefahrenmeldeanlagen, die über ihre Schutzziele und damit über ihre Aufgaben definiert sind. Die Aufgaben einer Brandmeldeanlage sind in der DIN 14675 sowie nach der DIN EN 54 und den VdS-Richtlinien grundsätzlich:

- frühzeitiges Erkennen von Gefahren
- Alarmieren bei Gefahr
- Melden bei Störung
- Handeln, dazu zählt:
  - ggf. automatisches Ansteuern von Brandschutz- und Betriebseinrichtungen
  - schnelle Alarmierung der Feuerwehr und/oder anderer hilfeleistender Stellen
  - eindeutiges Lokalisieren des Gefahrenbereichs und dessen Anzeige

Brandmeldeanlagen

Teil 1 Anlagentechnischer Brandschutz

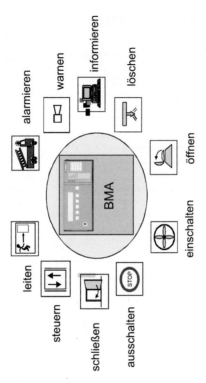

Bild 2: Die Steuerungsmöglichkeiten einer Brandmeldezentrale (Quelle: Landsperger)

Der Auftraggeber hat mit den zuständigen Stellen (Bauaufsichtsbehörde, Brandschutzdienststellen und dem Versicherer) die Mindestanforderungen für den Aufbau und den Betrieb der Brandmeldeanlage eindeutig zu klären und festzulegen.

Für die Abnahme kann auch ein behördlich anerkannter Sachverständiger gefordert werden. Dieser Punkt muss vorher mit den zuständigen Stellen geklärt werden. Werden von den verschiedenen Stellen unterschiedliche Anforderungen an die Brandmeldeanlage gestellt, so sollte jeweils die höhere Anforderung erfüllt werden.

Es ist der Schutzumfang nach folgenden Kategorien festzulegen:

- Kategorie 1: Vollschutz
- Kategorie 2: Teilschutz
- Kategorie 3: Schutz von Fluchtwegen
- Kategorie 4: Einrichtungsschutz

Eine wesentliche Aufgabe der Brandmeldeanlage ist neben der Entdeckung und Lokalisierung eines Brands die sichere Alarmierung. In der Planungsphase müssen die Alarmierungseinrichtungen gezielt mit dem Betreiber entsprechend seiner jeweiligen Nutzungsart und dem jeweiligen Nutzungszustand (z. B. Betrieb bei Tag, Nacht oder zu bestimmten Zeiten) für den jeweiligen Gebäudebereich an die jeweilige betroffene Personengruppe abgestimmt und festgelegt werden. Dies hat i. d. R. einen erhöhten innerbetrieblichen Abstimmungsbedarf zur Folge.

Brandmeldeanlagen

Teil 1 Anlagentechnischer Brandschutz

Eine Brandmeldeanlage gemäß DIN EN 54-1 ist wie folgt strukturiert bzw. besteht aus folgenden Bestandteilen:

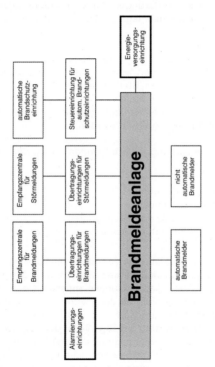

Bild 3: Struktur einer Brandmeldeanlage gemäß DIN EN 54-1 (Quelle: Landsperger)

Zu den abgebildeten Komponenten gehören auch die Leitungen zwischen den Bestandteilen. Diese Leitungen haben bestimmte Anforderungen zu erfüllen bezüglich Verfügbarkeit und Überwachung.

Die einzelnen Phasen des Konzepts über die Montage, den Betrieb bis zur Instandhaltung werden, wie in der DIN 14675 und DIN EN 54, in der nachstehenden Aufstellung dargestellt:

- Konzept
- Planung/Projektierung
- Montage
- Inbetriebsetzung
- Abnahme
- Betrieb
- Instandhaltung

Nachweise/Verantwortlichkeiten

- Brandmeldeanlagen müssen einem anerkannten Regelwerk der Technik entsprechen. Aufgeführt werden hierzu in den baurechtlichen Vorschriften u. a. die DIN 14675, die VDE 0833-2 sowie die DIN EN 54.
- In der DIN 14675 werden für den gesamten Lebenszyklus der Brandmeldeanlage die jeweiligen Anforderungen definiert.
- Die DIN EN 54 definiert die Anforderungen an einzelne Bestandteile von Brandmeldeanlagen.

Brandmeldeanlagen

Teil 1 Anlagentechnischer Brandschutz

- In Brandschutznachweisen/Brandschutzkonzepten wird der Einsatz von Brandmeldeanlagen festgelegt oder empfohlen. Weiterhin ist dort der Schutzumfang definiert.
- Bei Brandmeldeanlagen muss vor der Abnahme die mangelfreie Inbetriebnahme vollzogen sein. Die Inbetriebnahme wiederum setzt die vollständige und mangelfreie Montage aller Bestandteile einschließlich der Installation des Leitungsnetzes voraus.
- Der Betreiber muss selbst eine eingewiesene Person sein oder eine eingewiesene Person mit dem Betrieb der GMA beauftragen (siehe DIN VDE 0833-1).
- Eine eingewiesene Person ist, wer in die für den Betrieb der GMA erforderlichen Aufgaben eingewiesen wurde und in der Lage ist, selbstständig die Bedienung der GMA vorzunehmen.
- Der Betreiber ist verantwortlich dafür, dass die eingewiesene Person das erforderliche Wissen auf dem aktuellen Stand hält.
- Brandmeldeanlagen müssen ständig betriebsbereit sein. Sie sind auf Veranlassung vom Betreiber
  - **durch eine Elektrofachkraft/sachkundige Person vierteljährlich in einer Begehung** auf ihre einwandfreie Funktion optisch zu prüfen. Die Begehung kann auch dem Errichter oder Instandhalter der BMA übertragen werden.
  - durch eine Elektrofachkraft vierteljährlich in einer Inspektion auf ihre elektrische Funktion zu prüfen.
  - **durch eine Fachfirma einmal jährlich** auf das ordnungsgemäße und störungsfreie Zusammenwirken aller Geräte **zu prüfen sowie zu warten**.

Die vierteljährliche Begehung, die Inspektion und die jährliche Wartung sind zu dokumentieren. Die Angaben des Herstellers sind zu beachten.

Planung

Ziel der Planung ist die Erstellung von detaillierten Entwurfs- und Ausführungsunterlagen für die Brandmeldeanlage unter Berücksichtigung der örtlichen Anforderungen.

Die Planung darf nur durch eine Elektrofachkraft Gefahrenmeldeanlagen (GMA) durchgeführt werden. Diese schließt mit einer vollständigen Dokumentation ab.

Montage/Installation

Die Errichterfirma muss eine nachweisbar zertifizierte Fachfirma sein. Lediglich die Verlegung von Leitungen und die Montage von automatischen Meldern, Handfeuermeldern, Signalgeräten, Lautsprechern und Gehäusen sowie deren Verdrahtung dürfen an nichtzertifizierte Subunternehmer vergeben werden, wenn diese Arbeiten unter der Regie der Fachfirma erfolgen.

Die Vergabe von Arbeiten an Subunternehmer entbindet die zertifizierte Fachfirma nicht von ihrer Verantwortung für die Übereinstimmung der durchgeführten Arbeiten mit den Anforderungen der DIN 14675.

Die Montage- und Installationsarbeiten schließen ebenfalls mit einer vollständigen und aktualisierten Dokumentation ab. Jede Abweichung von der Dokumentation aus der Planung muss durch Konsultation mit den Verantwortlichen geprüft werden.

Inbetriebsetzen

Die Inbetriebnahme der Brandmeldeanlage setzt eine vollständige und mängelfreie Montage aller Bestandteile einschließlich der Installation des Leitungsnetzes gemäß Planungsunterlagen voraus.

Die Inbetriebnahme prüft gemäß DIN

- die Vollständigkeit, Richtigkeit, Verfügbarkeit und Aufbewahrung der Dokumentation,
- die korrekte Identität, Vollständigkeit und Konformitäts- oder Anerkennungsnachweise der Anlagenbestandteile. Weiterhin gibt es spezielle Prüfaspekte für die Bestandteile des Brandmeldesystems zur vollständigen Funktionsprüfung.

Eine erfolgreich durchgeführte Inbetriebnahme ist Voraussetzung für eine Abnahme.

Die Inbetriebnahme schließt mit einer vollständigen Dokumentation ab.

Abnahme

Der Abnahme einer Brandmeldeanlage muss die mängelfreie Inbetriebsetzung der Anlage vorausgehen. Die Abnahme kann nur erfolgen, wenn die Betriebsbereitschaft der Anlage zur Abnahme (Positivliste) mit Vorlage der vollständigen Dokumentation erklärt wurde.

Verantwortlich für die Abnahme ist die vom Auftraggeber benannte Fachfirma.

Die Abnahme muss mindestens im Beisein des Auftraggebers und der beteiligten Fachfirmen bzw. von deren jeweiligem Vertreter durch Prüfung der Dokumentation sowie der technischen Funktionen erfolgen.

Bei besonderen Auflagen, Risiken oder auf berechtigtes Verlangen des Betreibers, der beteiligten Firmen oder einer Behörde kann eine ergänzende Prüfung durch weitere Beauftragte notwendig sein. Die Abnahme ersetzt nicht die Prüfung durch Sachverständige, die im baurechtlichen oder im versicherungstechnischen Verfahren tätig sind.

Die Abnahme schließt mit einer vollständigen Dokumentation ab.

Brandmeldeanlagen

Teil 1 Anlagentechnischer Brandschutz

Betrieb

Brandmeldeanlagen sind nach DIN VDE 0833-1 zu betreiben.

Zum Betrieb gehören die Fortschreibung der Alarmorganisation sowie die Aktualisierung und Vollständigkeit der Feuerwehrlaufkarten.

Brandmeldeanlagen sind ständig betriebsbereit zu halten.

Die regelmäßige Prüfung und Wartung ist vom Betreiber zu veranlassen.

Die Dokumentation von Feuerwehreinsatzplänen, Feuerwehrlaufkarten nach der DIN 14095 sowie die Visualisierung von Brandschutzkonzepten sind zu aktualisieren.

Begehung, Inspektion und Wartung

Die regelmäßige Prüfung der Brandmeldeanlage ist vierteljährlich durchzuführen. Dabei gilt der Grundsatz, dass die Wartung eine Inspektion der Brandmeldeanlage beinhaltet.

Die **vierteljährliche Begehung** ist eine nicht der Instandhaltung zuzuordnende Tätigkeit und kann deshalb nur von der Elektrofachkraft/„sachkundigen" Person ausgeführt werden:

- Prüfung auf sichtbare Störungen, Beeinflussungen sowie Prüfung der Unterlagen

- Sichtprüfung gemäß Sicherungskonzept
- Prüfung der Raumnutzung
- Prüfung der Raumgestaltung
- Prüfung der Organisationsmittel (u. a. Feuerwehrlaufkarten)
- Prüfung der Umgebungsbedingungen
- Prüfung der ordnungsgemäßen Befestigung aller Anlagenteile
- Prüfung auf äußere Beschädigung und Verschmutzung aller Anlagenteile
- Prüfung der Führung des Betriebsbuchs auf Vollständigkeit und Richtigkeit

Die **sachkundige Person** muss durch eine Elektrofachkraft für Brandmeldeanlagen oder vom Errichter der Anlage über die übertragenen Aufgaben im Rahmen der Begehung und die möglichen Gefahren und Folgen bei unsachgemäßem Verhalten unterrichtet sein.

Die **vierteljährliche Inspektion,** bei der die Elektrofachkraft die elektrische Funktion der Brandmeldeanlage prüft, beinhaltet mindestens:

- Prüfen auf Verschmutzung, Beschädigung, Korrosion und Befestigung
- Prüfen der Melderbeschriftungen
- Auslösen der Brandmeldeanlage durch:
  - nicht automatische Melder
  - automatische Melder (innerhalb der vier Inspektionen sind alle Melder einmal zu prüfen)
- Prüfen der Netzstörung bzw. Batterieversorgung
- Prüfen des Feuerwehrschlüsseldepots

- Prüfen der Blitzleuchten

Die **jährliche Wartung** beinhaltet mindestens:

- die vierteljährliche Inspektion
- Anschlüsse und Befestigung auf festen Sitz prüfen
- Anschlüsse nachziehen
- Stromaufnahme messen, Messwert mit Nennwert vergleichen
- Prüfung der Anzeigeeinrichtungen/Tableaus
- Justieren von RAS, Linienmelder etc.
- zentrale Alarmierungseinrichtungen auf Funktion prüfen
- Prüfen der Ansteuerung von Wählgeräten und sonstigen Übertragungseinrichtungen

 Hinweis

Die Wartungsarbeiten am Feuerwehrschlüsseldepot müssen in Anwesenheit der für die Schließung der Innentür verantwortlichen Person (z. B. Feuerwehr) oder deren Beauftragtem erfolgen, sofern die Überprüfung der hinterlegten Schlüssel nicht anderweitig geregelt wurde.

Erfassen von technischen Daten

Die technischen Daten dienen der Erfassung der kompletten Brandmeldeanlage sowie der Unterstützung bei Ausschreibungen und Wartungsarbeiten. Weiterhin sollten im Rahmen einer Abnahme durch eine sachverständige Person diese Daten bereits erhoben sein.

Nachstehend ein Beispiel für die Datenerfassung nach den Richtlinien:

Zuständiger Ansprechpartner:
Name _____
Abteilung _____
Telefon/Handy _____

Standortdaten:
Ort _____
Gebäude _____
Geschoss _____
Achse/lfd. Nr. _____

Allgemeine technische Daten:
Art   o Einzelanlage
      o vernetzte Anlage
      o Sonstige: _____
Errichter _____
Zulassungsnummer oder Zustimmung im Einzelfall
  Nr. _____
  gültig bis: _____

Brandmeldeanlagen

Teil 1 Anlagentechnischer Brandschutz

Bezeichnung _____
Hersteller _____
Baujahr _____
Status _____

Individualdaten:

Brandmeldezentrale
_____

Anzahl der Meldebereiche: _____
Anzahl der Meldegruppen: _____
Anzahl der Meldelinien: _____

Netzersatz/Batterieversorgung
Anzahl/Art ____V ____A für ____h

Automatische Melder
Anzahl/Typ _____

Nicht automatische Melder
Typ/Anzahl _____

Feuerwehrschlüsseldepot
Anzahl/Typ _____

Freischaltelement
Anzahl/Typ _____

Brandmeldeanlagen

Teil 1 Anlagentechnischer Brandschutz

<u>Feuerwehrbedienfeld</u>
Anzahl/Typ _____

<u>Alarmierungseinrichtung</u>
Weiterleitung an BMZ o ja o nein
Typ _____

<u>Dokumentation</u>
Prüfbuch vorhanden   o ja o nein
Typenschild vorhanden   o ja o nein
Prüfplakette vorhanden   o ja o nein
Zulassungsbescheid
vorhanden   o ja o nein
Eintrag in CAD-Plan   o ja o nein
Dokumentation (0833-2)   o ja o nein
Es fehlt: _____

Bild 4: Beispiel für die Datenerfassung (Quelle: Landsperger)

💡 Praxistipp

1. Eine Brandmeldeanlage muss nach der Errichtung nicht sofort an die Feuerwehr aufgeschaltet werden. Es kann durchaus nützlich sein, insbesondere bei schwierigen Umgebungsbedingungen, die Brandmeldeanlage in einem Probebetrieb zu aktivieren.
2. Mit der Einführung einer Brandmeldeanlage wird häufig in einer Firma zum ersten Mal eine Alarmorganisation, DIN 14096:2014-05 – Brandschutzordnung, aufgebaut. Dabei sollten z. B. folgende Aspekte beachtet werden:
   – In welcher Schicht kann wer alarmiert werden?
   – Bei welcher Art von Alarmen soll wer alarmiert werden?

> - Unter welchen Rufnummern (beruflich oder privat) sollen die alarmierten Personen erreichbar sein?
> - Welche Arten von Alarm, Störungen oder sonstigen Ereignisfällen sollen über die Brandmeldeanlage gemeldet werden?
> - Ist ein dienstliches oder privates Handy zu benutzen?
>
> 3. Für die Wartung einer Brandmeldeanlage sollte mit der Wartungsfirma vereinbart werden, wer beispielsweise den Zugang zu Brandmeldern herstellt, d. h. wer stellt und bedient beispielsweise einen Hubwagen?
> 4. Bei der Erstellung von CAD-Plänen für eine Brandmeldeanlage ergibt es durchaus Sinn, Blocksymbole zu verwenden, um die eingetragenen Brandmelder als Excelliste aus einer CAD-Zeichnung zu exportieren.

Aktuelle Rechtsprechung

Rauchwarnmelder (DIN 14676)

1. Es besteht in allen Bundesländern seit dem 01.01.2017 eine Rauchwarnmelderpflicht teilweise mit Übergangsfristen bis Ende 2020. Eingesetzt werden Rauchwarnmelder nach DIN 14676 (meist als Stand-alone-Geräte mit eingebauter Stromversorgung) in privaten Haushalten. Es ist grundsätzlich sehr empfehlenswert, Rauchwarnmelder zu installieren, da die meisten Brandopfer Opfer einer Rauchvergiftung im Schlaf sind.
2. Bei der Verwendung von Rauchmeldern in privaten Haushalten sollte man auf das VdS-Prüfsiegel achten.

3. Eine behördlich geforderte Brandmeldeanlage weicht oftmals (sofern nicht versicherungstechnisch erforderlich) erheblich von einer privaten (meist aus Eigeninitiative oder vom Kunden geforderte Anlage) ab. Beispiele sind die Verlegung von Leitungen, die Ersatzstromversorgung und die Aufschaltung zur Feuerwehr. Eine behördlich geforderte Brandmeldeanlage wird i. d. R. von einem behördlich anerkannten Sachverständigen abgenommen.
4. interessante Internetseiten:
   - http://www.wikipedia.de
     Das Online-Lexikon hat einen guten Artikel zum Thema Brandmeldeanlage oder Brandmelder veröffentlicht.
   - http://www.bhe.de
     Der BHE (Bundesverband der Hersteller- und Errichterfirmen von Sicherheitssystemen e. V.) hat eine Inbetriebnahmeprotokollvorlage veröffentlicht, die gut zur Erhebung der technischen Daten geeignet ist.
   - http://www.vbbd.de
     Der Verein der Brandschutzbeauftragten bietet unterschiedliche Formulare und Checklisten für seine Mitglieder.

Feststellanlagen
(DIN 4102-18, DIN EN 14637, DIN 14677, DIBt)

Eine Feststellanlage (FSA) ist eine festmontierte Sicherheitseinrichtung, die geeignet ist, beweglichen Raumabschlüssen, wie Feuerschutzabschlüsse, Rauchschutztüren und andere Abschlüsse, kontrolliert die Selbstschließung zu ermöglichen. Sie wird an Feuer- und/oder Rauchschutzabschlüssen eingesetzt, die aus betrieblichen Gründen offengehalten werden müssen. Ihr Einsatz soll verhindern, dass Raumabschlüsse, beispielsweise durch Verklemmen mittels Keilen oder durch das Festbinden, unzulässig außer Funktion gesetzt werden.

Feststellanlagen helfen somit, den rechtssicheren Betrieb zu gewährleisten, da das Außer-Funktion-Setzen von Sicherheitseinrichtungen nach § 145 Abs. 2 StGB strafbar ist.

Feststellanlagen

Teil 1 Anlagentechnischer Brandschutz

Bild 5: Durch Keil blockierte Rauchschutztür – das ist strafbar, ebenso bei Brandschutztüren (Quelle: Landsperger)

Feststellanlagen

Teil 1 Anlagentechnischer Brandschutz

Technische Anforderungen und Zulassung bzw. Bauartgenehmigung

Die technischen Anforderungen an Feststellanlagen waren bislang hauptsächlich in der DIBt-Richtlinie für Feststellanlagen, der allgemeinen bauaufsichtlichen Zulassung bzw. der Bauartgenehmigung selbst und in der DIN 4102-18 als Geräte und Gerätekombinationen definiert und festgelegt.

Weil die bisherige „Richtlinie für Feststellanlagen" (Ausgabe 1988) ihre bauordnungsrechtliche Wirkung nur über eine konkrete allgemeine bauaufsichtliche Zulassung/Bauartgenehmigung entfalten konnte und eine ggf. notwendige Aktualisierung einfacher über die Zulassung/Bauartgenehmigung selbst möglich ist, hat das DIBt entschieden, die Bestimmungen für die „Ausführung" sowie für „Nutzung, Unterhalt und Wartung" für Feststellanlagen künftig vollständig in die Zulassung/Bauartgenehmigung aufzunehmen.

Teil 2 „Bauartprüfung und Überwachung" der bisherigen „Richtlinie für Feststellanlagen" (Ausgabe 1988) wurde überarbeitet und als „Allgemeine Anforderungen und Prüfgrundlagen für das Zulassungsverfahren für Feststellanlagen" veröffentlicht.

Im Zusammenhang mit der Änderung des Zulassungstextes wurde auch die im März 2011 erschienene DIN 14677:2011-03 „Instandhaltung von elektrisch gesteuerten Feststellanlagen für Feuerschutz- und Rauchschutzabschlüsse" berücksichtigt. Der Abschnitt „Bestimmungen für Nutzung, Unterhalt und Wartung" wurde ebenfalls angepasst und angeglichen.

Formell sind nun zwei Wege möglich, um eine allgemeine bauaufsichtliche Zulassung bzw. eine Bauartgenehmigung für eine Feststellanlage zu erteilen:

- Feststellanlagen, die die Anforderungen der DIN EN 14637 erfüllen.
  Ein Prüfbericht für eine Prüfung nach DIN EN 14637:2008-1 stellt keinen ausreichenden bauaufsichtlichen Verwendbarkeitsnachweis dar. Für die abschließende Feststellung der Verwendbarkeit von Feststellanlagen ist eine allgemeine bauaufsichtliche Zulassung erforderlich.
- Feststellanlagen, für die die Erfüllung der Anforderungen der DIN EN 14637 nicht nachgewiesen ist oder für die die Erfüllung nicht aller Anforderungen der DIN EN 14637 nachgewiesen ist.
- Die Erstellung einer allgemeinen bauaufsichtlichen Zulassung bzw. Bauartgenehmigung erfolgt nach dem bisherigen Zulassungsverfahren.

Aktuelle Entwicklungen

Seit Juni 2017 liegt ein neuer Normentwurf der DIN 14677 vor. Er trägt den Titel „Instandhaltung von elektrisch gesteuerten Feststellanlagen für Feuerschutz- und Rauchschutzabschlüsse sowie für elektrisch gesteuerte Feststellanlagen für Feuerschutzabschlüsse im Zuge von bahngebundenen Förderanlagen" und wurde in folgende zwei Teile untergliedert:

Teil 1 Anlagentechnischer Brandschutz

- Teil 1: Instandhaltungsmaßnahmen
- Teil 2: Anforderungen an die Fachfirma

Neben der Aufteilung in zwei Normteile und der Aktualisierung diverser normativer Verweisungen sowie einer redaktionellen Überarbeitung wurden folgende Änderungen vorgenommen:

- Streichung der Abschnitte bezüglich der Bewertung der Konformität
- Erweiterung um Feststellanlagen für Feuerschutzabschlüsse im Zuge von bahngebundenen Förderanlagen (Typ 3)

Neben dem neuen Entwurf der DIN 14677 liegt seit Juli 2017 die neue Muster-Verwaltungsvorschrift Technische Baubestimmungen (MVV TB) vor (Druckfehlerkorrektur vom 11.12.2017). Im Zuge der Neuordnung des deutschen Baurechts hinsichtlich der Verwendung von Bauprodukten ist dieser Vorgang erforderlich geworden. Im Anhang 7 der Muster-VV TB sind die Anforderungen an Feststellanlagen definiert. Dort werden die grundsätzlichen allgemeinen bauaufsichtlichen Anforderungen für Feststellanlagen zur Verwendung innerhalb von Gebäuden für Feuerschutzabschlüsse, Rauchschutzabschlüsse und Feuerschutzabschlüsse im Zuge bahngebundener Förderanlagen sowie andere Abschlüsse, die die Eigenschaft „selbstschließend" aufweisen, konkretisiert.

Die Kompatibilität aller zu einer Feststellanlage gehörenden Geräte ist in einer Bauartgenehmigung nachzuweisen. In der jeweiligen Bauartgenehmigung sind außerdem Festlegungen zur Planung, Bemessung und Ausführung der Feststellanlage zu treffen.

Die Bauartgenehmigung ist ein neues Konstrukt, das geschaffen wurde, um der Bauproduktenverordnung zu entsprechen. Allgemeine bauaufsichtliche Zulassungen für Feststellanlagen sind demzufolge (spätestens nach Ablauf von deren Gültigkeitsdatum) nicht mehr zulässig. Voraussetzung ist die Einführung der Muster-VV TB in eine bundeslandspezifische VV TB (in Baden-Württemberg ist dies beispielsweise bereits erfolgt).

Baurechtliche Anforderungen

In § 17 MBO (Musterbauordnung) heißt es u. a., dass die Ausbreitung von Feuer und Rauch durch besondere Maßnahmen verhindert werden muss. Somit müssen an Feuer- oder Rauchschutztüren, sofern sie aus betrieblichen Gründen offengehalten werden müssen, automatische Feststellanlagen (FSA) montiert werden. Die Feuer- oder Rauchschutztüren bilden mit der FSA eine Abschottung, sodass die Ausbreitung von Brand oder Rauch in Gebäuden im Brandfall verhindert wird und die einzelnen Brandabschnitte und die Nutzung und Verkehrsfähigkeit sichergestellt sind.

Unterstützend wirken diese Anlagen in Zusammenhang mit den technischen Brandschutzsystemen wie Brandmeldeanlagen, Brandlöschanlagen und Rauch- und Wärmeabzugsanlagen. Sie sind ein wichtiger Bestandteil in der Brandschutzkette.

Anforderungen und Bestandteile

Insbesondere nachstehende Anforderungen werden an eine Feststellanlage gestellt:

- eine allgemeine bauaufsichtliche Zulassung des DIBt
- Der Schließbereich der Brandschutztüren muss freigehalten werden (Bodenmarkierung, Beschriftung).
- eine korrekte Rauchmelderanordnung
- die sichere Auslösung durch den Handtaster oder durch Druck auf das Türblatt
- eine Abnahmeprüfung nach Erstinstallation
- besondere Beachtung in Ex-Bereichen
- Eine periodische Überwachung und Wartung sind erforderlich.
- die Führung eines Prüfbuchs

> **⚠ Hinweis**
>
> Grundsätzlich gibt es seit Juli 2017 keine Bauregelliste mehr (abhängig von den jeweiligen Bundesländern), denn diese wurde umstrukturiert und in die Muster-Verwaltungsvorschrift Technische Baubestimmungen (MVV TB) integriert. Änderungen gab es u. a. im Zulassungsverfahren. Voraussetzung dafür ist die Einführung der

Feststellanlagen

Teil 1 Anlagentechnischer Brandschutz

> Muster-VV TB in eine bundeslandspezifische VV TB (in Baden-Württemberg ist dies beispielsweise bereits erfolgt).

Die wesentlichen Bestandteile einer Feststellanlage nach der Richtlinie sind:

- Energieversorgung (Netzgerät)
- Brandmelder (Rauch- oder Thermomelder)
- elektrische Feststellvorrichtung (Haftmagnet)
- Auslösevorrichtung
- evtl. Handtaster (Prüftaster)
- Hinweisschild und Bodenmarkierung

Feststellanlagen

Teil 1 Anlagentechnischer Brandschutz

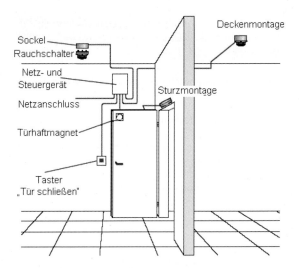

Bild 6: Bestandteile einer Feststellanlage (Quelle: Landsperger)

Nach den örtlichen und betrieblichen Gegebenheiten ist zu entscheiden, ob der Brandmelder für die Brandkenngröße Rauch und/oder Wärme verwendet werden soll. Soweit möglich, sollten für Feststellanlagen Rauchmelder zur Anwendung kommen.

Teil 1 Anlagentechnischer Brandschutz

 Hinweis

Für Abschlüsse in Rettungswegen müssen Rauchmelder verwendet werden.

Die Auswahl des Rauchmeldertyps ist von der voraussichtlichen Brandentwicklung am Einsatzort abhängig. Es sollten Streulichtmelder eingesetzt werden, wenn in der Entstehungsphase des Brands mit einem Schwelbrand zu rechnen ist.

Ein Nachteil dieses Meldertyps ist, dass dieser auch durch Staub ausgelöst werden kann. In diesen Bereichen sollten Streulichtmelder zur Vermeidung von Fehlalarmen nicht eingesetzt werden, oder es sind bestimmte Maßnahmen ergriffen. Optische Melder sind Ionisationsmeldern immer vorzuziehen.

Treten bei Arbeitsprozessen Rauch oder ähnliche Aerosole wie z. B. Staub auf, sollten Wärmemelder eingesetzt werden, um die Gefahr von Fehlalarmen zu vermeiden. Der Installationsort und die Anzahl der Brandmelder sind abhängig von der Türbreite und der Deckenhöhe zur Unterkante des Türsturzes.

Feststellanlagen

Teil 1 Anlagentechnischer Brandschutz

Beispiele der Bestandteile:

Energieversorgung (Quelle: Landsperger)

Unterschiedliche Ausführungen von Rauchmeldern (Quelle: Landsperger)

Feststellanlagen

Teil 1 Anlagentechnischer Brandschutz

Verschiedene Ausführungen von elektrischen Feststelleinrichtungen (Quelle: Landsperger)

Für die Montage der Rauchmelder müssen wichtige Hinweise beachtet werden, um eine sichere Auslösung zu gewährleisten.

Nachstehende Anforderungen werden nach der DIBt-Richtlinie für Feststellanlagen an die Installation der Brandmelder gestellt:

- Deckenmelder müssen unmittelbar unterhalb der Deckenunterflächen über der lichten Wandöffnung im Bereich von 0,5 bis 2,5 m eingebracht werden.

Feststellanlagen

Teil 1 Anlagentechnischer Brandschutz

- Bei Unterdecken sind die Melder an der tragenden Decke (Rohdecke) oder an der Unterdecke in diesem Bereich dort anzubringen, wo zuerst eine größere Rauchkonzentration zu erwarten ist.
- Sturzmelder sind unmittelbar an der Wand 0 bis 10 cm über der lichten Wandöffnung anzubringen.
- Ist die Untersicht der Decke auf beiden Seiten der Öffnung nicht mehr als einen Meter über der Oberkante der zu schützenden Öffnung, so kann auf die Sturzmelder verzichtet werden.
- Eine lichte Öffnung, die nicht breiter als 3 m ist und durch eine Drehflügeltür verschlossen wird, muss auch nur mit einem Sturzmelder gesichert werden.

Die folgenden Bilder zeigen den Montagebereich des Melders in Abhängigkeit von der Türausführung.

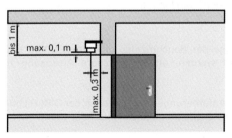

Bild 7: Deckenhöhe < 1 m, mit Sturzmelder (Quelle: Hekatron)

Feststellanlagen

Teil 1 Anlagentechnischer Brandschutz

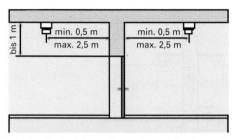

Bild 8: Deckenhöhe < 1 m, mit zwei Deckenmeldern, Abstand zur Wand = 0,5–2,5 m (Quelle: Hekatron)

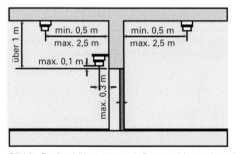

Bild 9: Deckenhöhe > 1 m, mit Sturzmelder und zwei Deckenmeldern (Quelle: Hekatron)

Feststellanlagen

Teil 1 Anlagentechnischer Brandschutz

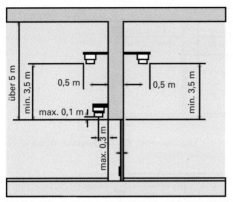

Bild 10: Deckenhöhe > 5 m, mit Sturzmelder und zwei Deckenmeldern in Ausführung Wandmontage (Quelle: Hekatron)

Rauchundurchlässige Unterdecke

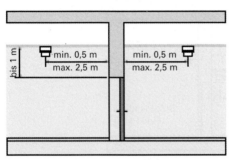

Bild 11: Deckenhöhe bis 1 m mit Unterdecke, verschiedene Ausführungen von Sturz- und Deckenmeldern bei rauchundurchlässiger Ausführung der Unterdecke (Quelle: Hekatron)

Rauchdurchlässige Unterdecke

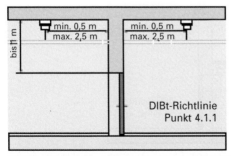

Bild 12: Deckenhöhe bis 1 m mit Unterdecke, verschiedene Ausführungen von Sturz- und Deckenmeldern bei rauchundurchlässiger Ausführung der Unterdecke (Quelle: Hekatron)

Rauchundurchlässige Unterdecke

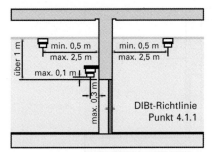

Bild 13: Deckenhöhe über 1 m mit Unterdecke, verschiedene Ausführungen von Sturz- und Deckenmeldern bei rauchundurchlässiger Ausführung der Unterdecke (Quelle: Hekatron)

Rauchdurchlässige Unterdecke

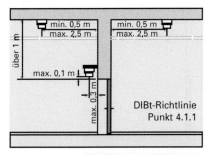

Bild 14: Deckenhöhe über 1 m mit Unterdecke verschiedene Ausführungen von Sturz- und Deckenmeldern bei rauchdurchlässiger Ausführung der Unterdecke (Quelle: Hekatron)

Das folgende Diagramm gibt eine Hilfestellung zur Planung der Melderauswahl.

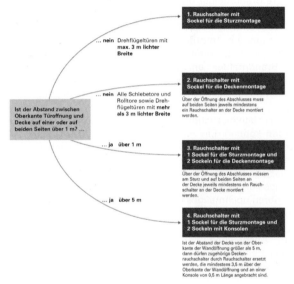

Bild 15: Entscheidungsdiagramm Melderanzahl (Quelle: Hekatron)

Bei der Ermittlung der Anzahl der erforderlichen Melder muss berücksichtigt werden, dass Brandmelder einen Bereich von bis zu 2 m nach jeder Seite erfassen. Bei Öffnungsbreiten über 4 m sind daher weitere Brandmelder bzw. Brandmelderpaare erforderlich, um die gesamte Öffnungsbreite zu erfassen.

Dies ist in besonderem Maße bei größeren Deckenöffnungen zu bedenken. Bei größeren Deckenöffnungen können weitere Brandmelder erforderlich werden.

Bei Wandöffnungen und bei durchgängigen Schächten werden besondere Anforderungen an die Montage der Brandmelder gestellt. Somit ist u. a. an der Schachtdecke mittig ein Brandmelder anzubringen. Weitere Anforderungen befinden sich in der DIN EN 14637 bzw. der jeweiligen allgemeinen bauaufsichtlichen Zulassung/Bauartgenehmigung.

Jede Feststellvorrichtung muss auch von Hand ausgelöst werden können. Ein Handauslösetaster darf durch die Tür nicht verdeckt werden. Der Handauslöser muss rot gekennzeichnet sein und auf dem Gehäuse die Aufschrift „Tür schließen" tragen. Der Schließvorgang muss durch ein einmaliges kurzes Drücken des Tasters eingeleitet werden und darf durch nochmaliges Drücken nicht unterbrochen werden können.

Beim Ansprechen der Auslöseeinrichtung müssen die offenstehenden Abschlüsse selbsttätig durch ihre Schließmittel schließen.

Der eingeleitete Schließvorgang darf nach der Auslösung nur noch zum Zweck des Personenschutzes unterbrochen werden. Der Schließvorgang muss sich nach Freiwerden des Schließbereichs aus jeder Öffnungsstellung selbsttätig fortsetzen. Bei Verwendung von Lichtschranken zur Unterbrechung des Schließvorgangs müssen diese unempfindlich gegen Rauch und für diesen Zweck zugelassen sein.

Brandmeldeanlagen

Feststellanlagen dürfen auch zusätzlich noch durch automatische Brandmeldeanlagen gemäß DIN EN 54 ausgelöst werden.

Hierbei sind nachstehende Bedingungen nach den Richtlinien zu erfüllen:

- Eine Unterscheidung zwischen Brandmeldern an der Feststellanlage und anderen Brandmeldern muss an der Brandmeldezentrale möglich sein.
- Die Brandmelder der Feststellanlagen dürfen keine weiteren Alarmierungseinrichtungen ansteuern.
- Die Anforderungen der DIN 14675 an die Anzeigeeinrichtung von Auslösevorrichtungen sind zu berücksichtigen.
- Die Feststellvorrichtungen dürfen nur durch eine eigene Energieversorgung verwendet werden.
- An vorhandenen Auslösevorrichtungen der Brandmelderanlage müssen die Feststellvorrichtungen ausgelöst werden können.
- Gemäß DIN 14677 gelten fixe Tauschzyklen für die verbundenen Brandmelder:
  - Brandmelder ohne Verschmutzungskompensation alle fünf Jahre
  - Brandmelder mit Verschmutzungskompensation alle acht Jahre
  - Brandmelder mit Herstellerangaben zum Austausch gemäß dieser Angaben

Teil 1 Anlagentechnischer Brandschutz

Montage

Die Montage muss durch ausgebildetes, sachkundiges Fachpersonal ausgeführt werden. Bei Feststellanlagen muss vor der Abnahme eine mangelfreie Inbetriebnahme vollzogen werden.

Abnahmeprüfung

Nach der vorschriftsmäßigen Installation ist die einwandfreie Funktion der Feststellanlagen durch eine Abnahmeprüfung zu sichern. Diese Prüfung ist vom Betreiber zu veranlassen und darf nur von Fachkräften der Hersteller oder von diesen autorisierten Fachkräften oder einer dafür benannten Prüfstelle durchgeführt werden.

Bei der Abnahmeprüfung sind mindestens nachstehende Punkte zu überprüfen:

- Die eingebauten Geräte müssen mit dem Zulassungsbescheid übereinstimmen.
- Die Kennzeichnung der Geräte muss mit der im Zulassungsbescheid übereinstimmen.
- Das Zusammenwirken aller Geräte muss durch die Auslösung der Melder mit der zugrunde liegenden Brandkenngröße und durch die Auslösung der Handtaster erfolgen.

- Es ist zu prüfen, ob der Schließer freigegeben wird, wenn die Anlagefunktion unfähig wird (z. B. durch Entfernen eines Melders oder durch Energieausfall).

Nach erfolgreicher Abnahmeprüfung ist vom Errichter in unmittelbarer Nähe der Tür dauerhaft ein Schild mit folgender Aufschrift anzubringen:

Feststellanlagen, Abnahme durch [...] (Firmenzeichen sowie Monat und Jahr der Abnahme)

Über die Abnahmeprüfung ist eine Bescheinigung auszustellen, die dem Betreiber auszuhändigen und von ihm aufzubewahren ist.

Periodische Überwachung und Wartung

Der Betreiber muss die Feststellanlagen ständig betriebsfähig halten und am besten einmal im Monat (mindestens alle drei Monate in Abhängigkeit vom DIBt-Zulassungsbescheid) auf ihre einwandfreie Funktion überprüfen.

Außerdem ist der Betreiber verpflichtet, mindestens einmal pro Jahr eine ordnungsgemäße und störungsfreie Überprüfung aller Geräte sowie eine Wartung vornehmen zu lassen. Sofern im Zulassungsbescheid eine kürzere Frist angegeben ist, ist diese einzuhalten.

Bild 16: Regelmäßige Wartung erforderlich (Quelle: Landsperger)

Die Prüfungen und Wartungen dürfen nur von einer befähigten oder einer dafür ausgebildeten Personen ausgeführt werden. Die Ergebnisse der Überprüfung sind aufzuzeichnen und vom Betreiber aufzubewahren.

 Hinweis

Mit dem täglichen Schließen/Öffnen der Feuerschutzabschlüsse wird keine monatliche Inspektion durchgeführt.

Ex-Bereich

In Räumen, in denen mit einer explosionsfähigen Atmosphäre durch brennbare Stäube zu rechnen ist, dürfen Ex-geprüfte Feststellanlagen nicht verwendet werden. Bei Räumen, in denen mit einer Explosion wegen der Atmosphäre (brennbare Gase, Dämpfe oder Nebel) gerechnet werden muss, dürfen Feststellanlagen nur verwendet werden, wenn diese zusätzlich durch Gaswarnmelder überwacht und ausgelöst werden.

Gaswarnanlagen und die Feststellanlagen müssen elektrisch verträglich sein. Teile von Feststellanlagen, die in diesen Räumen eingebaut werden sollen, müssen für diese Räume zugelassen sein.

 Praxistipp

- **Erstabnahme fehlt:**
  Mit einer fehlerfrei durchgeführten und dokumentierten Erstabnahme beginnt die Gewährleistungsfrist für die Feststellanlage. Des Weiteren darf erst mit der Abnahme die regelmäßige Wartung der Feststellanlage erfolgen.
- **Fehlende und falsch montierte Rauchmelder:**
  Die allgemeine bauaufsichtliche Zulassung und die Montageanleitung des Herstellers beschreiben, wie Rauchmelder (Rauchschalter) für verschiedene bauliche Gegebenheiten zu montieren sind. Bei vorhandenen Zwischendecken treten häufig Montagefehler auf. Es ist auf die Rauchdichte der Zwischendecke zu achten.
- **Feststellanlage/Rauchmelder außer Betrieb gesetzt:**
  Aufgrund von Umwelteinflüssen (insbesondere in Produktionsbereichen) kann es vermehrt zu Fehlauslösungen kommen. Um dies zu verhindern, werden häufig die Rauchmelder abgedeckt. Damit wird die Fest-

> stellanlage außer Betrieb gesetzt. Unmittelbar nach Beendigung der beeinträchtigenden Arbeiten müssen der Rauchmelder und die Feststellanlage wieder funktionsfähig gemacht werden.

Unter Umständen muss an dieser Stelle auf eine Feststellanlage verzichtet werden.

Feuerlöscher
(DIN EN 3, DIN 14406, ASR A2.2)

Begriffsbestimmung

Feuerlöscher sind tragbare Löschgeräte und ohne eigenen Kraftantrieb fahrbare Löschgeräte. Das Gesamtgewicht für tragbare Feuerlöscher darf höchstens 20 kg betragen.

Die Bereitstellung von Feuerlöschern gilt stets als Maßnahme des vorbeugenden Brandschutzes. Der Feuerlöscher ist ein Gerät zur Selbsthilfe bei der Bekämpfung von Klein- und Entstehungsbränden. Der Erfolg zur Bekämpfung eines Entstehungsbrands hängt wesentlich davon ab, inwieweit ein Brand bereits in der Entstehungsphase durch ein schnelles und wirksames Einsetzen der Löscher bekämpft werden kann. Für die Bekämpfung von Entstehungsbränden können tragbare oder fahrbare Feuerlöscher eingesetzt werden.

Grundlegende Regelungen über Feuerlöscher findet man in der europäischen Norm DIN EN 3, für die Instandhaltung ergänzend dazu in der DIN 14406. Die Technische Regel für Arbeitsstätten ASR A2.2 „Maßnahmen gegen Brände" beschreibt weitere Anforderungen, welche an Feuerlöscher in Arbeitsstätten gestellt werden. Die Technischen Regeln für Arbeitsstätten (ASR) werden aus dem Arbeitsschutzgesetz und der Arbeitsstättenverordnung durch den Ausschuss für

Arbeitsstätten (ASTA) im Auftrag des Bundesministeriums für Arbeit und Soziales abgeleitet und gelten somit für alle Arbeitsstätten. Bei Einhaltung dieser Technischen Regeln kann der Arbeitgeber davon ausgehen, dass die entsprechenden Anforderungen und Schutzziele erfüllt sind.

Somit werden die Regelungen der Arbeitsstättenverordnung durch die ASR A2.2 weiter konkretisiert. Der Anwendungsbereich der ASR A2.2 bezieht sich u. a. auf das Ausstatten von Arbeitsstätten mit Feuerlöscheinrichtungen. Feuerlöscheinrichtungen i. S. d. ASR A2.2 sind tragbare oder fahrbare Feuerlöscheinrichtungen und Wandhydranten.

Nicht selbsttätige Feuerlöscheinrichtungen, und dazu zählen auch Feuerlöscher, müssen als solche dauerhaft gekennzeichnet und leicht zu erreichen und zu handhaben sein. Dies setzt u. a., wie in der ASR A2.2 beschrieben, eine Montagehöhe von 0,80 m bis 1,20 m voraus.

> **⚠ Hinweis**
>
> Im Ausschuss für Arbeitsstätten (ASTA) wurde am 07.11.2017 die überarbeitete Fassung der ASR A2.2 „Maßnahmen gegen Brände" endgültig beschlossen. Dadurch tritt eine Vielzahl an Neuerungen voraussichtlich im Mai 2018 in Kraft. Diese sind u. a.:
>
> - Änderungen im organisatorischen Brandschutz (z. B. Brandschutzordnungen und Brandschutzbeauftragte)
> - Konkretisierung der Maßnahmen bei erhöhter Brandgefährdung
> - Änderung der Anzahl zulässiger Löschmitteleinheiten

Feuerlöscher

Teil 1 Anlagentechnischer Brandschutz

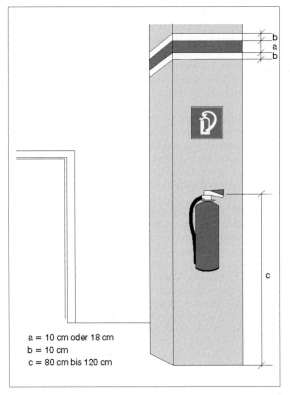

Bild 17: Montage von Feuerlöschern und Kennzeichnung von Feuerlöscherstandorten (Quelle: VdS 2001)

Eine weitere Regelung findet sich im Arbeitsschutzgesetz (§ 10). Dort wird geregelt, dass der Arbeitgeber die Beschäftigten zu benennen hat, die die Aufgaben der Brandbekämpfung (u. a. mit einem Feuerlöscher) zu übernehmen haben. Weiterhin ist im Arbeitsschutzgesetz geregelt, dass die Mitarbeiter vom Arbeitgeber in der Bedienung dieser Einrichtungen zu unterweisen sind.

Diese Regelung findet sich auch in der DGUV Vorschrift 1 (ehem. BGV A1) „Grundsätze der Prävention" im § 22, in dem der Unternehmer, wie auch im § 10 des Arbeitsschutzgesetzes beschrieben, eine ausreichende Anzahl von Beschäftigten durch eine Unterweisung und Übung im Umgang mit Feuerlöschern zu unterweisen hat.

Grundsätzlich dienen Feuerlöscher der Bekämpfung von Entstehungsbränden, auch durch Personen ohne besondere Ausbildung. Sie sind immer an leicht zugänglichen Stellen anzubringen und dürfen nicht zugestellt werden. Die Stellen, an denen Feuerlöscher angebracht wurden, sind zu kennzeichnen (Brandschutzzeichen „Feuerlöscher" nach ASR A1.3), sofern die Feuerlöscher nicht sofort erkennbar sind. Die Feuerlöscher, welche verwendet werden sollen, müssen amtlich geprüft und zugelassen sein, das Zulassungskennzeichen muss erkennbar sein.

Bauarten

Bei tragbaren Feuerlöschern unterscheidet man die Ausführungstypen Dauerdrucklöscher und Aufladelöscher. Der Dauerdrucklöscher steht ständig unter Druck, und das

Löschmittel und das Druckgas sind in dem gleichen Behälter untergebracht. Der Aufladelöscher steht nicht unter ständigem Druck, und das Löschmittel ist vom Druckgas getrennt. Das Druckgas befindet sich in einer separaten Stahlflasche oder Patrone und setzt erst bei Inbetriebnahme das Löschmittel unter Druck. Die Aufladelöscher sind i. d. R. hochwertiger und somit sicherer.

Kennzeichnung

Auf dem Feuerlöscher müssen sich gemäß DIN EN 3-7 folgende Informationen befinden, damit eine geeignete Auswahl und Überprüfung möglich sind: Herstellerangaben, Füllmenge, Löschmenge, Bedienungsanleitung, Brandklassen, Warnhinweis und allgemeine Hinweise.

Die Feuerlöscher im Unternehmen müssen rot und einheitlich beschriftet sein. Die Beschriftung unterteilt sich in fünf Schriftfelder.

Teil 1 Anlagentechnischer Brandschutz

Inhalte der Schriftfelder	Beispiele
Schriftfeld 1 muss enthalten: das Wort „Feuerlöscher", den Löschmitteltyp und die Füllmenge, Feuerlöscherarten nach DIN EN 3	FEUERLÖSCHER z. B. 6 kg ABC-Pulver z. B. 27A 113 B
Schriftfeld 2 muss enthalten: die Bedienungsanleitung, die zugehörigen Brandklassen	Sicherungsstift herausziehen, Schlagknopf kräftig einschlagen, Löschpistole betätigen. Der Vorgang soll mit Piktogrammen bzw. Bildern visualisiert sein, z. B. Brandklassen A, B und C mit zugehörigen Piktogrammen.
Schriftfeld 3 muss enthalten: Warnhinweise und Beschränkungen	Vorsicht bei elektrischen Anlagen. Nur bis 1.000 Volt; Mindestabstand 1 m
Schriftfeld 4 muss enthalten: allgemeine Hinweise	Anweisung zum Füllen nach jedem Gebrauch, Prüfanweisung in bestimmten Perioden (i. d. R. alle zwei Jahre, Sonderregelungen beachten), Angabe des Löschmittels, ggf. auch die Angabe und Prozentsätze bei wässrigen Lösungen
Schriftfeld 5 muss enthalten: Namen und Anschrift	ohne Beispiel

Tab. 1: Beschriftung der Feuerlöscher im Unternehmen (Quelle: DIN EN 3-7)

Bild 18: Beispiel einer Kennzeichnung auf dem Feuerlöscher
(Quelle: DIN EN 3-7)

Teil 1 Anlagentechnischer Brandschutz

Löschmittel

In Feuerlöschern können nachstehend aufgeführte Löschmittel mit folgender Brandklassenzuordnung Verwendung finden:

Feuerlöscher	Brandklassen
Pulverlöscher mit ABC-Löschpulver	Brandklassen A, B und C
Pulverlöscher mit BC-Löschpulver	Brandklassen B und C
Pulverlöscher mit Metallbrandpulver	Brandklasse D
Kohlendioxidlöscher	Brandklasse B
Wasserlöscher	Brandklasse A
Fettbrandlöscher	Brandklassen A, B und F
Schaumlöscher	Brandklassen A und B

Tab. 2: Brandklassen-Löscher-Zuordnung (Quelle: ASR A2.2, DIN EN 2)

Funktionsdauer – Löschmittelfüllmenge

Die Funktionsdauer eines Löschers richtet sich nach der Löschmittelfüllmenge. Diese wird auf dem Feuerlöscher in kg (Kilogramm) oder l (Liter) angegeben. Die nachstehende Tabelle zeigt die minimale Funktionsdauer in Abhängigkeit von der Löschmittelfüllmenge:

Feuerlöscher

Teil 1 Anlagentechnischer Brandschutz

Prüfobjekt	Mindestfunktionsdauer s	Nennfüllmenge kg
5A	6	1
8A	6	1, 2
13A	9	1, 2, 3, 4
21A	9	1, 2, 3, 4, 6
27A	9	1, 2, 3, 4, 6, 9
34A	12	1, 2, 3, 4, 6, 9
43A	15	1, 2, 3, 4, 6, 9, 12
55A	15	1, 2, 3, 4, 6, 9, 12

Tab. 3: Funktionsdauer nach DIN EN 3 für Pulverlöscher mit Brandklasse A (Quelle: DIN EN 3)

Prüfobjekt	Mindestfunktionsdauer s	Nennfüllmenge l
5A	6	2, 3
8A	9	2, 3, 6
13A	9	2, 3, 6, 9
21A	9	2, 3, 6, 9
27A	12	2, 3, 6, 9
34A	15	2, 3, 6, 9
43A	15	2, 3, 6, 9
55A	15	2, 3, 6, 9

Tab. 4: Funktionsdauer nach DIN EN 3 für Schaumlöscher mit Brandklasse A (Quelle: DIN EN 3)

Feuerlöscher

Teil 1 Anlagentechnischer Brandschutz

Prüfobjekt	Mindestfunktions-dauer s	Nennfüllmenge kg
21A	6	1
34A	6	1, 2
55A	9	1, 2, 3
70A	9	1, 2, 3, 4
89A	9	1, 2, 3, 4
113A	12	1, 2, 3, 4, 6
144A	15	1, 2, 3, 4, 6, 9
183A	15	1, 2, 3, 4, 6, 9, 12
233A	15	1, 2, 3, 4, 6, 9, 12

Tab. 5: Funktionsdauer nach DIN EN 3 für Pulverlöscher mit Brandklasse B (Quelle: DIN EN 3)

Prüfobjekt	Mindestfunktions-dauer s	Nennfüllmenge l
34A	6	2
55A	9	2, 3
70A	9	2, 3
89A	9	2, 3
113A	12	2, 3, 6
144A	15	2, 3, 6
183A	15	2, 3, 6, 9
233A	15	2, 3, 6, 9

Tab. 6: Funktionsdauer nach DIN EN 3 für Schaumlöscher mit Brandklasse B (Quelle: DIN EN 3)

Wasser-/Schaumlöscher

Im Wasserlöscher, auch Nasslöscher genannt, wird als Löschmittel Wasser verwendet, dem Frostschutz- und Netzmittel beigefügt werden können. In der Ausführung als Schaumlöscher wird zu dem Löschmittel Wasser noch ein Schaummittelzusatz beigegeben, meist erst bei der Aktivierung des Löschers. Die Löschwirkung wird durch die Abkühlung des brennenden Stoffs erzielt. Wasserlöscher finden ihre Anwendung in der Brandklasse A „feste, glutbildende Stoffe". Wasserlöscher mit Zusätzen und Schaumlöscher können zu der Brandklasse A auch in der Brandklasse B „flüssige oder flüssig werdende Stoffe" eingesetzt werden.

Bei Bränden in **elektrischen Anlagen** und in abgeschlossenen **elektrischen Betriebsstätten** bis zu einer Spannung von 1.000 V dürfen Wasser-/Schaumlöscher mit Sicherheitsabständen eingesetzt werden (siehe DIN VDE 0132 „Brandbekämpfung im Bereich elektrischer Anlagen").

Feuerlöscher

Teil 1 Anlagentechnischer Brandschutz

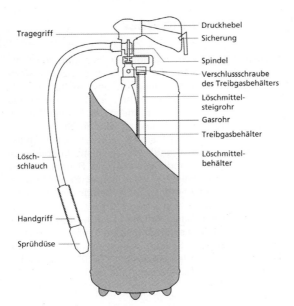

Bild 19: Querschnitt Wasserlöscher (Quelle: VdS 2001)

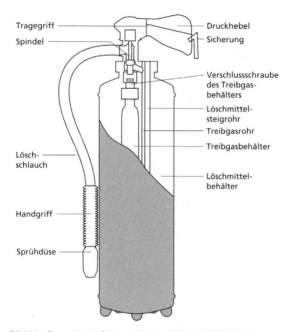

Bild 20: Querschnitt Schaumlöscher (Quelle: VdS 2001)

Pulverlöscher

Im Pulverlöscher, auch Trockenlöscher genannt, wird als Löschmittel ABC-Löschpulver (Glut- und Flammenbrände) oder BC-Pulver (Flammenbrände) verwendet. Die Löschwirkung wird durch den Inhibitionseffekt, der durch die löschende Pulverwolke entsteht, erzielt.

Pulverlöscher finden je nach Löschpulver ihre Anwendung in den Brandklassen A, B und C „gasförmige Stoffe". Pulverlöscher mit Metallbrandpulver können auch in der Brandklasse D „brennbare Metalle" eingesetzt werden.

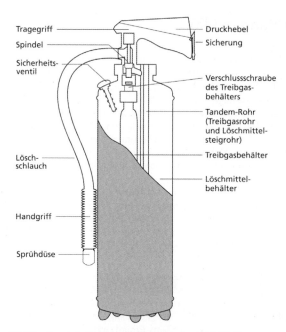

Bild 21: Querschnitt Pulverlöscher (Quelle: VdS 2001)

Jedoch sind ABC-Pulverlöscher nicht bei D-Bränden und D-Pulverlöscher nicht bei ABC-Bränden einzusetzen (Gefahr bzw. uneffektiv). ABC-Pulver ist ein Salz, das aufgrund seiner Staubform zu höherem Reinigungsaufwand führt. Deshalb sollte man andere Löschmittel dort wählen, wo eine schnelle Reinigung für den Weiterbetrieb erforderlich ist.

Kohlendioxidlöscher

Im Kohlendioxidlöscher wird als Löschmittel Kohlendioxid (CO_2) verwendet. Die Löschwirkung wird durch die Reduktion des Sauerstoffgehalts (O_2), welche das Feuer über dem Brandgut erstickt, erzielt. Kohlendioxidlöscher finden ihre Anwendung i. d. R. in den Brandklassen B sowie bei Bränden in elektrischen und elektronischen Anlagen und Geräten. Kohlendioxidlöscher müssen den Warnhinweis tragen: „Vorsicht bei Verwendung in engen, schlecht belüfteten Räumen; Vorsicht bei elektrischen Anlagen".

Bei Bränden in **elektrischen Anlagen** und in abgeschlossenen **elektrischen Betriebsstätten** mit einer Spannung von bis zu 1.000 V dürfen CO_2-Löscher mit Sicherheitsabständen von 1 m eingesetzt werden (über 1.000 Volt siehe DIN VDE 0132 „Brandbekämpfung im Bereich elektrischer Anlagen").

 Hinweis

Bei Wasserfahrzeugen und schwimmenden Geräten sind Kohlendioxidlöscher nicht zulässig, da Kohlendioxid schwerer als Luft ist und im Einsatz immer nach unten sinkt.

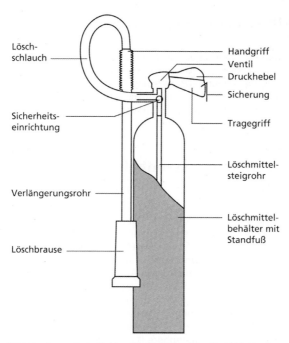

Bild 22: Querschnitt Kohlendioxidlöscher (Quelle: VdS 2001)

Fettbrandlöscher

Um den Anforderungen durch brennende, heiße Speisefette und Speiseöle besser begegnen zu können, wurde im Jahre 2005 eine eigene Brandklasse, die Brandklasse F, geschaffen. Die für diese Brandklasse zugelassenen Löschmittel sind speziell auf das Brandverhalten von Speisefetten und Speiseölen abgestimmt.

Prüfung und Instandhaltung der Feuerlöscher

Der Feuerlöscher muss regelmäßig, mindestens jedoch alle zwei Jahre durch einen Sachkundigen nach DIN 14406-4 instand gehalten werden. Darüber hinaus fordert die Betriebssicherheitsverordnung eine Prüfung durch befähigte Personen in regelmäßigen Abständen. Die Instandhaltung nach DIN 14406 (siehe dort insbesondere Tabelle A.1) zur Beurteilung der Funktionsfähigkeit beinhaltet u. a. die Prüfung des allgemeinen Zustands des Löschers, Kontrolle der Prüffristen nach Betriebssicherheitsverordnung (BetrSichV), äußere und innere Beschädigung, Kontrolle der Auslöseeinrichtung und Sicherheitseinrichtungen und die Verwendbarkeit des Löschmittels.

Ein Nachweis über die Prüfungsergebnisse ist zu führen. Der Nachweis kann in Form einer Prüfplakette erfolgen.

Instandhaltungs-/Prüfnachweis				
Instandhaltung durchgeführt am:	Innenkontrolle durchgeführt am:	Sachkundiger/ befähigte Person:	Wiederkehrende Prüfung nach BetrSichV durchgeführt am:	nächste Instandhaltung am:

Bild 23: Größe des Instandhaltungs-/Prüfnachweises auf dem Feuerlöscher (Quelle: DIN 14406)

Feuerlöscher dienen dazu, dass sie unmittelbar zur Bekämpfung eines Entstehungsbrands eingesetzt werden können. Hierzu muss gesichert sein, dass die Feuerlöscher immer technisch einwandfrei und funktionsfähig sind. Der Funktionssicherheit und der einfachen Bedienung eines Feuerlöschers kommt also eine sehr hohe Bedeutung im betrieblichen Brandschutz zu.

In der DIN EN 3 und der DIN 14406 finden sich Vorgaben, wie Feuerlöscher gebaut, betrieben und instand gehalten werden müssen. Muss ein Feuerlöscher eingesetzt werden, so muss sich der Nutzer darauf verlassen können, dass der Feuerlöscher durch befähigte Personen instand gehalten, geprüft, gewartet und ggf. auch wieder instand gesetzt wird.

Die befähigte Person muss gewährleisten, dass die Feuerlöscher ordnungsgemäß geprüft wurden. Sie verfügt über die für diese Aufgaben erforderliche Zuverlässigkeit und kennt die einschlägigen Rechtsvorschriften sowie die allgemein anerkannten Regeln der Technik und sonstigen Vorschriften.

Sie muss die theoretische Ausbildung und praktische Erfahrung auf Verlangen vorweisen und bereit sein, sich kontinuierlich in diesem Tätigkeitsbereich weiterzubilden. Bei den Prüfungsentscheidungen ist sie frei und nicht an Weisungen Dritter gebunden.

Für den Anwender von Feuerlöschern sind folgende allgemeine Prüfvorgaben von Interesse.

Bei hohem Brandrisiko oder starker Beanspruchung durch Umwelteinflüsse können kürzere Zeitabstände erforderlich sein. Werden bei der Prüfung Mängel festgestellt, die eine Funktionsfähigkeit des Löschers nicht mehr gewährleisten, ist zu veranlassen, dass der Feuerlöscher instand gesetzt oder durch einen anderen Feuerlöscher ersetzt wird (siehe DIN 14406 „Tragbare Feuerlöscher; Instandhaltung").

Weitere Angaben zur Prüfung von Feuerlöschern und Löschmittelbehältern finden sich in der Betriebssicherheitsverordnung (BetrSichV).

Ermittlung der bereitzustellenden Feuerlöscher

Um eine effektivere Löschwirkung zu erreichen, muss der Feuerlöscher für seinen Einsatzzweck nach der Einteilung der DIN EN 2 geeignet sein.

Folgende Faktoren spielen bei der Auswahl von Feuerlöschern eine Rolle:

- Brandklassen der DIN EN 2
- Brandgefährdung

- Grundfläche des Objekts
- Löschmitteleinheiten (Löschvermögen) der Löscher nach DIN EN 3

Brandklassen

Bei den Brandklassen unterscheidet man die Typen A, B, C, D und F.

Das „A" steht für einen Einsatzbereich für feste, glutbildende Stoffe. Das „B" steht für den Einsatzbereich von Bränden mit flüssigen oder flüssig werdenden Stoffen. Der Typ „C" steht für Brände von Gasen. Typ „D" steht für Brände von Metallen. Typ „F" steht für Brände von heißen Speiseölen/-fetten. Die Brandklasse F ist seit Januar 2005 in der DIN EN 2 aufgenommen.

Das Einteilen in Brandklassen dient der Zuordnung von brennbaren Stoffen zu geeigneten Löschmitteln; es gilt die DIN EN 2:

Feuerlöscher

Teil 1 Anlagentechnischer Brandschutz

	Brandklasse	Brandklasse A: Brände fester Stoffe, hauptsächlich organischer Natur, die normalerweise unter Glutbildung verbrennen. Beispiele: Holz, Papier, Stroh, Textilien, Kohle, Autoreifen	Brandklasse B: Brände von flüssigen oder flüssig werdenden Stoffen. Beispiele: Benzin, Benzol, Öle, Fette, Lacke, Teer, Stearin, Paraffin	Brandklasse C: Brände von Gasen. Beispiele: Methan, Propan, Wasserstoff, Acetylen, Erdgas, Stadtgas	Brandklasse D: Brände von Metallen. Beispiele: Aluminium, Magnesium, Lithium, Natrium, Kalium und deren Legierungen	Brandklasse F: Brände von Speiseölen und -fetten. Beispiele: frische Öle und Fette) in Frittier- und Fettbackgeräten und anderen
	Piktogramm	A	B	C	D	F
Pulverlöscher mit Glutbrandpulver	PG	✓	✓	✓		
Pulverlöscher mit Metallbrandpulver	PM				✓	
Pulverlöscher mit Spezialpulver	P		✓	✓		
Kohlendioxid-Löscher (CO_2)	K		✓			
Wasserlöscher	W	✓				
Fettbrandlöscher mit Speziallöschmittel	F	✓	✓			✓
Schaumlöscher	S	✓	✓			

Legende: ✓ = geeignet und zugelassen
Feuerlöscher müssen nach dem Brandeinsatz oder nach unbeabsichtigter Betätigung auf jeden Fall nach spätestens zwei Jahren instand gehalten und wieder einsatzbereit gemacht werden.

Tab. 7: Brandklasseneinteilung nach EN 2 (Quelle: EN 2)

Bild 24: Brandklasse F (Quelle: DIN EN 3-7)

Unterteilung der betrieblichen Brandgefährdung

Mit Hilfe der Gefährdungsbeurteilung nach § 3 ArbStättV ermittelt der Arbeitgeber, ob neben der normalen auch eine erhöhte Brandgefährdung in der Arbeitsstätte bzw. in Bereichen vorliegt bzw. vorliegen kann. Wird eine erhöhte Brandgefährdung festgestellt, müssen zusätzliche Maßnahmen zum Schutz der Beschäftigten festgelegt und angewandt werden.

Die ASR A2.2 definiert die Begriffe die Brandgefährdung und unterscheidet zwischen der normalen und der erhöhten, wie folgt:

- Brandgefährdung liegt vor, wenn brennbare Stoffe vorhanden sind und die Möglichkeit für eine Brandentstehung besteht.

- Normale Brandgefährdung liegt vor, wenn die Wahrscheinlichkeit einer Brandentstehung, die Geschwindigkeit der Brandausbreitung, die dabei frei werdenden Stoffe und die damit verbundene Gefährdung für Personen, Umwelt und Sachwerte vergleichbar ist mit den Bedingungen bei einer Büronutzung.
- Erhöhte Brandgefährdung liegt vor, wenn
  - entzündbare bzw. oxidierende Stoffe oder Gemische vorhanden sind,
  - die örtlichen und betrieblichen Verhältnisse für eine Brandentstehung günstig sind,
  - in der Anfangsphase eines Brandes mit einer schnellen Brandausbreitung oder großen Rauchfreisetzung zu rechnen ist.
  - Arbeiten mit einer Brandgefährdung durchgeführt werden (z. B. Schweißen, Brennschneiden, Trennschleifen, Löten) oder Verfahren angewendet werden, bei denen eine Brandgefährdung besteht (z. B. Farbspritzen, Flammarbeiten) oder erhöhte Gefährdungen vorliegen, z. B. durch selbsterhitzungsfähige Stoffe oder Gemische, Stoffe der Brandklassen D und F, brennbare Stäube, extrem oder leicht entzündbare Flüssigkeiten oder entzündbare Gase."

Die ASR A2.2 zählt beispielhaft Betriebe bzw. Betriebsbereiche mit erhöhter Brandgefährdung auf, um eine bessere Zuordnung zu ermöglichen.

	Betriebe oder Betriebsbereiche
1.	**Verkauf, Handel, Lagerung** • Lager mit leicht entzündlichen bzw. leicht entflammbaren Stoffen • Lager für Recyclingmaterial und Sekundärbrennstoffe • Speditionslager • Lager mit Lacken und Lösungsmitteln • Altpapierlager • Baumwolllager, Holzlager, Schaumstofflager • Lagerbereiche für Verpackungsmaterial • Lager mit sonstigem brennbaren Material • Ausstellungen für Möbel • Verkaufsräume mit erhöhten Brandgefährdungen, z. B. Heimwerkermarkt, Baumarkt
2.	**Dienstleistung** • Kinos, Diskotheken • Abfallsammelräume • Küchen • Beherbergungsbetriebe • Theaterbühnen • Tank- und Tankfahrzeugreinigungen • chemische Reinigung • Alten- und Pflegeheime • Krankenhäuser

Betriebe oder Betriebsbereiche
3. Industrie • Möbelherstellung, Spanplattenherstellung • Webereien, Spinnereien • Herstellung von Papier im Trockenbereich • Verarbeitung von Papier • Getreidemühlen und Futtermittelproduktion • Schaumstoff-, Dachpappenherstellung • Verarbeitung von brennbaren Lacken und Klebern • Lackier- und Pulverbeschichtungsanlagen und -geräte • Öl-Härtereien • Druckereien • petrochemische Anlagen • Verarbeitung von brennbaren Chemikalien • Leder- und Kunststoffverarbeitung • Kunststoff-Spritzgießerei • Kartonagenherstellung • Backwarenfabrik • Herstellung von Maschinen und Geräten

Tab. 8: Beispiele für Betriebe mit erhöhter Brandgefährdung (Quelle: ASR A2.2)

Ausstattung von Arbeitsstätten mit Feuerlöschern

Die Art und die Anzahl von Feuerlöscheinrichtungen richten sich nach der Eigenschaften und Menge der im Betrieb vorhandenen brennbaren Stoffe, der Brandgefährdung und der Grundfläche der Arbeitsstätte. Hierfür kann die Arbeitsstätte in Abschnitte geteilt werden. Diese einzelnen Bereiche können in unterschiedliche Brandgefährdungen eingestuft sein.

Feuerlöscher

Teil 1 Anlagentechnischer Brandschutz

Grundsätzlich ist für die Grundausstattung einer Arbeitsstätte mit Feuerlöschern ein Bezug zwischen dem Löschvermögen eines Feuerlöschers und der Grundfläche des Unternehmens herzustellen. Für die Grundausstattung der Arbeitsstätte mit Feuerlöscheinrichtungen sind gemäß Pkt. 5.2 ASR A2.2 grundsätzlich Feuerlöscher nach DIN EN 3 bereitzustellen.

Wandhydranten und Kohlenstoffdioxid-Feuerlöscher gehören im Allgemeinen nicht zur Grundausstattung. Jedoch können diese bei besonderen Brandgefahren durchaus für die Arbeitsstätte bzw. für einzelne Arbeitsplätze geeignet sein und bereitgestellt werden.

Allerdings muss der Arbeitgeber mit den ausgewählten abweichenden Feuerlöscheinrichtungen zur Grundausstattung nach ASR A2.2, mindestens die gleiche Sicherheit und den gleichen Gesundheitsschutz für die Beschäftigten erreichen. Der Nachweis hierzu sollte dokumentiert werden.

Zur Auswahl des geeigneten Feuerlöschers gibt der Anhang 1 der ASR A2.2 eine Orientierung vor:

1. Ermitteln der vorhandenen Brandklassen
2. Ermitteln und Beurteilen der Brandgefährdung
3. Ermitteln der Löschmitteleinheit in Abhängigkeit von der Grundfläche
4. Festlegen der notwendigen Anzahl nach den Löschmitteleinheiten
5. Festlegen von ggf. zusätzlichen Maßnahmen

Teil 1 Anlagentechnischer Brandschutz

Die Grundausstattung an erforderlichen Löschmitteleinheiten richtet sich nach der Summe der Grundflächen aller Ebenen. Beim Ermitteln dieser Grundfläche bleiben Flächen im Freien, wie z. B. Verkehrswege, Parkplätze, Grünanlagen unberücksichtigt.

Die notwendigen Löschmitteleinheiten enthält Tabelle 9.

Aus der Tabelle 10 ist die entsprechende Art, Anzahl und Größe der Feuerlöscher entsprechend ihrem Löschvermögen zu entnehmen. Die Summe der Löschmitteleinheiten muss mindestens der aus der Tabelle 9 entnommenen LE je Brandklasse entsprechen.

Grundfläche bis ... m^2	Löschmitteleinheiten [LE]
50	6
100	9
200	12
300	15
400	18
500	21
600	24
700	27
800	30
900	33
1.000	36
je weitere 250	6

Tab. 9: Löschmitteleinheiten in Abhängigkeit von der Grundfläche der Arbeitsstätte (Quelle: ASR A2.2, Tabelle 3)

Grundsätzlich dürfen für die Grundausstattung nur genormte Feuerlöscher verwendet werden, welche mindestens sechs Löschmitteleinheiten (6 LE) verfügen. Um damit zu gewährleisten, dass Entstehungsbrände jede Person im Betrieb löschen kann und noch genug Löschmittel für eine ggf. auftretende Rückzündung verfügbar ist.

Es muss mindestens 6 LE in jedem Geschoss einer mehrgeschossigen Arbeitsstätte bereitgestellt werden. Diese Grundanforderung ist unabhängig von der Fläche.

Unter bestimmten Voraussetzungen können bei normaler Brandgefährdung auch Feuerlöscher mit geringerer Löschmitteleinheiten, jedoch mind. 2 LE, gemäß Pkt. 5.2 ASR A2.2 angerechnet werden. Als Bedingung zum Einsetzen dieser geringen Löschmitteleinheiten müssen eine leichte Bedienbarkeit, eine schnelle Erreichbarkeit und eine doppelte Anzahl an Brandschutzhelfer vorliegen. Fehlt eine dieser Bedingungen ist ein Einrichten mit 2 LE Feuerlöschern nicht möglich.

Bei der Auswahl der Feuerlöscher sollte bei gleicher Eignung, das Löschmittel gewählt werden, womit mögliche Folgeschäden gering oder vermieden werden. Beispielsweise ist es sinnvoll in Elektronischen Datenverarbeitungsanlagen (EDV-Anlagen) keine Pulver-Feuerlöscher zu benutzen, geeigneter wären Kohlenstoffdioxid-Feuerlöscher.

Bei einem Gebäude mit mehreren Arbeitsstätten und verschiedenen Arbeitgebern können die Feuerlöscher gemeinsam entsprechend ASR A2.2 angerechnet bzw. im Schadensfall genutzt werden. Dementsprechend muss ein Zugriff der Beschäftigten auf die Feuerlöscher jederzeit gewährleistet sein. Auf die gemeinsame Nutzung sollten die benannten Brandschutzhelfer durch ihre Arbeitgeber hingewiesen werden. Ferner müssen die Arbeitgeber eine Regelung erzielen, wie die Instandhaltung und Prüfung der Feuerlöscher erfolgen soll.

Jede Arbeitsstätte ist mit einer Grundausstattung von Feuerlöscheinrichtungen auszustatten und zu betreiben. Im Regelfall kommen Feuerlöscher nach DIN EN 3 als Grundausstattung zum Einsatz. Dabei hängt die Anzahl von der Art und dem Umfang der im Betrieb vorhandenen brennbaren Stoffe, der Brandgefährdung und der Grundfläche der Arbeitsstätte ab. Grundsätzlich müssen die Feuerlöscher mit dem enthaltenen Löschmittel geeignet sein, Brände der bekannten Brandklassen zu löschen.

Löschvermögen

Das Löschvermögen klassifiziert die Feuerlöscheinrichtung (z. B. Feuerlöschgeräte, Lösch-spraydose) nach der Leistungsfähigkeit.

Nach der praktischen Ermittlung des Löschvermögens ist es möglich, zusammen mit der ein-geführten Hilfsgröße, der Löschmitteleinheit (LE), die unterschiedlichen Feuerlöschertypen zu vergleichen. Die Löschmitteleinheiten einzelner Feuerlöscher aufaddiert, ergibt das mögliche Gesamtlöschvermögen mehrerer Feuerlöscher. Mit Zuhilfenahme der folgenden Tabellen ist eine Auswahl der Feuerlöscher möglich.

Feuerlöscher

Teil 1 Anlagentechnischer Brandschutz

Verschiedene Beispiele für normale und erhöhte Brandgefährdung im Anhang der ASR A2.2 zeigen das praktische Auslegen von Feuerlö-scheinrichtungen in einer Arbeitsstätte.

Die Löschmitteleinheiten bestehen nur für die Brandklassen A und B und können mit Hilfe des Löschvermögens aus der Tabelle 2 ASR A2.2 abgelesen werden. Für die Brandklassen C, D und F ist dieses nicht möglich.

Für die Brandklassen C und D wird lediglich die Eignung festgestellt, ohne das Löschvermö-gen zu bestimmen. Wobei für die Brandklasse F das Löschvermögen auf einen geeigneten Feuerlöscher vermerkt ist.

Die Zahlen und Buchstaben geben das Löschvermögen in den jeweiligen Brandklassen an. Beispielsweise bedeutet die Kennzeichnung 21A, dass ein Löschvermögen von 21 (Prüfob-jekt: 2100 mm x 500 mm) in der jeweiligen Brandklasse A (Holzstapel) besteht. Die Angabe 40F bedeutet auf einem Fettbrand-Feuerlöscher, dass dieser geeignet ist zum Löschen von Speiseölen und -fetten (Brandklasse F) und das das Löschvermögen ausreicht 40 Liter davon unter Prüfbedingungen abzulöschen.

Die nachstehende Tabelle zeigt das Verhältnis der Löschmitteleinheiten LE zu den Feuerlöscherarten.

Feuerlöscher

Teil 1 Anlagentechnischer Brandschutz

LE	Löschvermögen	
	Brandklasse A	Brandklasse B
1	5 A	21 B
2	8 A	34 B
3		55 B
4	13 A	70 B
5		89 B
6	21 A	113 B
9	27 A	144 B
10	34 A	
12	43 A	183 B
15	55 A	233 B

Tab. 10: Löschvermögen der Feuerlöscher (Quelle: ASR A2.2, Tabelle 2)

Auslegungsbeispiele für die Ausstattung mit Feuerlöschern

Beispiel 1: normale Brandgefährdung

Verwaltungsgebäude einer Werft	
Vorhandene Brandklassen	A
Betriebsgröße in m²	500
Ergebnis der Gefährdungsbeurteilung	normale Brandgefährdung

Ergebnis:

- normale Brandgefährdung = Grundausstattung
- Tabelle 1 ergibt die Forderung nach 21 LE.
- Gewählt werden Pulver-Feuerlöscher mit Löschvermögen 21A und 113B (Herstellerangabe), was nach Tabelle 1 für diesen Feuerlöscher 6 LE entspricht.
- 21 LE geteilt durch 6 LE je Feuerlöscher ergeben praktisch 4 Feuerlöscher dieses Typs.

Beispiel 2: erhöhte Brandgefährdung

Küche mit 3 Kleinfritteusen mit einer Füllmenge von je 10 Litern Speiseöl	
Vorhandene Brandklassen	A und F
Betriebsgröße in m2	180
Ergebnis der Gefährdungsbeurteilung	erhöhte Brandgefährdung

Ergebnis:

- erhöhte Brandgefährdung = Grundausstattung + zusätzliche Maßnahmen
- Tabelle 1 ergibt die Forderung nach 12 LE, so dass bei mind. 6 LE je Feuerlöscher 2 Feuerlöscher als Grundausstattung erforderlich wären. Dazu wären wegen der Brandklasse F zusätzliche Fettbrand-Feuerlöscher notwendig.

Feuerlöscher

Teil 1 Anlagentechnischer Brandschutz

Um eine Gefährdung der Beschäftigten durch Verwechslungen zu vermeiden und eine Doppelausstattung auszuschließen, erfolgt die Ausstattung mit Feuerlöschern, die für die Brandklassen A und F geeignet sind. Der gewählte Feuerlöschertyp hat ein Löschvermögen von 21A, 113B und 75F je Gerät (Herstellerangabe), was nach Tabelle 1 für diese Bauart 6 LE für die Brandklasse A entspricht.

In den Anhängen der Technischen Regel für Arbeitsstätten ASR A2.2 sind weitere Beispiele für das Ermitteln der Grundausstattung, für das Abweichen von dieser sowie Beispiele für normale und erhöhter Brandgefährdung gerechnet und ausführlich erläutert.

Rauch- und Wärmeabzugsanlagen (DIN 18232, VdS 4020)

Für Rauch- und Wärmeabzugsanlagen gelten die Normenreihe DIN 18232 mit ihren Teilen -1:2002-02, -2:2007-11, -4:2003-04, -5:2012-11, -7:2008-08, -9:2016-07 sowie der Entwurf DIN V 18232-8:2008-07 und die harmonisierte Normenreihe der DIN EN 12101 mit ihren zehn Teilen. Der EN-Reihe ist aufgrund der EU-Bauprodukten-Verordnung 305/2011/EU der Vorrang zu geben, um die Konformitätsvermutung auszulösen.

Die Normen geben Empfehlungen für die Planung und den Einbau von natürlichen Rauch- und Wärmeabzugsanlagen (NRA, DIN 18232-2). Sie gelten für eingeschossige gewerblich oder industriell genutzte Gebäude oder mehrgeschossige Gebäude (Mindestraumhöhe 3 m), in denen in den Dächern NRA eingebaut werden.

 Hinweis

Bei der „Planung und der Errichtung von Entrauchungsanlagen in Hochregallagern" kann die VDI-Richtlinie 3564 Blatt 1:2017-05 „Brandschutz: Empfehlungen für Hochregalanlagen" ihre Anwendung. Brandschutzmaßnahmen in Hochregalanlagen unterliegen aufgrund der hohen Materialkonzentration und der eingeschränkten Zugänglichkeit für die Brandbekämpfung besonderen Anforderungen, die bereits bei der Konzeption solcher Anlagen

> in Zusammenarbeit mit allen Beteiligten abgestimmt werden sollten, z. B. dem Brandschutzgutachter und dem Sachversicherer.
>
> Die aktuelle Richtlinie in der Ausgabe 2017-05 ist eine Überarbeitung der Ausgabe von 2011 und stellt damit die neunte überarbeitete Fassung seit der Erstausgabe im Jahr 1970 dar.

Die folgenden zitierten Dokumente sind für die Anwendung dieser Richtlinie erforderlich:

- Muster-Richtlinie über den baulichen Brandschutz im Industriebau (Muster-Industriebaurichtlinie – MIndBauRL)
- ASR A2.2: Technische Regeln für Arbeitsstätten; Maßnahmen gegen Brände
- DIN 14090:2003-05: Flächen für die Feuerwehr auf Grundstücken
- DIN 14675:2012-04: Brandmeldeanlagen; Aufbau und Betrieb
- DIN EN 528:2009-02: Regalbediengeräte; Sicherheitsanforderungen; Deutsche Fassung EN 528:2009-02
- DIN EN 13501-1:2010-01: Klassifizierung von Bauprodukten und Bauarten zu ihrem Brandverhalten; Teil 1: Klassifizierung mit den Ergebnissen aus den Prüfungen zum Brandverhalten von Bauprodukten; Deutsche Fassung EN 13051-1:2007+A1:2009
- DIN EN 13501-2:2016-12: Klassifizierung von Bauprodukten und Bauarten zu ihrem Brandverhalten; Teil 2: Klassifizierung mit den Ergebnissen aus den Feuerwiderstandsprüfungen, mit Ausnahme von Lüftungsanlagen; Deutsche Fassung EN 13051-2:2016

- DIN VDE 0833-2; VDE 0833-2:2009-06 Gefahrenmeldeanlagen für Brand, Einbruch und Überfall; Teil 2: Festlegungen für Brandmeldeanlagen

Weitere Regelungen finden sich in den Landesbauordnungen und in den Musterrichtlinien für den Industriebau, in der Versammlungsstättenverordnung und der Verkaufsstättenverordung. Bei den Musterrichtlinien ist zu überprüfen, ob eine länderspezifische Richtlinie mit weiteren Anforderungen veröffentlicht wurde.

 Hinweis

Bei automatischen Feuerlöschanlagen mit gasförmigen Löschmitteln sind NRA mit automatischer Auslösung nicht zu empfehlen, da der Aufbau und die Aufrechterhaltung einer wirksamen Löschmittelkonzentration wegen der Öffnungen (Abzüge) im Dach in den Gebäuden nicht sichergestellt werden können.

Bei der Verwendung von NRA in Räumen mit Wasser- oder Pulverlöschanlagen sind die besonderen Angaben in den Installationsrichtlinien der jeweiligen Feuerlöschanlage zu beachten.

Im VdS-Merkblatt VdS 2815:2013-09 „Zusammenwirken von Wasserlöschanlagen und Rauch- und Wärmeabzugsanlagen (RWA)" sind mögliche Kombinationen der jeweiligen Anlagen beschrieben.

Rauch- und Wärmeabzugsanlagen

Teil 1 Anlagentechnischer Brandschutz

Wirkungsweise

Bei einem Brand steigen in einem Raum Rauch und heiße Brandgase bis zur Decke oder bis zum Dach auf. Ein Rauchabzug mit Zuluftöffnungen gewährleistet, dass im Brandfall die Schicht von Rauch und heißen Brandgasen ein bestimmtes Maß nicht überschreitet und im unteren Bereich des Raums eine raucharme Schicht verbleibt.

Die nachstehenden Bilder zeigen das Funktionsprinzip von Rauch- und Wärmeabzugsanlagen auf:

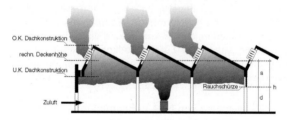

Bild 25: Funktionsprinzip eines NRW (Quelle: VdS 4020)

Rauch- und Wärmeabzugsanlagen

Teil 1 Anlagentechnischer Brandschutz

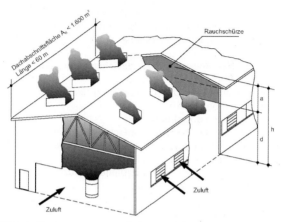

Bild 26: Funktionsprinzip eines NRW (Quelle: VdS 4020)

Rauch- und Wärmeabzugsanlagen sind im vorbeugenden anlagentechnischen Brandschutz eine Unterstützung für die vorhandenen Brandmeldeanlagen und die Feuerlöschanlagen.

Eine optimale Wirkung wird erzielt, wenn die Rauch- und Wärmeabzugsanlage im Brandfall den betroffenen Abschnitt frühzeitig öffnet und dieser mit ausreichend Zuluft versorgt wird. Für eine schnelle Alarmierung sollte eine automatische Brandmeldeanlage installiert werden.

Rauch- und Wärmeabzugsanlagen werden sowohl im Industriebau als auch bei den sog. Sonderbauten, wie Garagen, Verkaufs- und Versammlungsstätten, eingebaut.

Rauch- und Wärmeabzugsanlagen

Teil 1 Anlagentechnischer Brandschutz

Nachstehende Anforderungen werden nach der DIN 18232:2007-11 und der DIN EN 12101:2206-06 an Rauch- und Wärmeabzugsanlagen gestellt:

- Flucht- und Rettungswege gesichert raucharm halten (Bodenhöhe ≥ 2,5 m)
- Brandbekämpfung durch Schaffung einer rauchfreien Schicht ermöglichen
- Feuerüberschlag verhindern
- Gebäudeinhalt vor Rauchbeaufschlagung schützen
- Brandschäden infolge von Brandrauch insbesondere an Bauteilen herabsetzen
- Wärmebeanspruchung von Bauteilen reduzieren und die Standfestigkeit gewährleisten

Für eine optimale Funktion der RWA ist das Zusammenwirken mehrerer Anlagenteile erforderlich. Die wichtigsten Teile der Anlage sind:

- Betätigungseinrichtung/(automatische) Brandmeldeanlage
- Steuerelemente
- Branderkennungseinrichtung
- Energieversorgung
- Öffnungsaggregat
- Abzugsgerät

Des Weiteren erzielen neben den unmittelbaren Anlagenteilen Rauchschürzen und Zuluftöffnungen als weitere technische und bauliche Einrichtungen eine optimale Abzugswirkung.

Rauch- und Wärmeabzugsanlagen

Teil 1 Anlagentechnischer Brandschutz

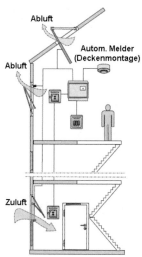

Bild 27: Schema einer RWA (Quelle: VdS 4020)

Es werden bei der RWA die folgenden zwei grundlegenden Funktionsweisen unterschieden, die sich nicht kombinieren lassen und sich in ihrer Wirkung aufheben würden.

Natürliche Rauch- und Wärmeabzugsanlagen (NRA)

- Die heißen Rauchgase steigen nach oben und gelangen ins Freie.

- Heiße Brandgase bilden eine Schicht unterhalb der Raumdecken, während eine raucharme Schicht oberhalb des Fußbodens bestehen bleibt ($\geq 2{,}5$ m).
- Eine Beschleunigung der Strömung durch die Öffnung im Dach erfolgt durch die Dichtedifferenz.
- Die Zuluft kann möglichst unbeeinflusst nachströmen. Als Grundsatz gilt, dass die Zuluftöffnungen mindestens mit dem Faktor 1,5 (je nach Regelwerk aber auch weniger) der Abströmöffnungen auszuführen sind.
- natürliche und wirksame Abführung von Rauch und Wärme über Öffnungen in der Decke oder im Dach des Raums direkt ins Freie

Maschinelle Rauch- und Wärmeabzugsanlagen (MRA)

- Die heißen Rauchgase werden durch maschinelle Rauch- und Wärmeabzugsanlagen mittels Ventilatoren und Rohrleitungen ins Freie befördert.
- Die Ventilatoren führen die Brandgase mit einem konstanten Volumenstrom ins Freie ab.
- Bei der maschinellen Abführung spielt die Sicherstellung der Zuluft eine entscheidende Rolle. Einen sehr wichtigen Einfluss auf die Wirkung der Anlage haben die Positionierungen der Zuluftöffnungen.
- Ventilatoren können einzeln oder als zentrale Ventilatoren positioniert werden. Bei Kanalsystemen ist der Einbau eines Ventilators mit anderer Öffnung in den Rauchabschnitten erforderlich.

- Für die Bemessung der maschinellen Rauch- und Wärmeabzugsanlage kann die DIN 18232-5:2012-11 genutzt werden.

Bemessung und Anzahl von RWA

Die Bemessung der natürlichen Rauch- und Wärmeabzugsanlagen (NRA) ist so auszulegen, dass die Rauch- und Brandgase ungehindert ins Freie abgeleitet werden können (und dort zu keiner Gefährdung führen), sodass im unteren Bereich des Raums eine ausreichend raucharme Schicht zur Verfügung steht. In der Bemessung sollte berücksichtigt werden, dass es zweckmäßiger ist, eine größere Anzahl kleinerer Rauch- und Wärmeabzugsgeräte (RWG) als eine kleinere Anzahl großer RWG vorzusehen, damit vor allem eine gleichmäßige Entrauchung erreicht wird. Bei gleicher Fläche wird durch die kleinen Öffnungen eher weniger Rauch ins Freie abgeleitet.

Dauerhaft wirkende Dachentlüftungen können berücksichtigt werden, wenn diese im Brandfall wie eine NRA im Sinne dieser Richtlinie wirken. Hierbei ist der abgeführte Luftstrom nachzuweisen.

Für die abzuführende Menge des Rauchgases und der erwärmten Luft sind für die Bemessung der RWA (= Rauch- und Wärmeabzugsanlagen) folgende Faktoren gemäß DIN 18232-2:2007-11 Abschnitt 5 „Bemessungsgrundlagen" zu berücksichtigen:

- betriebliche Brandgefahr
- Art der gelagerten Stoffe

- Lager- und Deckenhöhe
- zu erwartende Brandentwicklungsdauer
- Höhe der angestrebten raucharmen bzw. rauchfreien Schicht

Nutzung des Gebäudes

Nach der Bestimmung des Nutzungs- und Betriebsrisikos wird unter der Berücksichtigung der zu erwartenden Brandentwicklungsdauer die Bemessungsgruppe aus der Tabelle ermittelt. Der Prozentsatz α ist mit der Deckenhöhe (h) und der Dicke der Rauchschicht (a in Meter) zu bestimmen. Er ist als Multiplikator über die zu bestimmende Raumgröße (Fläche) anzuwenden.

Die zurückgezogene VdS CEA 4020 ging von einer immer vorhandenen Grundbrandlast aus.

Nutzungs- und Betriebsrisiko

Nutzung	Risiko		
	mittel	groß	sehr groß
Herstellung	■		
Gefährliche Herstellung		■	
Handelszentren	■		

Nutzung	Risiko		
	mittel	groß	sehr groß
Lager	Lagerhöhe		
Mittel brennbare Materialien	< 2,5 m	■	
	≤ 5,0 m		■
	≤ 7,5 m (*)			■
Stark brennbare Materialien	< 3,0 m		■
	≤ 5,0 m (*)			■
(*) Bei größerer Lagerhöhe oder bei einer längeren Brandentwicklungsdauer sind zusätzliche Maßnahmen (z. B. Sprinkler) erforderlich.			

Tab. 11: Bestimmung des Risikos (Quelle: VdS CEA 4020)

Brandentwicklungsdauer

Die anzusetzende Brandentwicklungsdauer umfasst die Zeit von der Brandentstehung bis zum Öffnen eines oder mehrerer Rauch- und Wärmeabzugsgeräte (RWG) oder bis die Meldung durch eine Sprinkleranlage an eine ständig besetzte Stelle erfolgt.

Kann keine dieser Voraussetzungen gewährleistet werden, so ist von einer Entdeckungszeit von mindestens zehn Minuten auszugehen. Die Entdeckungszeit muss nicht berücksichtigt werden, wenn eine automatische Brandmeldeanlage in dem zu schützenden Bereich mit Rauchmeldern nach DIN EN 54-7:2006-09 vorhanden ist.

Rauch- und Wärmeabzugsanlagen

Teil 1 Anlagentechnischer Brandschutz

> **⚠ Hinweis**
>
> Es gibt zwischenzeitlich einen Entwurf DIN EN 54-7:2015-07 – Entwurf: Brandmeldeanlagen – Teil 7: Rauchmelder – Punktförmige Melder nach dem Streulicht-, Durchlicht- oder Ionisationsprinzip.

Die Zeit bis zur Brandbekämpfung wird wie folgt eingesetzt:

- für Gebäude, die mit Sprinkleranlagen ausgestattet sind — 0 min
- bei Vorhandensein einer Werksfeuerwehr — 5 min
- bei Vorhandensein einer Betriebsfeuerwehr mit ständiger Einsatzbereitschaft — 10 min
- bei Vorhandensein einer Betriebsfeuerwehr ohne ständige Einsatzbereitschaft — 15 min
- bei Vorhandensein einer öffentlichen Berufsfeuerwehr — 10 min
- bei Vorhandensein einer freiwilligen Feuerwehr mit Bereitschaft — 15 min
- bei Vorhandensein übriger Feuerwehren — 20 min

> **⚠ Hinweis**
>
> Brandentwicklungsdauer (t) = Entdeckungszeit (t) + Brandbekämpfungszeit (t)

Nach der Ermittlung des Betriebsrisikos und der zu erwartenden Brandentwicklungsdauer ergibt sich aus der nachstehenden Tabelle die erforderliche Bemessungsgruppe (BMG). Sofern keine eindeutige Zuordnung möglich ist, erfolgt die Einstufung in die nächsthöhere Gruppe:

Erwartete Brandentwick- lungsdauer t (**) [min]	Bemessungsgruppe		
	Risiko		
	mittel	groß	sehr groß
≤ 5	1	2	3
≤ 10	2	4	5
≤ 15	3	6	7
≤ 20	5	(*)	(*)
≤ 25	7	(*)	(*)

(*) Bei einem Risiko „groß" oder „sehr groß" ist eine Brandentwicklungsdauer > 15 min ohne zusätzliche Maßnahmen nicht mehr akzeptabel.
(**) siehe Brandentwicklungsdauer

Tab. 12: Bestimmung der Bemessungsgruppe (BMG) (Quelle: VdS CEA 4020)

Raumgröße

Es gibt unterschiedliche Einflussgrößen, die bei der Berechnung der wirksamen Öffnungsflächen der NRA (AWA) der zu entrauchenden Räume berücksichtigt werden müssen.

Bei Raumflächen, die größer als 1.600 m² sind, wird die erforderliche wirksame Öffnungsfläche durch die Multiplikation mit dem Prozentsatz α berechnet.

Berechnung: A > 1.600 m² → AWA = α x A

Für Grundflächen von 800 m² bis 1.600 m² wird die erforderliche Öffnungsfläche mit einer angenommenen Fläche von 1.600 m² zugrunde gelegt und mit dem Prozentsatz α multipliziert.

Berechnung: A = 800 m² – 1.600 m² → AWA = α x 1.600 m²

Für Grundflächen von 400 m² bis 800 m² errechnet sich die wirksame Öffnungsfläche aus dem Zweifachen der Grundfläche und wird mit dem Prozentsatz α multipliziert.

Berechnung: A = 400 m² – 800 m² → AWA = α x 2 A

Für Flächen, die kleiner als 400 m² sind, wird für die erforderliche wirksame Öffnungsfläche die Grundfläche von 800 m² zugrunde gelegt und mit dem Prozentsatz α multipliziert.

Berechnung: A < 400 m² → A_{WA} = α x 800 m²

Hieraus ergibt sich rechnerisch folgende Übersicht:

	A > 1.600 m²	=>	$A_{WA} \geq \alpha$ A
1.600 m²	A ≥ 800 m²	=>	$A_{WA} \geq \alpha$ 1.600 m²
800 m²	A ≥ 400 m²	=>	$A_{WA} \geq \alpha$ 2 A
	A < 400 m²	=>	$A_{WA} \geq \alpha$ 800 m²

Der Prozentsatz α ist unter Berücksichtigung der Bemessungsgruppe, der Deckenhöhe (h) und der Dicke der Rauchschicht (a) zu ermitteln.

Hinweis

Aus Gründen des Personenschutzes muss die Höhe der raucharmen Schicht mindestens 2,5 m betragen. Bei Vorhandensein von rauchempfindlichen Stoffen oder leicht brennbaren Verpackungen müssen diese Stoffe oder Verpackungen bei der Bemessung vollständig in der raucharmen Schicht liegen. Die Mindestabstände der Rauchschichtunterseite zu obersten Zuluftöffnungen und zur Unterkante der Rauchschürzen sind einzuhalten.

Deckenhöhe h	Dicke der Rauchschicht a [m]	Prozentsatz α [%] Bemessungsgruppe						
		1	2	3	4	5	6	7
h ≤ 6 m	3,00	0,5	0,5	0,5	0,5	0,6	0,7	0,8
	2,50	0,5	0,5	0,5	0,7	0,8	1,0	1,2
	2,00	0,5	0,5	0,7	0,9	1,1	1,4	1,6
	1,50	0,5	0,6	0,9	1,3	1,6	1,9	2,2
	1,00	0,7	0,9	1,3	1,8	2,3	2,8	3,1
6 m < h ≤ 8 m	4,00	0,5	0,5	0,5	0,7	0,8	1,0	1,1
	3,50	0,5	0,5	0,6	0,8	1,0	1,3	1,4
	3,00	0,5	0,5	0,8	1,1	1,3	1,6	1,8
	2,50	0,5	0,8	0,9	1,3	1,6	2,0	2,3
	2,00	0,7	1,0	1,2	1,7	2,1	2,6	2,9
8 m < h ≤ 10 m	5,00	0,5	0,5	0,6	0,8	1,0	1,2	1,4
	4,50	0,5	0,5	0,7	1,0	1,2	1,5	1,7
	4,00	0,5	0,6	0,9	1,2	1,5	1,8	2,1
	3,50	0,5	0,7	1,0	1,5	1,8	2,2	2,5

Decken-höhe h	Dicke der Rauch-schicht a [m]	Prozentsatz α [%] Bemessungsgruppe						
		1	2	3	4	5	6	7
	3,00	0,7	0,9	1,3	1,8	2,2	2,7	3,0
	2,50	0,85	1,1	1,5	2,1	2,6	3,2	3,6
	2,00	1,0	1,5	2,3	2,6	3,2	4,0	4,5

Tab. 13: Prozentsatz α zur Berechnung der erforderlichen wirksamen Öffnungsfläche A_{WA} (Quelle: VdS 4020)

Hinweis

Werte unter 0,5 % werden aufgrund der vorgegebenen Mindestmaße der RWG (Rauch- und Wärmeabzugsgeräte) und der Mindestanzahl der RWG pro Dachabschnittsfläche für nicht sinnvoll erachtet.

Berechnung der Größe der Öffnungsfläche nach DIN 18232

Die Größe der erforderlichen Eröffnungsfläche wird nach der Normenreihe der DIN 18232 durch folgende Berechnungsparameter bestimmt:

- Nutzung des Gebäudes (Risiko nach Nutzungs- und Betriebsarten, z. B. rauchempfindliche Gegenstände oder brennbare Lagergüter)
- Brandentwicklungsdauer t (min)
- Raumfläche A (m²) oder Dachabschnittsfläche AR (m²)

- Deckenhöhe h (m) (Raumhöhe)
- Höhe der raucharmen Schicht d (m)

Nutzung des Gebäudes

Nach der Bestimmung des Nutzungs- und Betriebsrisikos wird unter der Berücksichtigung der zu erwartenden Brandentwicklungsdauer die Bemessungsgruppe aus der Tabelle ermittelt. Entscheidend ist für die Anwendung der Normenreihe DIN 18232 die vorhandene Größe (m²) der Öffnungsfläche zum berücksichtigten Rauchabschnitt. Der Prozentsatz α kommt in dieser Richtlinie nicht zum Tragen.

Die Brandgefahr wird in der DIN 18232-2:2007-11 in drei Gruppen unterschieden. Es wird nach der Brandausbreitungsgeschwindigkeit eingeteilt: besonders gering – mittel – besonders groß.

Anzusetzende Brandentwicklungsdauer (siehe 5.6)	Bemessungsgruppe bei einer Brandausbreitungsgeschwindigkeit		
min	besonders gering	mittel[a]	besonders groß
≤ 5	1	2	3
≤ 10	2	3	4
≤ 15	3	4	5
≤ 20[a]	4	5	5[b]

Anzusetzende Brandent- wicklungsdauer (siehe 5.6)	Bemessungsgruppe bei einer Brandausbreitungsgeschwindigkeit		
min	besonders gering	mittel[a]	besonders groß
> 20	5	5[b]	5[b]

[a] Durchschnittswerte ohne besonderen Nachweis; bei der Verwendung dieser Durchschnittswerte ergibt sich hierbei die Bemessungsgruppe 5 (hier fett eingerahmt).
[b] In diesen Fällen sind die Schutzziele dieser Norm allein durch NRA nicht erreichbar. Es sind weitere Maßnahmen zur Erreichung der Schutzziele erforderlich.

Tab. 14: Bestimmung des Risikos nach der Normenreihe DIN 18232 (Quelle: DIN 18232)

Brandentwicklungsdauer

Die Zeit von der Brandentstehung bis zur Brandmeldung wird generell mit zehn Minuten angesetzt. Die Entdeckungszeit kann mit null Minuten angesetzt werden, wenn die Meldung durch eine Brandmeldeanlage mit Rauchmeldern nach der Normenreihe VDE 0833 an eine ständig besetzte Stelle erfolgt oder wenn sichergestellt ist, dass dauerhaft eingewiesenes Personal anwesend ist, das im Brandfall die Feuerwehr alarmiert.

Die Zeit von der Brandmeldung bis zur Brandbekämpfung wird nach DIN 18232-2:2007-11 wie folgt angesetzt:

- für den Regelfall 10 min
- bei besonderes günstigen Verhältnissen (Vorhandensein einer Werksfeuerwehr) 5 min

- bei ungünstigen Verhältnissen 15 min
- bei außergewöhnlich ungünstigen Verhältnissen 20 min

Nach der Ermittlung des Betriebsrisikos und der zu erwartenden Brandentwicklungsdauer ergibt sich aus der nachstehenden Tabelle die erforderliche Bemessungsgruppe (BMG). Sofern keine eindeutige Zuordnung möglich ist, erfolgt die Einstufung in die nächsthöhere Gruppe:

Raumhöhe[a]	Höhe der Rauchschicht	Höhe der raucharmen Schicht[a]	Bemessungsgruppe				
h in m	z in m	d in m	1	2	3	4	5
3,0	0,5	2,5	4,8	6,2	8,2	11,0	15,4
3,5	1,0	2,5	3,4	4,4	5,8	7,8	10,9
	0,5	3,0	6,7	8,7	11,3	15,0	20,4
4,0	1,5	2,5	2,8	3,6	4,7	6,4	8,9
	1,0	3,0	4,8	6,2	8,0	10,6	14,4
4,5	2,0	2,5	2,4	3,1	4,1	5,5	7,7
	1,5	3,0	3,9	5,0	6,5	8,7	11,8
	1,0	3,5	5,9	8,4	10,7	13,9	18,6
12,0[b]	9,5	2,5	1,1	1,4	1,9	2,5	3,5
	9,0	3,0	1,6	2,1	2,7	3,5	4,8
	8,5	3,5	2,0	2,9	3,7	4,8	6,4
	8,0	4,0	2,5	3,7	4,9	6,3	8,3
	7,5	4,5	3,0	4,5	6,4	8,1	10,5
	7,0	5,0	3,5	5,3	7,8	10,3	13,2
	6,5	5,5	4,0	6,2	9,2	12,8	16,4
	6,0	6,0	4,9	7,1	10,7	15,7	20,2
	5,5	6,5	6,1	8,0	12,3	18,4	24,6
	5,0	7,0	7,6	8,9	14,1	21,3	29,9
	4,5	7,5	9,5	10,4	15,6	24,5	36,1

Rauch- und Wärmeabzugsanlagen

Teil 1 Anlagentechnischer Brandschutz

Raum-höhe[a]	Höhe der Rauchschicht	Höhe der raucharmen Schicht[a]	Bemessungsgruppe				
h in m	z in m	d in m	1	2	3	4	5
	4,0	8,0	11,7	12,7	17,8	28,1	42,0
	3,5	8,5	14,4	15,6	20,0	32,1	48,7
	3,0	9,0	17,8	19,2	22,3	36,8	56,7
	2,5	9,5	22,2	23,8	26,4	42,3	66,4
	2,0	10,0	28,1	30,0	33,0	49,2	78,8
	1,5	10,5	36,5	38,8	42,5	58,7	95,4
	1,0	11,0	49,9	53,0	57,8	73,7	123,0

[a] Bei Zwischenwerten muss der jeweils nächsthöhere Tabellenwert gewählt werden.
[b] Für Räume höher 12 m dürfen die Tabellenwerte von 12 m hohen Räumen verwendet werden, wenn die Höhe der jeweiligen raucharmen Schicht zugrunde gelegt wird.

ANMERKUNG: Die in dieser Tabelle angegebenen A_w-Werte beinhalten keine Sicherheitszuschläge.

Tab. 15: Auszug aus den Tabellen der DIN 18232 (Quelle: DIN 18232)

Ist eine flächendeckende automatische Sprinkleranlage vorhanden, können die Bemessungsgrundlagen vier oder fünf aus der Tabelle ohne besonderen Nachweis in die Bemessungsgrundlage drei eingestuft werden.

Weiterhin lässt die DIN die Erleichterung zu, wenn der Raum eine Höhe von mindestens 9 m hat und die Bemessungsgruppe vier bzw. fünf vorliegt. Nach dem neuen Entwurf als Anhang A1 zur DIN 18232 werden noch weitere Erleichterungen bis 7 m Raumhöhe (h) möglich werden.

Rauch- und Wärmeabzugsanlagen

Teil 1 Anlagentechnischer Brandschutz

Raumgröße

Es gibt unterschiedliche Einflussgrößen, welche bei der Berechnung der wirksamen Öffnungsflächen der NRA (= Natürliche Rauchabzugsanlage) der zu entrauchenden Räume berücksichtigt werden müssen.

Hieraus ergibt sich rechnerisch folgende Übersicht:

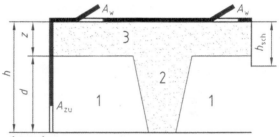

Legende

A_w Rauchabzugsfläche in m²
A_{zu} Größe der Zuluftfläche in m²
d Höhe der rauchfreien Schicht in m
h Höhe des zu schützenden Raumes in m
h_{sch} Höhe der Rauchschürze in m
z Höhe der Rauchschicht (h-d) in m

1 raucharme Schicht
2 Plume
3 Rauchschicht

Bild 28: Berechnung (Quelle: DIN 18232)

Anders als die Richtlinie 4020 des VdS folgt die DIN 18232 der Auffassung, dass die Brand- und Rauchentwicklung eines Feuers nicht von der jeweiligen Größe des Rauchabschnitts abhängt, in welchem es ausbricht. Somit wird das Berechnungsergebnis nicht mit dem Prozentsatz α multipliziert, sondern eine m²-Anzahl Öffnungsfläche pro Rauchabschnitt definiert, der auf 1.600 m² begrenzt ist.

Für sehr hohe und sehr große Räume gibt es eine Ausnahme bei Rauchabschnittsgrößen, wenn eine Rauchschürze von mindestens 1 m (empfohlen werden ≥ 2,5 m) vorhanden ist. Die Tiefe der Rauchschürze bestimmt die Rauchschichtdicke. Die technische Ausführung der Rauchschürzen erfolgt nach DIN EN 12101-1:2006-06.

> **⚠ Hinweis**
>
> Aus Gründen des Personenschutzes muss die Höhe der raucharmen Schicht mindestens 2,5 m betragen. Bei Vorhandensein von rauchempfindlichen Stoffen oder leicht brennbaren Verpackungen müssen diese Stoffe oder Verpackungen bei der Bemessung vollständig in der raucharmen Schicht liegen. Dabei sollte ein Abstand der zu schützenden Gegenstände und der Aufschrift von mindestens 0,5 m eingehalten werden. Bei raucharmen Schichten einschließlich 4 m gilt, dass die Rauchschürze mindestens 0,5 m in die raucharme Schicht hereinreichen muss.

Anordnung der Rauch- und Wärmeabzugsgeräte (RWG)

Die Anordnung der Rauch- und Wärmeabzugsgeräte (RWG) erfolgt wie in der DIN 18232-2:2007-11 beschrieben.

Die technischen Anforderungen an die Ausführung und Prüfung der RWG regelt die DIN EN 12101-2. Die DIN 18232-3:2003-04 wurde am 31.08.2006 zurückgezogen und durch die DIN EN 12101-2:2007-11 ersetzt. Seit August 2017 existiert eine neue Fassung der 12101-2.

Die Rauch- und Wärmeabzugsanlagen sind möglichst gleichmäßig innerhalb des Dachabschnitts anzuordnen. Es ist darauf zu achten, dass die Geräte im Brandfall nicht die Gefahr der Brandübertragung zwischen den Gebäuden oder dem Brandabschnitt erhöhen.

Es müssen Mindestabstände wegen der Gefahr des Feuerüberschlags eingehalten werden. Diese sind bei Komplextrennwänden $\geq 7{,}00$ m, zu Brandwänden $\geq 5{,}00$ m und zu Außenwänden $\geq\ 2{,}50$ m.

Bei Gebäuden mit unterschiedlicher Höhe werden als Mindestabstand zur höher liegenden Außenwand, wenn diese mindestens feuerbeständig und öffnungslos ist, 2,50 m und in allen sonstigen Fällen 5,00 m empfohlen. Zur Verminderung eines Feuerüberschlags können bei Gebäuden mit unterschiedlichen Höhen besondere Maßnahmen erforderlich sein.

Rauch- und Wärmeabzugsanlagen

Teil 1 Anlagentechnischer Brandschutz

f ≥ 2,50m

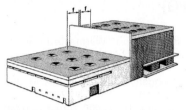

Bild 29: Gebäude mit unterschiedlichen Höhen (Quelle: VdS 4020)

Der Mindestabstand der Rauch- und Wärmeabzugsgeräte (RWG) muss so groß sein wie der doppelte Wert der einander zugewandten Seiten beider Geräte. Für Dächer mit einer Neigung von höchstens 12° darf der maximale Abstand der Geräte untereinander 20 m und zum Randbereich 10 m nicht unterschreiten.

Bei einer Neigung größer als 12° darf der Abstand vom Randbereich zum RWG maximal 20 m betragen und mit ihrer geometrischen Mitte oberhalb der Deckenhöhe angeordnet sein. Es gilt als Bezugsmaß für die Angaben die jeweilige Außenkante der Dachöffnung.

Der Neigungsgrad des Daches ist in der Normenreihe DIN 18232 nicht aufgeführt.

Bei einer Montage im Randbereich von Flachdächern ist die dort mögliche erhöhte Windsogbelastung zu berücksichtigen. Der Abstand zu Aufbauten auf der Dachfläche oder zu höher stehenden Wänden muss so groß sein, dass die Funktion der Geräte in ihrer Öffnung nicht beeinträchtigt wird.

Die Rauch- und Wärmeabzugsgeräte müssen so beschaffen und eingebaut sein, dass ihre Funktion (u. a. Öffnungszeit max. 60 Sekunden) auch bei Seitenwinden nicht behindert wird. Auch Schneelast sollte berücksichtigt werden.

Dachabschnittsfläche

Die Größe der Dachabschnittsflächen für die zu entrauchenden Räume/Bereiche sollte in gleich große Dachabschnitte eingeteilt werden und maximal eine Fläche von 1.600 m^2 und eine Länge von 60 m haben. Für eine rechnerische Restfläche nach der Unterteilung der Dachabschnittsflächen von insgesamt 400 m^2 darf diese der maximalen Fläche von 1.600 m^2 zugeordnet werden. Somit ergibt sich ein maximaler Dachabschnitt von 2.000 m^2 Fläche.

In Anwendung der Normenreihe DIN 18232 muss pro Dachbereich von 200 m^2 mindestens eine NRA installiert werden. Die NRA muss mindestens eine Länge x Breite von 1 m^2 aufweisen.

Die Bildung der Dachabschnittsflächen kann durch die Bauweise des Daches oder durch Rauchschürzen erfolgen. In Räumen mit verschiedenen Nutzungsbereichen und unterschiedlichen Brandgefahren können die Dachabschnittsflächen nach den jeweiligen Brandgefahren in einzelne Dachabschnitte eingeteilt und dimensioniert werden. Die Öffnungsfläche errechnet sich dann wie im vorigen Abschnitt angegeben.

Rauchschürzen

Im eingebauten Zustand müssen Rauchschürzen (gem. DIN EN 12101-1:2006-06) der Feuerwiderstandsklasse D 30 nach ISO 834 angehören und für mindestens 30 Minuten wirksam sein. Vorhandene Öffnungen zwischen Rauchschürzen und Decken sind mit geeignetem Material zu verschließen. Für Rauchschürzen dürfen nur nichtbrennbare Baustoffe nach DIN EN ISO 1182:2010-10 verwendet werden, und die Befestigung muss für den Verwendungszweck geeignet sein, damit die aufgeführten Anforderungen an die Schürze gewährleistet sind.

Wird ein Abschnitt durch Rauchschürzen begrenzt, ist für diesen mindestens ein RWG (= Rauch- und Wärmeabzugsgerät) vorzusehen. Die Höhe der Rauchschürzen muss mindestens der Dicke der Rauchschicht entsprechen und sollte mindestens 0,5 m in die angestrebte raucharme Schicht reichen.

Es wird bei Rauchschürzen zwischen fest eingebauten und flexiblen (ausfahrbaren) Rauchschürzen unterschieden. Für flexible Rauchschürzen gelten nach der DIN EN 12101-1:2006-06 Anforderungen, welche zu erfüllen sind.

Zuluftöffnungen für NRW

Im Anfangsstadium eines Brands ist für ausreichende Zuluft zu sorgen. Die Steuersysteme von Bauteilen automatischer Zuluftöffnungen, welche die Anlagen freigeben, müssen funktionsfähig sein.

Eigenständige Zuluftvorrichtungen, Tore, Türen oder Fenster, wenn diese entsprechend gekennzeichnet sind und störungsfrei geöffnet werden können, gelten als Zuluftöffnungen.

Nach der Normenreihe der DIN 18232 ist zu beachten, dass die Zuluft im unteren Bereich impulsarm und möglichst von beiden Seiten des Raums in die raucharme Schicht eindringt. Auch gibt die DIN einen rechnerischen Wert für die verschiedenen Zuluftöffnungen, wie Tore, Türen, Fenster und Jalousien, vor.

Öffnungsart	Öffnungswinkel	Korrekturfaktor c_z
Tür- oder Toröffnungen, Maschengitter:		0,7
öffenbare Jalousien	90°	0,65
Dreh- oder Kippflügel	90°	0,65
Dreh- oder Kippflügel	≥ 60°	0,5
Dreh- oder Kippflügel	≥ 45°	0,4
Dreh- oder Kippflügel	≥ 30°	0,3

Tab. 16: Korrekturfaktor (Quelle: DIN 18232-2:2007-11)

Der Korrekturfaktor c_z ist zur „Ermittlung der wirksamen Fläche einer Zuluftöffnung" (DIN 18232:2007-11) zu beachten, um die notwendige Zuluftöffnungsfläche bestimmen zu können.

Die Fläche der Zuluftöffnungen sollte mindestens das 1,5-Fache der Öffnungsflächen der NRA des Dachabschnitts mit der wirksamen Öffnungsfläche aufweisen.

Die Zuluftöffnungen sollten so tief wie möglich, mindestens jedoch unterhalb der Deckenhöhe angeordnet sein.

Um den bestimmungsgemäßen Rauchabzug sicherzustellen, sollte die Zuluft unmittelbar mit der Auslösung der Rauch- und Wärmeabzugsanlage einströmen können. Sie sind zweckmäßigerweise automatisch freizugeben oder haben bei manueller Betätigung durch eingewiesenes, ausgebildetes und ständig vorhandenes Personal für die Brandbekämpfung zu erfolgen.

Die Oberkante der Zuluftöffnungen muss zur Rauchschichtuntergrenze einen Abstand von mindestens 1 m aufweisen und kann im Bereich von Türen und Fenstern mit maximal 1,45 m Breite auf 0,5 m Abstand reduziert werden.

 Hinweis

Anders als der VdS regelt die DIN 4020 bei Öffnungen von 1,25 m Breite einen Abstand von 0,5 m zur Rauchschicht, bei breiteren Zuluftöffnungen einen Abstand von 1 m bis zur Rauchschicht.

Einbauhinweise für NRW

Die brennbaren Teile des Dachaufbaus sind gegenüber der Dachöffnung durch nicht brennbare Baustoffe effektiv zu schützen. Dachverkleidungen, Rohre, Unterzüge o. Ä. dürfen die effektive Öffnungsfläche der RWG nicht verringern oder einschränken.

Die im Prüfzeugnis angegebenen Einbauhöhen sind bei Dachneigung von höchstens 15° oder mehr als 15° zu berücksichtigen. In Zwischendeckenbereichen mit einer vorhandenen Brandlast wird mindestens eine zusätzliche Öffnung benötigt. Zwischendeckenbereiche ohne Brandlast benötigen keine zusätzliche Öffnung.

Eine natürliche Entrauchung über Wände kann erfolgen, wenn darauf geachtet wird, dass die notwendige aerodynamisch wirksame Rauchabzugsfläche nicht durch den permanenten Einfluss von Seitenwinden beeinträchtigt wird. Wenn mit einer Beeinträchtigung durch Seitenwinde gerechnet werden muss, ist mindestens der Einbau der NRA in zwei gegenüberliegenden Außenwänden erforderlich und durch eine windabhängige Steuerung die abgewandte Außenwandseite zu öffnen.

Rauch- und Wärmeabzugsanlagen

Teil 1 Anlagentechnischer Brandschutz

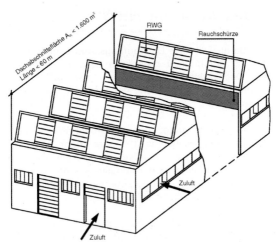

Bild 30: Einbaubeispiel nach VdS CEA 4020 (Quelle: VdS 4020)

Rauch- und Wärmeabzugsanlagen

Teil 1 Anlagentechnischer Brandschutz

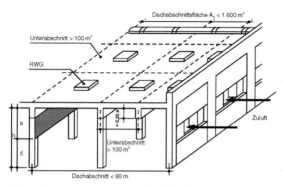

Bild 31: Einbaubeispiel nach VdS CEA 4020 (Quelle: VdS 4020)

Auslösung von Rauchabzugsgeräten

Die Auslösung von Rauchabzugsgeräten erfolgt mittels automatisch wirkender thermischer Auslöser (RWA-Melder nach VdS 2159:2005-02 oder Wärmemelder nach DIN EN 54-5:2017-05), die bei einer Ansprechtemperatur des Thermoelements zwischen 68 °C und 74 °C auslösen. Zusätzlich können die Rauchabzugsgeräte auch über Rauchmelder (nach DIN EN 54-7:2006-09) oder mit Brandmeldeanlagen (nach DIN VDE 0833-2:2017-10 und zusätzliche Anforderungen der VdS 2581:2002-09 und VdS 2593:2002-09) angesteuert werden.

Für die Grundfläche sollte mindestens ein Rauchmelder pro 80 m² und zusätzlich eine Handauslösung pro Rauchabschnitt vorgesehen werden.

Rauchabzugsgeräte müssen auch mit einer Fernauslösung (Handauslöser/Handsteuereinrichtung) ausgestattet sein. Die manuelle Auslösung muss von sicherer Stelle aus erfolgen können. Handauslösung muss als solche erkennbar sein und gegen unbeabsichtigtes Betätigen gesichert werden. Es muss erkennbar sein, ob diese betätigt wurde und welchem Dachabschnitt sie zugeordnet werden kann. Das dazugehörige Leitungssystem muss so ausgeführt sein, dass im Brandfall ihre Funktion sicher erfüllt werden kann.

> **⚠ Hinweis**
>
> Es gelten besondere Anforderungen bezüglich einer automatischen Auslösung, wenn bestimmte Löschanlagentypen vorhanden sind.

Bei höheren Umgebungstemperaturen als die zugrunde liegenden maximal 60 °C kann eine entsprechende höhere Ansprechtemperatur an der Branderkennungseinrichtung (thermischer Auslöser) erforderlich sein.

Aus Gründen des Personenschutzes oder beim Vorhandensein von rauchempfindlichen Waren wird eine zusätzliche mögliche Auslösung durch Rauchmelder empfohlen. Wegen der Gefahr der Auslösung möglicher Folgeschäden sind diese Rauchmelder in Zweimelderabhängigkeiten auszuführen (bei Zweimelderabhängigkeit mindestens ein Rauchmelder je 100 m^2 Grundfläche).

Hinweis

Die aktuelle Entwurfsfassung der DIN EN 54-7:2015-07 – Entwurf: Brandmeldeanlagen – Teil 7: Rauchmelder – Punktförmige Melder nach dem Streulicht-, Durchlicht- oder Ionisationsprinzip liegt vor. Die Zertifizierung der Konformität von Rauchmeldern mit den Geräteanforderungen dieses Norm-Entwurfs wird durch die Bewertung der Übereinstimmung der Produkte durch „Notifizierte Stellen" nach der EU-Bauproduktenrichtlinie (siehe Anhang ZA) und den entsprechenden Vorschriften des Bauproduktengesetzes geregelt.

Dieser europäische Norm-Entwurf legt Anforderungen, Prüfverfahren und Leistungsmerkmale für punktförmige Rauchmelder fest, die nach dem Streulicht-, Durchlicht- oder Ionisationsprinzip arbeiten und die in Brandmeldeanlagen für Gebäude eingesetzt werden (siehe EN 54-1:1996). Er umfasst punktförmige Rauchmelder mit mehr als einem Rauchsensor, die nach diesem Prinzip arbeiten. Zusätzliche Anforderungen und Prüfverfahren für derartige Melder sind im Anhang N aufgeführt. Für andere Typen von Rauchmeldern oder für Rauchmelder, die nach anderen Prinzipien arbeiten, sollte der vorliegende Normentwurf nur als Leitfaden angewendet werden. Rauchmelder mit speziellen Merkmalen, entwickelt für besondere Risiken, sind nicht Gegenstand dieses Normentwurfs. Einige Meldertypen enthalten radioaktive Werkstoffe. Die nationalen Anforderungen für den Schutz gegen ionisierende Strahlung sind in den Ländern unterschiedlich und werden deshalb im vorliegenden Normentwurf nicht festgelegt.

Abnahme mit technischen Unterlagen und Prüfzeugnis

Die Funktionsfähigkeit der eingebauten Geräte und die wirksame Öffnungsfläche der RWG muss durch ein Prüfzeugnis nachgewiesen und dem Betreiber zur Aufbewahrung übergeben werden.

Weiterhin sind dem Betreiber gemäß den Richtlinien folgende Unterlagen zur Verfügung zu stellen:

- Betriebs- und Bedienungsanleitung mit einer Darstellung der Funktionsteile der NRA und deren Systembezeichnung
- Prüf- und Wartungsanleitung mit Liste der Austauschteile
- Zeichnungen, aus denen Lage, Abmessungen, Auslöse- und Handansteuerungseinrichtung der Rauch- und Wärmeabzugsgeräte ersichtlich sind
- Konformitätszertifikat

Wartung und Instandsetzung

Mindestens einmal jährlich müssen nach Angaben des Errichters NRA die Rauchschürzen, vorhandene Bauteile, die Zuluftöffnungen sowie die Energiezuleitung und das Zubehör auf ihre Funktionsfähigkeit und Betriebsbereitschaft von einer Fachkraft geprüft, gewartet und ggf. instand gesetzt werden.

Die Prüfungen, Wartungen und Instandsetzungen sind in einem Betriebsbuch zu dokumentieren. Wartungsarbeiten müssen durch einen anerkannten Errichter, vorzugsweise durch die Firma, die die Anlage ursprünglich installiert hat, unter Verwendung von Originalersatz- und Austauschteilen durchgeführt werden.

Bei Feststellung einer Funktions- oder Betriebsbereitschaftsstörung ist die NRA unverzüglich instand zu setzen.

 Praxistipp

- Das Wartungsintervall sollte bei besonders schmutz- und staubbelasteten Betriebsstätten verringert werden.
- Bei gasförmigen Löschmitteln sollte die NRA nur über eine Handauslösung angesteuert werden.

In den nachstehend aufgeführten Richtlinien und Normen befinden sich weitere Regelungen, die in diesem Kapitel nicht weiter berücksichtigt werden:

- DIN EN 12101 (Teil 1 bis 10): Rauch- und Wärmefreihaltung (teilweise Entwürfe)
- DIN EN 54-11: 2001-10 und DIN EN 54-11:2015-09 (Entwurf): Brandmeldeanlagen – Teil 11: Handfeuermelder
- VdS 2000:2010-12: Brandschutz im Betrieb
- VdS 2133:2018-01: Richtlinien für die Anerkennung von Errichterfirmen für Rauch- und Wärmeabzugsanlagen
- VdS 2159:2005-02: Pneumatische Rauch- und Wärmeabzugssysteme; Anforderungen und Prüfmethoden

- VdS 2221:2007-06: Richtlinien für Entrauchungsanlagen in Treppenräumen (EAT), Planung und Einbau
- VdS 2257:2005-01: Betriebsbuch für Rauch- und Wärmeabzugsanlagen
- VdS 2581:2002-09: Richtlinien für natürliche Rauchabzugsanlagen, Elektrische Steuereinrichtungen, Anforderungen und Prüfmethoden
- VdS 2583: Pneumatische Öffnungsaggregate; Richtlinien für natürliche Rauchabzugsanlagen
- VdS 2593:2012-05: Richtlinien für natürliche Rauchabzugsanlagen, Elektrische Energieversorgungseinrichtungen, Anforderungen und Prüfmethoden
- VdS 2594:2010-01: Richtlinien für natürliche Rauchabzugsanlagen, Systeme, Anforderungen und Prüfmethoden
- VdS 2815:2013-09: Zusammenwirken von Wasserlöschanlagen und Rauch- und Wärmeabzugsanlagen (RWA) – Merkblatt zum Brandschutz
- VdS 2881–2885: Selbsttätige Rauchschürzen (Richtlinienreihe)
- VDMA 24186-7:2002-09 Leistungsprogramm für die Wartung von technischen Anlagen und Ausrüstungen in Gebäuden: Brandschutztechnische Geräte und Anlagen

Wandhydranten
(DIN 14461-1, DIN 14462)

Allgemeines

Als Wandhydranten bezeichnet man Wasserentnahmestellen im Gebäude, die zur Bekämpfung von Entstehungsbränden durch Mitarbeiter sowie zur Einsatzunterstützung der Feuerwehr installiert werden. Ähnlich einem Feuerlöscher sind Wandhydranten i. d. R. für alle Personen im Gebäude zugänglich.

Wandhydranten werden durch eine Löschwasserleitung (Steigleitung) versorgt. Die Steigleitung dient dazu, teilweise oder ausschließlich Wasser zu Feuerlöschzwecken fortzuleiten (DIN 14462:2012-09). Es gibt die zwei Arten F (für Feuerwehr und i. d. R. für Mitarbeiter) und S (nur für Mitarbeiter).

 Hinweis

Anfang des Jahres 2016 ist die DIN 14461-6:2016-01 (Feuerlösch-Schlauchanschlusseinrichtungen – Teil 6: Wandhydranten mit Flachschlauch für geschultes Personal) als Entwurf erschienen. Die Norm ist im Oktober 2016 neu erschienen.

Diese neue Norm legt Anforderungen an Schränke und deren Ausstattung für Wandhydranten mit Flachschläuchen fest. Diese Wandhydranten sind zum Anschluss an

Löschwasserleitungen „nass" oder „nass/trocken" nach DIN 14462:2012-09 bestimmt. Wandhydranten mit Flachschlauch dienen der Brandbekämpfung durch die Feuerwehr sowie Personen mit besonderen Brandschutzaufgaben, die in der Handhabung dieser Löschwassereinrichtung entsprechend geschult sind. Für die Planung, Errichtung sowie Betrieb und Instandhaltung von Löschwasserleitungen gilt DIN 14462:2012-09.

Außerdem ist die DIN 14461-1 (Feuerlösch-Schlauchanschlusseinrichtungen – Teil 1: Wandhydrant mit formstabilem Schlauch) im Oktober 2016 neu erschienen

Baurechtliche Forderungen

Baurechtliche Forderungen zur Bereitstellung von Wandhydranten werden u. a. in folgenden Baurichtlinien gestellt:

Muster-Industriebaurichtlinie (MIndBauRL)[1)]
5.14 Sonstige Brandschutzmaßnahmen, Gefahrenverhütung

5.14.1 Abhängig von der Art oder Nutzung des Betriebes müssen in Industriebauten geeignete Feuerlöscher und in Räumen, die einzeln eine Grundfläche von mehr als 1.600 m² haben, für die Feuerwehr Wandhydranten (Typ F) in ausreichender Zahl vorhanden sowie gut sichtbar und leicht zugänglich angeordnet sein.

[1)] Muster-Richtlinie über den baulichen Brandschutz im Industriebau (Muster-Industriebau-Richtlinie – MindBauRL), Stand: Juli 2014.

Auf Wandhydranten kann mit Zustimmung der Brandschutzdienststelle aus einsatztaktischen Gründen der Feuerwehr verzichtet werden.

Muster-Verkaufsstättenverordnung (MVKVO)[2)]

§ 20 Feuerlöscheinrichtungen, Brandmeldeanlagen und Alarmierungseinrichtungen, Brandfallsteuerung der Aufzüge

(2) In Verkaufsstätten müssen vorhanden sein:

1. geeignete Feuerlöscher und Wandhydranten für die Feuerwehr (Typ F) in ausreichender Zahl, gut sichtbar und leicht zugänglich; im Einvernehmen mit der Brandschutzdienststelle kann auf Wandhydranten verzichtet oder können anstelle von Wandhydranten trockene Löschwasserleitungen zugelassen werden;
2. Brandmeldeanlagen mit automatischen und nichtautomatischen Brandmeldern; auf automatische Brandmelder kann verzichtet werden, wenn in diesen Räumen während der Betriebszeit ständig entsprechend eingewiesene Betriebsangehörige in ausreichender Anzahl anwesend sind; die Brandmeldungen müssen von der Brandmelderzentrale unmittelbar und automatisch zur Leitstelle der Feuerwehr weitergeleitet werden, automatische Brandmeldeanlagen müssen durch technische Maßnahmen gegen Falschalarme gesichert sein und

---

[2)] Musterverordnung über den Bau und Betrieb von Verkaufsstätten (Muster-Verkaufsstättenverordnung – MVKVO), Fassung September 1995, zuletzt geändert durch Beschluss der Fachkommission Bauaufsicht vom Juli 2014.

Wandhydranten

Teil 1 Anlagentechnischer Brandschutz

3. Alarmierungseinrichtungen, durch die alle Betriebsangehörigen alarmiert und Anweisungen an sie und an die Kunden gegeben werden können.

Muster-Versammlungsstättenverordnung (MVStättVO)[3)]

§ 19 Feuerlöscheinrichtungen und -anlagen

(2) In Versammlungsstätten mit Versammlungsräumen von insgesamt mehr als 1.000 m² Grundfläche müssen Wandhydranten für die Feuerwehr (Typ F) in ausreichender Zahl gut sichtbar und leicht zugänglich an geeigneten Stellen angebracht sein; im Einvernehmen mit der Brandschutzdienststelle kann auf Wandhydranten verzichtet oder können anstelle von Wandhydranten trockene Löschwasserleitungen zugelassen werden.

Muster-Hochhausrichtlinie (MHHR)[4)]

Als Hochhäuser werden Baukörper mit einer Anlegeleiterhöhe von mehr als 22 m bezeichnet. Für diese Gebäude sind Wandhydranten Typ F mit nasser Steigleitung bei einem Volumenstrom von 3 x 200 l/min und einem Fließdruck von

---

[3)] Musterverordnung über den Bau und Betrieb von Versammlungsstätten (Muster-Versammlungsstättenverordnung – MVStättVO), Fassung Juni 2005, zuletzt geändert durch Beschluss der Fachkommission Bauaufsicht vom Juli 2014.

[4)] Muster-Richtlinie über den Bau und Betrieb von Hochhäusern (Muster-Hochhaus-Richtlinie – MHHR), Fassung April 2008, zuletzt geändert durch Beschluss der Fachkommission Bauaufsicht vom Februar 2012.

4,5 bar vorgegeben. Im Weiteren sind ausführliche Hinweise zur Redundanz der Löschwasserversorgung in der amtlichen Erläuterung der Richtlinie zu finden.

Forderungen aus dem Arbeitsstättenrecht

Arbeitsstättenverordnung (ArbStättV)[5]
Anhang 2.2 Maßnahmen gegen Brände

(1) Arbeitsstätten müssen je nach

a) Abmessung und Nutzung,
b) der Brandgefährdung vorhandener Einrichtungen und Materialien,
c) der größtmöglichen Anzahl anwesender Personen

mit einer ausreichenden Anzahl geeigneter Feuerlöscheinrichtungen und erforderlichenfalls Brandmeldern und Alarmanlagen ausgestattet sein.

(2) Nicht selbsttätige Feuerlöscheinrichtungen müssen als solche dauerhaft gekennzeichnet, leicht zu erreichen und zu handhaben sein. [...]

---

[5] Verordnung über Arbeitsstätten (Arbeitsstättenverordnung – ArbStättV); ArbStättV vom 12.08.2004 (BGBl. I S. 2179), zuletzt geändert durch Art. 5 Abs. 1 der Verordnung vom 18.10.2017 (BGBl. I S. 3584).

Nach der ASR A2.2 „Maßnahmen gegen Brände" werden Wandhydranten bei der Ausstattung mit Feuerlöschern angerechnet. Dafür ist eine Mindest-Gebäude- bzw. Stockwerkgröße von 400 m² vorgesehen. Wandhydranten können maximal ein Drittel der erforderlichen Löschmitteleinheiten abdecken. Dafür wird für Wandhydranten eine feste Anzahl von 27 Löschmitteleinheiten festgelegt.

Hinweis

Am 07.11.2017 wurde im Ausschuss für Arbeitsstätten (ASTA) die ASR A2.2 grundlegend überarbeitet. Bekanntgegeben wurden diese Änderungen im März 2018 von der Bundesanstalt für Arbeitsschutz und Arbeitsmedizin (BAuA). Die Änderungen betreffen insbesondere Ergänzungen durch Anforderungen bei erhöhter Brandgefährdung (s. a. Kapitel Feuerlöscher).

Arten der Wandhydranten

In DIN 14461-1:2016-10 und DIN 14462-1:2012-09 wird in Wandhydranten Typ „S" und „F" unterschieden.

Wandhydrant Typ S

Wandhydranten Typ „S" sind Wandhydranten, die ausschließlich für die Selbsthilfe gedacht sind.

Die Löschwasserleistung bei einem Wandhydranten Typ „S" beträgt 2 x 24 l/min bei einem Fließdruck von 2 bar.

Die Ausführung der Schlauchhaspel erfolgt nach DIN EN 671-1:2012-07 mit einem formbeständigen Schlauch mit einer Länge von 30 m und einer Nennweite von DN 19 mm.

Als Strahlrohr wird ein EN-Strahlrohr verwendet, welches stufenlos zwischen Voll- und Sprühstrahl verstellbar ist.

Wandhydrant Ausführung Typ S (Quelle: Kemper Armaturenfabrik)

Wandhydrant Typ F
Wandhydranten Typ „F" sind Wandhydranten, die sowohl für die Feuerwehr als auch für die Selbsthilfe vorgesehen sind.

Wandhydrant Ausführung Typ F (Quelle: GEP Industrie-Systeme GmbH)

Wandhydranten

Teil 1 Anlagentechnischer Brandschutz

Die Löschwasserleistung beträgt nach DIN 14462:2012-09 minimal 3 x 100 l/min bei einem Fließdruck von 3 bar.

Die Entwicklung hinsichtlich der benötigten Wassermenge und des Drucks geht jedoch hin zu wesentlich höheren Anforderungen. In Sonderbauten, wie Hochhäusern, oder in einigen Regionen Deutschlands, z. B. in Berlin, Frankfurt a. M. oder München, wird mittlerweile ein Volumenstrom von 3 x 200 l/min bei 4,5 bar Fließdruck gefordert.

Die Ausführung der Schlauchhaspel erfolgt i. d. R. nach DIN EN 671-3:2009-07 mit einem formbeständigen Schlauch mit einer Länge von wahlweise 20 oder 30 m und einer Nennweite von DN 25.

Die Ausführung mit einem C 42-Feuerwehrschlauch bzw. Flachschlauch ist für den öffentlichen Bereich nicht mehr zulässig und wird nur noch für Werksfeuerwehren angewandt. Wandhydranten mit Flachschlauch können nur durch speziell geschultes Personal eingesetzt werden.

 Hinweis

Eine Anrechnung von Wandhydranten mit Flachschläuchen ist nach Arbeitsstättenrecht nicht möglich. Es ist jedoch möglich seitens des Arbeitsgebers, diese im Ergebnis der Gefährdungsbeurteilung als gleichwertige Maßnahme für Bestandsanlagen weiterhin zu verwenden, wenn dadurch die gleiche Sicherheit auf diese Weise gewährleistet werden kann.

Wandhydrant Typ F – links mit formbeständigem Schlauch und rechts mit Feuerwehrflachschlauch (Quelle: GEP Industrie-Systeme GmbH)

Sonderform Wandhydrant Typ F mit Schaumzumischung

Schaumwasserhydranten finden als besondere Wandhydranten Typ F Einsatz bei Lagerung von Materialien Brandklassen A und B.

Die Zugabe des filmbildenden Mittels erfolgt aus einem Kanister durch einen Zumischer im Wandhydrantenschrank. Die Aufbringung des Löschmittels wird durch ein Schaumrohr sichergestellt.

Auf dem Markt sind vorrangig Systeme mit Z-2-Zumischern zu finden. Bei diesen ist für eine sichere Funktion ein Volumenstrom am Hydranten von mindestens 200 l/min bei einem Fließdruck von 8 bar sicherzustellen.

Außenhydranten

Außenhydranten kommen i. d. R. für den Objekt- und Grundschutz zum Tragen. Geregelt werden diesbezüglich die Anforderungen in W 405 des DVGW.[6]

Konstruktiv wird unterschieden in Unter- und Überflurhydrantenanlagen.

Je nach Brandschutzkonzept ist ein Volumenstrom von 48, 96 oder 2 x 96 m^3/h bei einem Fließdruck von 1,5 bar zur Verfügung zu stellen (kann auch über mehrere Entnahmestellen realisiert werden).

Arten der Löschwasserversorgung

Für die Löschwasserversorgung von Wandhydranten in Gebäuden kommen zwei unterschiedlich betriebene Systeme zur Anwendung:

- Anlagen mit nassen Versorgungsleitungen, die ständig unter Druck stehen und immer betriebsbereit sind. Sie dienen in erster Linie zur Selbsthilfe und/oder der Brandbekämpfung durch die Feuerwehr.
- Anlagen mit Steigleitungen nass/trocken, die normalerweise wasserfrei bleiben und nur im Bedarfsfall durch Fernbetätigung von Armaturen mit Wasser aus dem Trinkwassernetz gefüllt werden (Füll- und Entleerstation).

---

[6] Arbeitsblatt W 405:2008-02: Wasser; Bereitstellung von Löschwasser durch die öffentliche Trinkwasserversorgung.

Löschwasseranlagen nass

Nasse Löschwasserleitungen sind ständig mit Wasser gefüllt und tragen damit zur höchsten Versorgungssicherheit bei.

Dabei können sie Nichttrinkwasser führen und sind bei Anschluss an das öffentliche Trinkwassernetz über eine spezielle Sicherungseinrichtung abzusichern.

Bedingt durch die hohe Versorgungssicherheit des nassen Systems, ist dies u. a. nach Muster-Hochhausrichtlinie grundsätzlich auch für Gebäude höher 22 m vorgesehen.

Löschwasseranlagen nass/trocken

Löschwasseranlagen nass/trocken nach DIN 14462:2012-09 mit DIN 14462-1:2012-09 stellen eine ältere Technologie dar. Bei dieser wird erst im Bedarfsfall das Leitungssystem mit Wasser gefüllt.

Die Sicherungsarmatur wird als automatische Füll- und Entleerungseinrichtung bezeichnet.

Wandhydranten

Teil 1 Anlagentechnischer Brandschutz

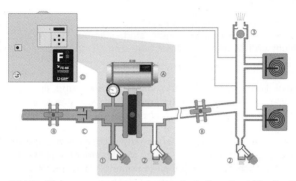

Bild 32: Sicherungseinrichtung im Bereitschaftszustand (Quelle: GEP Industrie-Systeme GmbH)

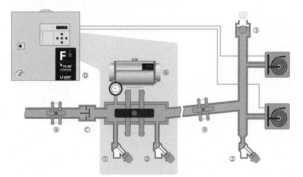

Bild 33: Sicherungseinrichtung in Funktion, bei geflutetem Leitungssystem (Quelle: GEP Industrie-Systeme GmbH)

Legende:
1. *automatisches Spülventil*
2. *automatisches Entleerungsventil*
3. *Belüftungsventil*
A automatische Füll- und Entleerstation
B Absperrarmaturen
C Rückflussverhinderer
D Steuerung der automatischen Füll- und Entleerstation

Füll- und Entleerungseinrichtungen nach DIN 14463-1:2007-01 müssen, wenn sie unmittelbar am Trinkwassernetz angeschlossen sind, mit dem DIN/DVGW-Prüfzeichen versehen sein. Geräteanschlussleitungen sind mit einer automatischen Spülvorrichtung auszurüsten.

Löschwasserleitungen nass und nass/trocken zum Anschluss von Feuerlösch- und Brandschutzanlagen führen Trinkwasser und sind daher wie Trinkwasser-Verbrauchsanlagen in Betrieb zu nehmen und bis zur Station so zu betreiben.

 Praxistipp

Sanierung von bestehenden Nassanlagen

Ein besonderes Augenmerk ist bei der Sanierung von Altanlagen erforderlich. Ältere Gebäude wurden bei der Genehmigungsplanung meist mit Nassleitungen aufgrund der hohen Verfügbarkeit dieses Systems ausgestattet. Eine Änderung der Löschwasserversorgung auf geringere Sicherheitsstandards, wie Nass-Trocken-Systeme oder Trockenleitungen, hat meist für den Betreiber eine Neubearbeitung des Brandschutzkonzepts zur Folge. Auch sind besonders bei Bestandsanlagen Wasser-

> schläge beim Fluten des Nass-/Trocken-Leitungssystems auszuschließen. Leitungsbruch und Leckagen führen immer wieder bei der jährlichen Überprüfung zu Sachschäden.

Wasserversorgungsdruck

Nur in seltenen Ausnahmefällen wird vom Wasserversorger für den Brandfall noch ein Versorgungsdruck von 4 bis 5 bar bereitgestellt. Die schriftlich dokumentierte Zusage des Wasserversorgers über eine gesicherte Wasserversorgung hinsichtlich Menge und Druck ist Grundvoraussetzung für die Verwendung einer Nass-Trocken-Leitung.

Wird seitens des Wasserversorgers kein ausreichender Wasserversorgungsdruck zur Verfügung gestellt, ist eine Druckerhöhungsanlage der Füll- und Entleerstation vorzuschalten. Diese ist an eine Notstromversorgung anzubinden, da eine Fremdwassereinspeisung durch die Feuerwehr seit Jahren nicht statthaft ist.

Flutungszeit

Die Flutungszeit des Leitungssystems darf nicht länger als 60 sek. betragen. Leitungs- und Druckerhöhungsanlagen sind entsprechend zu dimensionieren. Gegebenenfalls sind mehrere Füll- und Entleerungseinrichtungen zu verwenden.

Als Faustformel, die keine Berechnung ersetzen soll, wird in der Praxis eine maximale Leitungslänge von 200 m angenommen, die mit einer Station versorgt werden kann.

Zusätzlich sind beim Flutungsprogramm auch Grenzen der Strömungsgeschwindigkeit und der maximale Druckabfall im öffentlichen Leitungsnetz begrenzt.

Entleerung

Nach Schließung des Füllventils muss sich der „trockene" Teil der Leitung automatisch und vollständig entwässern. Das Gefälle der horizontalen Leitung muss $\geq 0,5\,\%$ betragen.

Auslösung/Kabelstrang

Das Auslösesignal zur Flutung des Leitungssystems wird durch einen Schalter am Wandhydranten realisiert. Dieser wird als Grenztaster bezeichnet. Üblicherweise werden Grenztaster am Schlauchanschlussventil montiert. Diese Schaltglieder sind mit der Füll- und Entleerungseinrichtung zu verkabeln. Die Anlage überwacht die Elektroleitung auf Kabelbruch, Auslösung oder Kurzschluss.

Bild 34: Schlauchanschlussventil mit Grenztaster (Quelle: GEP Industrie-Systeme GmbH)

Raumtemperatur

Die Installation von Nass-Trocken-Stationen ist nur in frostsicheren Räumen mit einer möglichst gleichmäßigen Raumtemperatur zulässig.

Anbindung von Löschwasseranlagen an das Trinkwassernetz

Betriebswasseranlagen, wie Wandhydranten, Außenhydranten, Kühlkreisläufe oder Maschinen, sind auch heute noch oft an die Trinkwasseranlage direkt angebunden.

Gesetzlich ist der Betreiber nach Trinkwasserverordnung verpflichtet, Trinkwasserqualität in diesem Leitungssystem zur Verfügung zu stellen. Eine Aufgabe, die im Hinblick auf deren Komplexität und rechtlichen Haftungsfolgen eine Herausforderung darstellt. Erfolgt keine ausreichende Wassererneuerung, bildet sich stagnierendes Wasser. In diesem können sich krankheitserregende Keime bilden, die eine Gefahr für Leib und Leben der Trinkwasserverbraucher, wie Betriebsmitarbeiter, darstellen. Neben dem Ausschluss der bakteriologischen Kontaminierung des Trinkwassers durch Stagnation ist der Betreiber zudem gesetzlich verpflichtet, eine Rücksaugung von belastetem Wasser, z. B. aus Maschinen, auszuschließen.

Das bedeutet, dass Betriebs- und Löschwasseranlagen, sofern sie mit dem Trinkwassernetz in Verbindung stehen, nach den allgemein anerkannten Regeln der Technik abzusichern sind.

 Hinweis

Am 08.01.2018 wurde die neue Trinkwasserverordnung (TrinkwV) im Bundesgesetzblatt veröffentlicht. Sie trat bereits einen Tag nach Veröffentlichung in Kraft. U. a. wurden hier neue Anzeigepflichten eingeführt und die Definitionen zur Gefährdungsbeurteilung geändert.

Trinkwasseranbindung von Wand- und Außenhydranten

Wandhydrant Typ S

Wandhydranten Typ S können **im Ausnahmefall** direkt an das Trinkwassernetz angebunden werden. Nach DIN 1988-600:2010-12 ist dies nur zulässig, wenn rechnerisch nachgewiesen wird, dass der Trinkwasserbedarf (Spitzenvolumenstrom), der über die Leitung dauerhaft abgedeckt wird, größer ist als der Wasserbedarf im Brandfall. Mit anderen Worten: Die Leitung ist nach dem Spitzenvolumenstrom Trinkwasser zu dimensionieren. Beim Anschluss der „Selbsthilfehydranten" an eine Trinkwasserleitung ist zu berücksichtigen, dass die nicht durchflossene Einzelanschlussleitung nicht länger als ihre zehnfache DN ist, ein permanenter Wasseraustausch erfolgt und das Schlauchanschlussventil über eine Sicherungskombination verfügt.

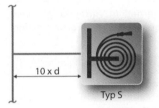

Bild 35: Erlaubte Länge der Einzelanschlussleitung für Wandhydrant Typ S bei Trinkwasseranschluss (Quelle: GEP Industrie-Systeme GmbH)

Sind vorstehende Anforderungen nicht dauerhaft sichergestellt, hat die Absicherung über eine automatische Füll- und Entleerstation oder über die hygienisch hochwertigere Sicherungsarmatur „Freier Auslauf" zu erfolgen.

Bild 36: Trinkwassertrennstation mit freiem Auslauf bei einer Anlage mit Unter- und Überflurhydraten mit mittelbarem Anschluss (Quelle: GEP Industrie-Systeme GmbH)

Wandhydrant Typ F und Außenhydranten

In DIN 14462:2012-09 wurde festgelegt, dass Wandhydranten Typ F nur noch mittelbar oder über Füll- und Entleerstationen an das Trinkwassernetz anzuschließen sind. Unter Betrachtung der hochwertigen Nassleitung erfolgt bevorzugt die Anbindung der Löschwasserleitung an das Trinkwassernetz über den **„Freien Auslauf"**. Dieser besteht aus zwei Hauptbaugruppen: dem atmosphärischen Vorlagebehälter und einer Druckerhöhungsanlage.

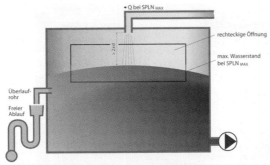

Bild 37: *Atmosphärischer Vorlagebehälter mit „Freiem Auslauf" Typ AB und Druckerhöhung (Quelle: GEP Industrie-Systeme GmbH)*

Die **Druckerhöhungsanlage** muss nach vorstehender Norm eine Vielzahl von besonderen brandschutztechnischen Anforderungen erfüllen. In der Regel sind Pumpanlagen aus der Sanitärinstallation nicht geeignet. Bei der Aufstellung des Vorlagebehälters ist zu beachten, dass dieser oberhalb der Rückstauebene oder in überflutungssicheren Räumen aufgestellt sowie mit Notüberlauf und Siphon angebunden wird.

Bei der Größenbestimmung des Volumenstroms von Außenhydranten wird sich ebenfalls an dem Arbeitsblatt DVGW 405[7] orientieren. In Abhängigkeit von der Bebauung wird meistens eine zu versorgende Löschwassermenge zwischen 96 m^3/h und 192 m^3/h angenommen.

---

[7] Arbeitsblatt W 405:2008-02: Wasser; Bereitstellung von Löschwasser durch die öffentliche Trinkwasserversorgung.

Schlussendlich bleibt auch bei Außenhydranten, bedingt durch die geringen baulichen Anforderungen, der „Freie Auslauf" als Sicherungsarmatur als bevorzugt anzuwenden.

Einfache Zusatzmodule ermöglichen eine Aufstellung unterhalb der Rückstauebene. Diese gestatten mit geringfügigen Mehraufwendungen auch eine Nutzung von Notüberläufen ohne zusätzliche Hebeanlage.

Wandhydranten im Bestand

Die DIN 1988-600:2010-12 lautet in Abschnitt 5: „Werden die Anforderungen der TrinkwV nicht erfüllt, besteht kein Bestandsschutz für die Trinkwasser-Installation, die i. V. m. einer Feuerlösch- und Brandschutzanlage steht."

In der Praxis kann dies durch Tests von Sachverständigen geprüft werden. Sollte dabei festgestellt werden, dass die Anforderungen der TrinkwV erfüllt werden, sind Anlagen im Bestand nicht nachzurüsten.

 Praxistipp

Begriff „Löschwasserübergabestelle" (LWÜ)

In der neuen DIN 1988-600:2010-12 werden die Verwendungsarten der Sicherungseinrichtungen für die Trinkwasserhygiene dargestellt. Um Verwechslungen zur allgemeinen Trinkwasserinstallation zu vermeiden, wurde speziell für die Sicherungseinrichtungen von Löschwasseranlagen der Überbegriff „Löschwasserübergabestelle" – kurz LWÜ – eingeführt.

Notstromversorgung

Nach DIN 14462:2012-09 und in Abstimmung mit der zuständigen Brandschutzbehörde kann für die Trennstation mit „Freiem Auslauf" eine Notstromversorgung entfallen, wenn eine Löschwassereinspeisung durch die Feuerwehr erfolgt. Ausgenommen sind Sonderbauten nach Landessonderbaurecht, wie z. B. Kranken- und Hochhäuser.

Für automatische Füll- und Entleerstationen ist eine Fremdwassereinspeisung unzulässig.

Entwässerung und Geräteaufstellung

Für Betrieb, Prüf- und Wartungszwecke sind beispielhaft nachfolgende Bauteile an eine ausreichende Entwässerung nach DIN EN 12056:2001-01 und DIN 1986-100:2016-12 anzubinden:

- Notüberlauf von Vorlagebehältern
- Füll- und Entleerungsstationen
- Be- und Entlüfter
- Tiefenentleerung

Werden diese an ein Kanalnetz angebunden, ist eine Entwässerung nur über einen ausreichend dimensionierten Siphon zulässig.

Eine Installation von Sicherungseinrichtungen für Betriebs- und Löschwasseranlagen, wie Trinkwasser-Trennstationen oder Nass-Trocken-Stationen, ist nach den geltenden Normenwerken, wie z. B. DIN EN 1717:2011-08, DIN 1988-600:2016-12, DIN 14462:2012-09, VdS CEA 4001:2018-02; VdS CEA-Richtlinien für Sprinkleranlagen, Planung und Einbau, nur oberhalb der Rückstauebene oder in überflutungssicheren Räumen möglich.

Hierbei ist zu berücksichtigen, dass „überflutungssicher" nicht mit „rückstausicher" verwechselt wird. Eine sichere Entwässerung muss auch bei Ausfall der Sicherungseinrichtung gewährleistet werden.

Bild 38: Überlauf eines „Freien Auslaufs" AB bei verschlossenem Notüberlauf (Quelle: Prüfstand, GEP Industrie-Systeme GmbH)

Funktionsprüfung

Die Funktion des „Freien Auslaufs" kann durch Handauslösung der Nachspeisearmatur von jedem Beteiligten getestet werden. Erfolgt eine Handbetätigung, die z. B. den Ausfall der Armatur simuliert, muss eine sichere Ableitung des anfallenden Wassers sichergestellt sein.

Aufstellung von Übergabestationen oberhalb der Rückstauebene

Bei der Geräteaufstellung einer Übergabestation oberhalb der Rückstauebene ist bei der Anbindung des Notüberlaufs mit Siphon auf ein hydraulisch ausreichendes nachgeschaltetes Kanalnetz zu achten.

DIN EN 12056-1:2001-01 und DIN 1986-100:2016-12 schreiben die Ableitung der maximal anfallenden Abwassermengen (z. B. 18 m³/h) bei einem Teilfüllungsgrad der Grundleitung von 0,5 vor.

Praktisch wird dies in den seltensten Fällen vorgefunden. Ist ein hydraulisch ausreichendes Kanalnetz vorhanden, ist die Übergabestation über einen Siphon anzubinden. Eine Funktion ist im Wirksamkeitstest nachzuweisen.

Aufstellung von Übergabestationen unterhalb der Rückstauebene

Die Installation der Übergabestation unterhalb der Rückstauebene verlangt nach DIN EN 12056-1:2001-01 und DIN 1986-100:2016-12 eine Aufstellung in überflutungssicheren Räumen. Als überflutungssicheren Aufstellort bezeichnet man im Allgemeinen die vollständige Entwässerung aller möglichen und maximal anfallenden Wässer (z. B. 18 m³/h) über eine kostenaufwendige redundante Hebeanlage oder einfache Pumpen-Notentwässerung. Ein Rückstauverschluss in Grundleitungen ist in diesem Zusammenhang unzureichend.

 Praxistipp

Alternative zur Hebeanlage

Alternativ besteht zu einer kostenaufwendigen Hebeanlage die Möglichkeit, die Übergabestation mit einem Zusatzmodul der Pumpennotentwässerung auszustatten. Anfallende Wassermengen des Notüberlaufs werden dann durch die vorhandene Trennstation und Flutventile über die Rückstauebene gehoben und in das Kanalnetz abgeleitet.

Filter

In der Zuleitung zu Löschwasseranlagen sind keine Trinkwasserfeinfilter zulässig. Werden vom Hersteller von Übergabestationen Partikelfilter gefordert, ist für Hydrantenanlagen eine Durchlassweite < 1,0 mm und Sprinkleranlagen < 5 mm nicht zulässig.

Bei Verwendung von Steinfängern in Verbindung mit Hydranten sollte nach Auffassung des Autors die Durchlassweite wie für Sprinkleranlagen 5 mm betragen, um die Versorgungssicherheit zu gewähren.

Automatische Abschottung

Können Trinkwasserverbraucher im Hinblick auf den Volumenstrom eine sichere Löschwasserversorgung gefährden oder sind die von der Trinkwasserhauseinführung abgehenden Trinkwasserleitungen in Kunststoff ausgeführt, sind die Trinkwasserabgangsleitungen automatisch abzusperren.

Im Allgemeinen wird dieser Vorgang als Trinkwasserabschottung bezeichnet.

Sicherheitsventil in Löschwasserleitungen

Um bei Brandeinwirkung das sich ausdehnende Wasser in der Löschwasserleitung abzuleiten, sind Armaturen, z. B. Sicherheitsventile, einzusetzen, die das Expansionswasser ableiten.

Hierbei ist zu berücksichtigen, dass nur Armaturen eingesetzt werden dürfen, die für die Löschwasserversorgung geeignet sind.

 Praxistipp

Druckbegrenzung in Bestands- und Neuanlagen

Kein Bestandsschutz

Werden bei der technischen Abnahmeprüfung durch den staatlich anerkannten Sachverständigen Fließdrücke an Hydranten über 8 bar vorgefunden, ist die Auffassung weit verbreitet, dass die zu prüfende Anlage doch noch Bestandsschutz genieße. Eine Interpretation, die von den allgemein anerkannten Regeln der Technik sowie vom Gesetzgeber nicht getragen wird.

Wandhydranten

Teil 1 Anlagentechnischer Brandschutz

Druckminderer nicht geeignet

Um im ersten Blick eine preiswerte Technologie einzusetzen, ist immer wieder in der Praxis vorzufinden, dass Druckminderer in Löschwasserleitungen eingesetzt werden. Vielen Anwendern ist nicht bewusst, dass vom Einsatz dieser Armaturenart in der Löschwasserversorgung ein erhebliches Gefahrenrisiko für den Ausfall der Löschwasseranlage ausgeht – eine Installationsart, die eine Gefährdung des Personen- und Sachschutzes hervorruft. Nicht umsonst raten die entsprechenden Anwendungsnormen, z. B. die DIN 1988-100:2011-08 bzw. DIN 14462:2012-09, seit Jahrzehnten vom Einsatz der Druckminderer in Löschwasserleitungen ab.

Fragwürdig: Geschützter Druckminderer durch Filter

Filter in der Löschwasserleitung zur Funktionssicherheit der Druckminderer stellen im Einsatzfall ein hohes Hemmnis dar, das zum Ausfall der gesamten Löschwasseranlage führen kann. Folglich sind nur großkörnige Filter, die auch als Steinfänger bezeichnet werden, z. B. für Wandhydranten größer 1 mm (nach Auffassung des Autors z. B. 5 mm. Im Brandfall treten hohe Strömungsgeschwindigkeiten in der Hausanschlussleitung auf. Dadurch kommt es besonders bei älteren öffentlichen Versorgungsleitungen zu einem massiven Schmutzeintrag in das Löschwasser-Leitungssystem.) oder für Sprinkleranlagen größer 5 mm, zulässig. Ein Verzicht auf den Einbau von Filtern vor Druckminderern, entgegen den Herstellerforderungen, kann zum vollständigen Ausfall der Steuerarmatur bzw. zur vollständigen Wasserunterbrechung führen.

Nach Auffassung des Autors sollten Druckminderer gänzlich in Löschwasseranlagen vermieden werden.

Regelkonforme Ausführungen

Zielsetzung einer jeden Fachplanung bzw. Ausführung muss es sein, die maximale Versorgungsdruckgrenze von 8 bar unter allen Betriebsbedingungen sicherzustellen. Dies bedeutet, dass bei der Wasserentnahme von einem Wandhydranten zu Beginn des Löscheinsatzes mit 24 l/min bis zur maximalen Wasserentnahme von z. B. 600 l/min der Grenzwert nicht überschritten wird.

Einfache praktische Lösungen

Sowohl für Bestandsanlagen als auch Neubauten ist es möglich, mithilfe von hydraulischen Verfahren mit einer Steigleitung unabhängig von der Gebäudehöhe ohne Druckminderer zu arbeiten. Beispielhaft seien hier Drehzahlregelung oder einfache Bypasslösungen genannt.

Abnahme und Betrieb von Wandhydranten und Löschwasserleitungen

Bei der Abnahmeprüfung sind die Einhaltung der Bauauflagen und der Planungsgrundlagen – soweit sie die Löschwasserleitung und die Wandhydranten betreffen – sowie die Absprachen mit dem Wasserversorgungsunternehmen und der für den Brandschutz zuständigen Dienststelle zu überprüfen. In DIN 14462:2012-09 und DIN EN 12845:2016-04 ist der Umfang der Abnahme- und Gebrauchsprüfung beschrieben. Das Ergebnis ist in das Prüfbuch einzutragen.

Wandhydranten

Teil 1 Anlagentechnischer Brandschutz

In diesem Prüfbuch sollen alle Angaben enthalten sein, die bei der Abnahmeprüfung und bei der Gebrauchsprüfung wichtig sind. Die Gebrauchsprüfung wird als Wirksamkeitsprüfung beschrieben und wird z. B. bei Hydrantenanlagen vom Sachkundigen jährlich geleistet. Für Sonderbauten können länderbezogen baurechtliche Anforderungen gelten.

Instandhaltung von Wandhydranten

Die Instandhaltung von Wandhydranten ist in der DIN EN 671-3:2009-07 geregelt.

Die wiederkehrende Prüfung ist vom Sachkundigen (Befähigte Person nach Betriebssicherheitsverordnung, Hersteller oder staatlich anerkannter Sachverständiger) durchzuführen. Das Zeitintervall der Prüfungen orientiert sich an der Gefährdungsbeurteilung nach BetrSichV, den Herstellerangaben bzw. zur bestimmungsgemäßen Verwendung nach oben genannten DIN-Normen. Häufig wird die jährliche Prüfung umgesetzt.

Der Schlauch wird vollständig ausgerollt und mit dem vorhandenen Betriebsdruck beaufschlagt (jährliche Gebrauchsdruckprüfung); anschließend sollte überprüft werden, ob

- die Einrichtung frei zugänglich ist und keine Beschädigungen, korrodierten oder undichten Bauteile vorhanden sind,
- die Bedienungsanleitung vorhanden und gut leserlich ist,

Wandhydranten

Teil 1 Anlagentechnischer Brandschutz

- die Lage des Wandhydranten eindeutig und gut erkennbar ist,
- die Tragarme und die Halterung zur Wandbefestigung zweckentsprechend, fest angebracht und stabil sind,
- die Wasserdurchflussmenge gleichmäßig und ausreichend ist (empfohlen: Benutzung eines Durchflussmessgeräts),
- das Druckmessgerät, falls fest eingebaut, zufriedenstellend und innerhalb des Betriebsbereichs arbeitet,
- auf der gesamten Länge des Schlauchs Anzeichen von Rissen, Verformungen, Verschleiß oder Beschädigungen erkennbar sind. Falls der Schlauch irgendwelche Schäden aufweist, muss er ersetzt oder mit dem höchstzulässigen Betriebsdruck auf Dichtheit geprüft werden.
- die Schlauchanschlüsse, -einbände oder -schellen passen und sicher befestigt sind,
- die Schlauchtrommel sich in beiden Richtungen frei bewegt;
- bei Schlauchhaspeln mit Schwenkarm die Drehgelenke leichtgängig sind und die Haspel um 180° schwenkt,
- bei handbetätigten Schlauchhaspeln mit Schwenkarm das Absperrventil richtig ausgeführt ist und ob es leicht und einwandfrei zu betätigen ist,
- bei Schlauchhaspeln mit automatisch öffnendem Ventil das Absperrventil einwandfrei funktioniert,
- sich die Versorgungsleitungen in einwandfreiem Zustand befinden, besonders bei flexiblen Löschwasserleitungen,
- der Schrank keine Anzeichen von Beschädigungen aufweist und sich alle Türen ungehindert öffnen lassen,
- der Typ des Strahlrohres stimmt und ob es leicht zu betätigen ist,

- sich Schlauchabroller, falls vorhanden, betätigen lassen und sie fachgerecht und fest angebracht sind,
- Schlauchhaspel und Wandhydrant nach der Instandhaltung sofort wieder betriebsbereit sind.

Wenn eine umfangreiche Instandsetzung erforderlich ist, sollten Schlauchhaspel oder Wandhydrant mit der Aufschrift „Außer Betrieb" gekennzeichnet werden, und der Sachkundige sollte den Betreiber informieren.

Nach jeweils fünf Jahren sollten Schläuche mit dem höchsten zulässigen Betriebsdruck nach DIN EN 671-1:2012-07 (Wandhydranten mit formbeständigem Schlauch bei Innendurchmesser Schlauch 19 und 25 mm = 12 bar, bei Schläuchen mit einem Innendurchmesser von 33 mm = 7,0 bar) und/oder EN 671-2:2012-07 (Wandhydranten mit Flachschläuchen 12 bar) beansprucht werden.

Nach Prüfung und Durchführung von notwendigen Reparaturmaßnahmen sollten Schlauchhaspeln und Wandhydranten von der ausführenden Person mit „Geprüft" gekennzeichnet werden. Ein fortlaufender Bericht über sämtliche Instandhaltungsmaßnahmen, Reparaturen und Prüfungen sollte vom Betreiber in einem Prüfbuch geführt werden. Der Bericht muss enthalten:

- Datum (Monat und Jahr) der Instandhaltung
- aufgezeichnetes Prüfergebnis
- Umfang und Datum des Einbaus von Ersatzteilen
- ob weitere Instandhaltungsmaßnahmen erforderlich sind
- Datum (Monat und Jahr) der nächsten Instandhaltungsmaßnahme und Prüfung

- Identifizierung jeder Schlauchhaspel und jedes Wandhydranten

Weil die Instandhaltung die Effektivität des Brandschutzes vorübergehend einschränken kann,

- sollte in Abhängigkeit von der zu erwartenden Brandgefahr innerhalb eines bestimmten Bereichs nur eine begrenzte Anzahl von Schlauchhaspeln und Wandhydranten gleichzeitig einer umfassenden Instandhaltung unterzogen werden.
- sollten für die Dauer der Instandhaltung und Unterbrechung der Wasserzufuhr Vorkehrungen für zusätzliche Brandschutzmaßnahmen getroffen werden.

Sprinkleranlagen
(DIN EN 12845, VdS CEA 4001)

Sprinkleranlagen sind gemäß DIN-Fachbericht CEN/TR 14489:2006-01 (zwischenzeitlich zurückgezogen) ständig betriebsbereite Löschanlagen, die einen Brand bereits im Entstehungsstadium feststellen und löschen bzw. begrenzen. Sprinkleranlagen werden nach Nutzung und Brandbelastung bemessen und konzipiert.

Sie bestehen u. a. aus dem Wasseranschluss, Alarmventilstationen, Pumpen, Alarmierungseinrichtungen, dem Rohrleitungsnetz und den automatisch auslösenden, temperaturempfindlichen Sprinklerköpfen.

Je nach den örtlichen und betrieblichen Gegebenheiten ist die Installation von unterschiedlichen Sprinkleranlagen möglich bzw. empfehlenswert.

Nassanlagen

Nassanlagen verfügen über eine ständige Wasserbefüllung im Rohrnetz bis zu den Sprinklern.

Anwendungsbeispiele: Kaufhäuser, Produktions- und Lagerräume, Hochregallager oder Großgaragen (Voraussetzung: Frost- und Hitzefreiheit).

Trockenanlagen

Das Rohrnetz von Trockenanlagen ist ständig Druckluft- oder Inertgas befüllt zwischen Alarmventil und Sprinklern.

Anwendungsbeispiele: Kühlhäuser oder Bäckereien (Einsatz möglich in frostgefährdeten und hochtemperierten Räumen, in denen das Löschwasser verdunsten könnte). Austrittsverzögerung bis zu 60 sek nach Öffnen des Sprinklers.

Vorgesteuerte Anlagen

Vorgesteuerte Anlagen arbeiten ähnlich wie Trockenanlagen, jedoch in zwei Stufen. Auf das Signal einer automatischen Brandmeldeanlage (z. B. ausgelöste Rauchmelder) hin werden die Rohre befüllt. Für die zweite Stufe löst Brandwärme das Sprinklerventil aus.

Anwendungsbeispiel: wassersensible Bereiche, in denen Rohrbruch oder Beschädigung eines Sprinklerkopfs große Sachschäden oder teure Betriebsunterbrechungen anrichten

Tandemanlagen

Die Koppelung von Trockenanlagen an Trocken- oder Nassanlagen wird als Tandemanlage bezeichnet. Die Nassanlagen werden durch ein zusätzliches Alarmventil von den Trockenanlagen getrennt.

Anwendungsbeispiel: Kaufhaus (Nassanlage) mit Kühlhaus (Trockenanlage) und unbeheizten Lagerräumen (Trockenanlage). Die DIN EN 12845:2016-04 beschränkt Tandemanlagen auf höchstens 100 Sprinkler. Bei einem Verbund von mehr als zwei Tandemanlagen mit einem Alarmventil darf die Gesamtzahl der Sprinkler höchstens 250 betragen.

Planung und Installation von Sprinkleranlagen

Für die Planung und Installation von Sprinkleranlagen bestanden lange nur verschiedene anerkannte Richtlinien aus der Versicherungswirtschaft. Ein europäisch einheitliches Regelwerk, das den allgemein anerkannten Stand der Technik abbildete, suchte man vergeblich. Bestehende DIN-Normenwerke galten lange Zeit als unzureichend.

Praktisch war und ist es heute noch oft der Fall, dass in unmittelbarer räumlicher Nähe Sprinkleranlagen nach unterschiedlichen Standards erstellt wurden, z. B. das Lagergebäude der Firma A nach VdS-Standard (VdS CEA 4001:2018-02), das Produktionsgebäude der Firma B nach amerikanischem FM-Standard und der Flughafen nach NFPA-Standard.

ature" als verbindliches Regelwerk eingeführt.

Einführung der DIN EN 12845

Um endlich Klarheit, Planungs- und Rechtssicherheit bei Anwendung eines versicherungstechnisch unabhängigen Regelwerks zu ermöglichen, wurde 2004 auf der gesamten europäischen Ebene die EN 12845:2016-04 „Automatische Sprinkleranlagen – Planung, Installation und Instandhaltung" als verbindliches Regelwerk eingeführt.

Nationale Gepflogenheiten sollten in einem überarbeiteten DIN-Fachbericht CEN/TR 14489:2006-01 als nationaler Anhang zur DIN EN 12845:2016-04 aufgenommen werden, die bereits der breiten Öffentlichkeit als Normenentwurf vorgestellt worden war. Allerdings wurde der Entwurf wieder ersatzlos zurückgezogen.

Nach diversen Diskussionen über das Schutzniveau der DIN EN 12845:2016-04, das – zumindest in Teilbereichen – unter dem der VdS CEA 4001:2018-02 lag, wurde eine Überarbeitung vorgenommen, die zu dem neuen Stand der Norm (April 2016) führte.

In der Praxis wird sich noch zeigen, inwieweit diese Neufassung nun mehr Anerkennung finden wird und als gleichwertige Alternative zu den bereits bestehenden Richtlinien mithalten kann.

Die im Februar 2018 erschienene Neufassung der VdS CEA 4001:2018-02 enthält ebenfalls einige Neuerungen, die wiederum aus der DIN EN 12845:2016-04 übernommen wurden.

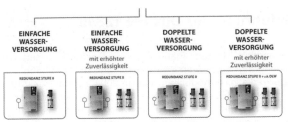

Bild 39: Arten der Wasserversorgung aus DIN EN 12845 (Quelle: GEP Industrie-Systeme GmbH)

Schutzniveaus der Normen

Die DIN EN 12845:2016-04 ist in ihren wesentlichen Bestandteilen konform zur VdS CEA 4001:2018-02 und stellt ein gleichwertiges Schutzniveau dar.

Sprinkleranlagen

Teil 1 Anlagentechnischer Brandschutz

Brandgefahrenklassen (nach VdS-CEA- Richtlinien)	Wasserbeaufschlagung mm/min	Wirkfläche m²	
		Nass- oder vorgesteuerte Anlage	Trocken- oder Nass-Trocken-Anlage
LH	2,25	84	nicht zulässig, Auslegung nach OH1
OH1	5,0	72	90
OH2	5,0	144	180
OH3	5,0	216	270
OH4	5,0	360	nicht zulässig, Auslegung nach HHP1
HHP1	7,5	260	325
HHP2	10,0	260	325
HHP3	12,5	260	325
HHP4	Sprühwasser-Löschanlagen (siehe Anmerkung)		

Tab. 17: Gleichheit von VdS CEA 400:2018-02 und DIN EN 12845:2016-04: Auslegungskriterien für die Brandgefahrenklassen (VdS-Richtlinien) LH – OH – HHP (Quelle: GEP Industrie-Systeme GmbH)

Das Schutzniveau und die Qualität der Ausführungen werden durch bauaufsichtlich anerkannte Prüfsachverständige für automatische Löschwasseranlagen im Zuge der erforderlichen Abnahme nach Prüfungsverordnung der Bundesländer kontrolliert. Bei der Errichtung der Anlage lässt die VdS CEA 4001:2018-02, im Gegensatz zu DIN EN 12845:2016-04, nur Fachunternehmen zu.

In anderen Bereichen wird das Schutzniveau in DIN EN 12845:2016-04 wiederum höher angesetzt als in VdS CEA 4001 (siehe Lagerung von OH Risiko). Löschanlagen nach DIN EN 12845:2016-04 werden folglich von der Versicherungswirtschaft berücksichtigt.

Verwendung zugelassener Bauteile

Auf die Qualität von zugelassenen Sprinklerbauteilen setzt auch die DIN EN 12845:2016-04 und schließt somit nahtlos an das nationale Bauproduktengesetz an. Die DIN EN 12845:2016-04 verweist als Anwendungsnorm auf die Produktnormen der Reihe DIN EN 12259 ff., die Anforderungen z. B. für Sprinkler oder Alarmventile festlegt.

Ausschließlich europäische Zertifizierungsstellen, national das Deutsche Institut für Bautechnik (DIBt) und die von diesem akkreditierten Prüf- und Zertifizierungsstellen, können entsprechende Bauteilzulassungen erteilen. Bauteile, die noch nicht in der Normenreihe DIN EN 12259 Aufnahme fanden, dürfen als ungeregeltes Bauprodukt nur verbaut werden, wenn durch eine akkreditierte Prüf- und Zertifizierungsstelle ein entsprechender Nachweis zur Eignung erbracht wurde.

Anforderungen an elektrische Bauteile werden national in den VDE-Richtlinien abgehandelt und bedürfen gleichfalls nach Bauproduktenrichtlinie einer Bauteilzulassung. Anforderungen an die Montage werden neben den VDE-Richtlinien im Baurecht, z. B. Muster-Leitungsanlagen-Richtlinie (MLAR), definiert.

Höhere Schutzanforderungen in der DIN EN 12845

Das bestehende Schutzniveau in Deutschland bleibt mit der Neufassung der DIN EN 12845:2016-04 weitestgehend erhalten und wird für den Standardfall teilweise höher angesetzt.

Beispielhaft werden übliche Verkaufsstätten, wie Kaufhäuser, als Gruppierung des Brandrisikos in eine mittlere Brandgefahr (OH) eingestuft.

Ist es unter vorstehenden Gesichtspunkten in VdS CEA 4001:2018-02 angedacht, Lagerblockgrößen bis 216 m^2 bei einer Freistreifenbreite von 2 m vorzusehen, geht aus versicherungstechnischer Sicht die DIN EN 12845:2016-04 auf ein höheres Schutzniveau und lässt nur 50 m^2 Lagerblockgröße bei einer Freistreifenbreite von 2,4 m zu. Werden nach vorstehender DIN EN 12845:2016-04 die „Grenzwerte" überschritten, befindet sich der Anwender bereits in der erhöhten Brandgefährdung (HH).

VDS CEA 4001   DIN EN 12845

HH Risiko   OH Risiko   HH Risiko

Bild 40:   Vergleich der Risikoklassen in Regallagern nach VdS CEA 4001 und nach DIN EN 12845 (Quelle: GEP Industrie-Systeme GmbH)

In einem anderen Beispiel stuft die VdS CEA 4001:2018-02 den holzverarbeitenden Betrieb z. B. von Spanplatten in die Brandgefahrenklasse HHP 2 und DIN EN 12845:2016-04 bis zu einer Lagerblockgröße von ≤ 50 m² in OH 3 ein. Praktisch wird unter Berücksichtigung der tatsächlichen Lagerblockgrößen von > 50 m² schnell klar, dass ein tatsächlicher Unterschied zwischen den Regelwerken nicht besteht und es sich lediglich um marginale Abweichungen handelt. Für Blockgrößen > 50 m² wird für die Einstufung des Lagerbereichs bereits HHS gefordert.

Bild 41: Beispiel-Einstufung Regallager-Risikoklasse in holzverarbeitender Industrie unter Berücksichtigung der Lagerblockgröße (Quelle: GEP Industrie-Systeme GmbH)

Alternativ ist über die Einstufung der Brandgefahrenklasse für Sperrholzplattenfabriken das gleiche Ergebnis zu erzielen. Die Sperrholzlagerung wird pauschal der Brandgefahrenklasse OH 4 und folglich per übergeordneter Anforderung der Risikoklasse HHS zugeordnet.

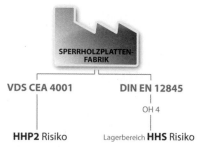

Bild 42: Beispiel-Einstufung Regal-Produktion-Risikoklasse in holzverarbeitender Industrie (Quelle: GEP Industrie-Systeme GmbH)

Die VdS CEA 4001:2018-02 und DIN EN 12845:2016-04 stufen beide Bereiche in die HH-Risikoklasse ein.

Zuverlässigkeit von Trocken- und Nass-Trocken-Anlagen nach DIN EN 12845

Die sichere Funktion von Nass- und Nass-Trocken-Anlagen wird auch nach der neuen Norm nicht dem Zufall überlassen und greift auf Bewährtes zurück.

Das zu verwendende Rohrnetz und letztendlich die Einsatzbereitschaft der Löschwasseranlage werden neben der hydraulischen Berechnung durch den maximalen Wasserleitungsinhalt in Abhängigkeit vom Belüfter oder der maximalen Flutungszeit bestimmt:

 60 s Flutungszeit

oder

Anlagenart	max. Rohrleitungsvolumen in m³	
	LH - OH	HH
ohne Schnellöffner	1,5	✗
mit Schnellöffner	4,0	3,0

Bild 43: Flutungszeit und Rohrleitungsvolumen für Trocken- und Nass-Trocken-Anlagen gemäß DIN EN 12845 (Quelle: GEP Industrie-Systeme GmbH)

Zuverlässigkeit alter Anlagen

Für Anlagen, die nach VdS-Richtlinien vor 1993 errichtet wurden, konnte eine Zuverlässigkeit von 98 % publiziert (VdS-Jahresbericht 93/94) werden.

Bleibt es dabei, dass nur zertifizierte Errichter Anlagen erstellen und diese zudem von Prüfgesellschaften, wie z. B. VdS, DEKRA, TÜV oder der GTÜ, zertifiziert werden, sollte sich auch in Zukunft nach DIN EN 12845:2016-04 die Versagenswahrscheinlichkeit von Sprinkleranlage unter 2 % einpendeln.

Hydraulische Berechnung

Für einfachste Standardanwendungen lässt die neue Norm entgegen den nationalen Gepflogenheiten wieder den Einsatz vorberechneter Anlagen zu.

Für den Regelfall setzt die DIN EN 12845:2016-04 auf hydraulisch berechnete Anlagen. Für Regalsprinkler, Anlagen mit kombinierter Wasserversorgung oder Ringleitungssysteme ist beispielsweise der detaillierte Rechengang Pflicht.

Kombinierte Wasserversorgungen für Sprinkler und Löschwasserhydranten werden unter Anrechnung der gesamten hydraulischen Leistung in das Normenwerk integriert. Hier sollte der Anwender zudem die DIN 14462:2016-11 berücksichtigen, die als nationale Norm Anforderungen an Hydranten-Löschwasseranlagen stellt.

Anbindung an das Trinkwassernetz

Soweit Sprinkleranlagen mit dem Trinkwassernetz verbunden sind, sind diese im Regelfall nach DIN 1988-6:2006-03 über die Sicherungsarmatur „Freier Auslauf" anzubinden (siehe Kapitel „Wandhydranten").

Darüber hinaus verweist die überarbeitete Normenausgabe DIN 1988-600:2010-12 darauf, dass es möglich ist, Kleinstsprinkleranlagen bis zu einem Volumenstrom von 50 m³/h mit einem „Sonder-Systemtrenner" an das Trinkwassernetz anzubinden. Dieses Bauteil wird als „DAS" (Direkt-Anschlussstation) bezeichnet, deren Produktnormung DIN 14464:2012-09 im September 2012 veröffentlicht wurde.

Vorstehende Sonderregelung für die Verwendung der „DAS" ist nur unter nachfolgenden restriktiven Anforderungen möglich:

- nur für Sprinkleranlagen und Anlagen mit offenen Düsen
- nicht für Hydrantenanlagen
- maximaler Volumenstrom < 50 m³/h
- nur wenn Trinkwasservolumenstrom Vs größer ist als 50 m³/h
- nur wenn Wasserverlust bzw. Wasseraustausch im Sprinklernetz ausgeschlossen ist

Sprinkleranlagen

Teil 1 Anlagentechnischer Brandschutz

Bild 44: Trinkwasser-Trennstation mit freiem Auslauf bei einer Sprinkleranlage mit offenen Düsen (Quelle: GEP Industrie-Systeme GmbH)

Wichtige Begriffe

Trotz der häufigen Wortgleichheit in großen Bereichen zu bekannten versicherungstechnischen Regelwerken sind einige Aussagen erst im zweiten Ansatz verständlich.

Trennwände
Trennwände werden, z. B. in VdS CEA 4001:2018-02, in F90 vorgesehen. Überrascht findet dann der Leser der DIN EN 12845:2016-04, dass die Norm nur noch F60-Wände for-

dert. Hier sind die Brandschutzkonzeptersteller sowie die Genehmigungsbehörden gefordert, den bisherigen Sicherheitsstandard auch weiterhin zu fordern.

VDS CEA 4001	DIN EN 12845
F 90 Trennwand oder Komplextrennwand	F 60 Trennwand, nach Baurichtlinie: **F90** Trennwand gefordert

Bild 45: Verwendung von Trennwänden gemäß VdS CEA 4001 bzw. DIN EN 12845 (Quelle: GEP Industrie-Systeme GmbH)

Regale

Auch bei der Einteilung der Regalklassen ST1 bis ST6 und den zugehörigen maximalen Lagerhöhen ist eine unmittelbare Wortgleichheit zum Bekannten zu verzeichnen.

Wer jedoch das Wort „wasserundurchlässige Einbauten" oder „Gitterrostböden" sucht, wird dies erst im zweiten Anlauf finden. Auch die DIN EN 12845:2016-04 kennt Gitterrostböden, denn „es muss sichergestellt sein, dass Wasser […] in die Zwischenebene und in die gelagerte Ware eindringen kann". Die bekannte Verwendung von Gitterrosten als Zwischengeschoss bleibt erhalten.

Sprinkleranlagen

Teil 1 Anlagentechnischer Brandschutz

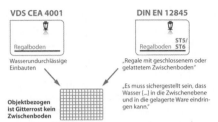

Bild 46: Verwendung von Regal-Zwischenböden gemäß VdS CEA 4001 bzw. DIN EN 12845 (Quelle: GEP Industrie-Systeme GmbH)

Instandhaltungsanweisungen

Bezüglich der Instandhaltung von Sprinkleranlagen kann gesagt werden, dass praktisch kein größerer Unterschied zu den bekannten Wartungsaufgaben besteht.

Aufgabe des Brandschutzsachverständigen

Gleich, welches nationale wie internationale Regelwerk betrachtet wird, so kennzeichnet alle Regelwerke, dass sie einer technischen Entwicklung unterliegen und nicht den Stand der Wissenschaft abbilden.

Es wird immer Aufgabe im Interesse des Kunden sein, dass der Sachverständige im Rahmen des ingenieurtechnischen Sachverstands neue Erkenntnisse, wie z. B. Entwicklungen bei der Planung einer Brandschutzanlage, berücksichtigt.

Auch die DIN EN 12845:2016-04 macht hier keine Ausnahme und lässt wie selbstverständlich „Abweichungen in der Planung von Sprinkleranlagen" zu, „wenn für diese Abweichung nachgewiesen worden ist, dass ein Schutzniveau erreicht wird, dass mindestens dem dieser Europäischen Norm entspricht [...]".

Akkreditierte Prüfgesellschaften mit speziell geprüften, staatlich anerkannten Sachverständigen für Löschwasseranlagen, wie z. B. von Bureau Veritas, VdS, DEKRA, TÜV oder GTÜ, stehen beratend zur Verfügung.

Abnahme von Sprinkleranlagen

Mit der baurechtlichen Einführung der Prüfverordnung der Bundesländer hat sich ein neuer und unabhängiger Weg herausgebildet, Sprinkleranlagen durch einen bauaufsichtlich anerkannten Sachverständigen für Löschwasseranlagen, wie z. B. von VdS, DEKRA, TÜV oder GTÜ, nach den allgemein anerkannten Regeln der Technik abnehmen zu lassen. Allerdings ist diese Prüfverordnung nicht in allen Bundesländern eingeführt. Teilweise finden sich Prüfanforderungen in einzelnen Sonderbauvorschriften (z. B. Baden-Württemberg).

Errichterfirmen

Sprinkleranlagen sollen nur von Fachunternehmen errichtet werden. Diese Auffassung ist leider noch nicht in die DIN EN 12845:2016-04 integriert.

Einbeziehung von Gas-/Wasser-Installationsunternehmen

Eine Schnittstelle zur Sprinkleranlage bleibt die Anbindung an das Trinkwassernetz. Diese kann wiederum nur von Fachbetrieben erbracht werden, die eine Ausbildung im Gas-/Wasser-Installationshandwerk besitzen und über eine entsprechende Eintragung als konzessioniertes Installationsunternehmen beim örtlichen Wasserversorger verfügen.

Bedingt durch die Umsetzung der neuen Trinkwasserverordnung und der allgemein anerkannten Regeln der Technik, wie z. B. der DIN 1988, werden Gas-/Wasser-Installationsunternehmen vermehrt mit der Aufgabe betraut, Sprinkleranlagen vom öffentlichen Trinkwassernetz zu trennen.

Seitens der akkreditierten Prüfgesellschaften, wie z. B. VdS, DEKRA, TÜV, GTÜ, oder zertifizierten Errichterfirmen werden Unternehmen des Gas-/Wasser-Installationshandwerks unterstützt, indem diese die Trinkwassertrennung nach DIN 1988 für Sprinkleranlagen errichten können, wenn eine Endabnahme durch vorstehende Unternehmen erfolgt.

Sprinkleranlagen

Teil 1 Anlagentechnischer Brandschutz

Zusammenfassung

Die neue Sprinklernorm DIN EN 12845:2016-04 zeigt neue und einheitliche Wege bei der Planung, Ausführung und Abnahme von Sprinkleranlagen auf. Erstmals wird einheitlich in der Bundesrepublik eine allgemein anerkannte Regel der Technik abgebildet, die nicht von versicherungstechnischer Seite aus erstellt wurde (jedoch auf diesen basiert). Für den Anwender erschließen sich nachfolgende Fragen:

Wer plant?

Der sachkundige Fachplaner.

Wer führt aus?

Zurzeit der Sachkundige, zugelassene Errichterfirmen (nach Auffassung der beteiligten Kreise) oder, für die Wasserversorgung durch Verwendung zertifizierter Trinkwasser-Trennstationen mit Pumpenanlage, Fachbetriebe des Gas-/Wasser-Installationshandwerks, wenn eine entsprechende Abnahme z. B. durch eine akkreditierte Prüfgesellschaft wie VdS, DEKRA, TÜV oder der GTÜ erfolgt.

Was wird gebaut?

Anlagen nach DIN EN 12845:2016-04 mit zugelassenen Bauteilen, die durch akkreditierte Prüfgesellschaften geprüft wurden.

Sprinkleranlagen

Teil 1 Anlagentechnischer Brandschutz

 Hinweis

Veränderungen der Lagerbehälter, der Lagerdichte oder des Lagerguts können eine bestehende Sprinkleranlage uneffektiv werden lassen. Deshalb muss eine Befähigte Person die Anlage regelmäßig und kritisch inspizieren.

Wer prüft?

In Obliegenheit des Landesbaurechts: bauaufsichtlich anerkannte Sachverständige für Löschwasserversorgung, wie z. B. von VdS, DEKRA, TÜV oder der GTÜ.

Schaumlöschanlagen (MBO, DIN 13565)

 Hinweis

Es gibt mit der DIN EN 13565-1:2016-08 eine neue Entwurfsfassung.

In der Musterbauordnung (MBO) [1] sind keine Sonderlöschanlagen gefordert. Der Einsatz von Sonderlöschanlagen ist meist dann erforderlich, wenn das Gebäude von den materiellen Vorschriften des Bauordnungsrechts i. S. v. Abweichungen gem. § 67 MBO oder Erleichterungen i. S. v. § 51 MBO bei Sonderbauten bzw. von einer Technischen Regel nach § 3 MBO abweicht. Sonderlöschanlagen werden als Kompensationsmaßnahme herangezogen, um den Nachweis zu erbringen, dass die Schutzziele der Bauordnung erreicht werden, z. B. der Entstehung eines Brands oder der Ausbreitung von Feuer und Rauch vorzubeugen, die Rettung von Menschen und Tieren oder wirksame Löscharbeiten zu ermöglichen.

Des Weiteren fordern Sonderbaurichtlinien für Hochhäuser [2], Verkaufsstätten [3], Versammlungsstätten [4] oder Industriebauten [5] den Einsatz von Sonderlöschanlagen als Ergänzung zu baulichen Brandschutzmaßnahmen. In ungeregelten Sonderbauten sind Sonderlöschanlagen, z. B. bei erhöhten Brandlasten, vorzusehen.

Die Löschanlagen dienen dem Personenschutz (z. B. der Fluchtwegsicherung) sowie dem Sachschutz (Schutz sensibler Objekte oder Gefahrenstoffe).

Schaumlöschanlagen

Teil 1 Anlagentechnischer Brandschutz

Die Wirkungsweise von Löschsystemen beruht auf den Prinzipien der Abkühlung (Verhinderung der Wärmezufuhr), des Erstickens (Trennung der Reaktionspartner) sowie der Inhibition (Abbruch einer Kettenreaktion).

Damit Entstehungsbrände frühzeitig erkannt und bekämpft und Löschanlagen aktiviert werden können, ist meist eine Detektion durch Rauch- und Brandmeldesysteme erforderlich.

Folgende Arten von Löschanlagen, die je nach Schutzziel und vorliegender Brandlastanalyse zum Einsatz kommen, werden unterschieden:

1. **Schaumlöschanlagen**	• Leichtschaum (z. B. Heißschaum) • Mittelschaum • Schwerschaum (z. B. Druckluftschaumanlagen) • Kompaktschaum
2. **Weitere**	• Sauerstoffreduzierungsanlagen • Funkenlöschanlagen • Pulverlöschanlagen • Aerosollöschanlagen • Vakuumlöschanlagen • Küchenlöschanlagen • Dampflöschanlagen • PyroBubbles-Löschanlagen

Tab. 18: Arten von Löschanlagen (Quelle: Reinhard Eberl-Pacan Architekten + Ingenieure Brandschutz)

Heißschaumlöschanlagen

In Aufbau und Funktion sind **Schaumlöschanlagen** den **Sprinkleranlagen** sehr ähnlich.

Schaumlöschanlagen

Teil 1 Anlagentechnischer Brandschutz

Das Besondere dieser Sonderlöschanlagen besteht darin, dass das Löschmedium Wasser unter Zumischung eines Schaummittels verwendet wird. Durch die Ausbildung eines Oberflächenfilms über dem Brandherd wird die Löschwirkung verbessert. Die Flammen werden erstickt. Mit dieser Technologie können auch größere Brandrisiken, wie durch die Lagerung von hochentzündlichen Materialien, zuverlässig eingegrenzt werden. In Abhängigkeit von der Zusammensetzung des eingesetzten Schaummittels und der angewandten Löschtechnik wird in Schwerschaumanlagen, Mittelschaumanlagen und Leichtschaumanlagen unterschieden.

Bild 47: *Aus rauchhaltiger Luft wird rauchhaltiger Schaum, der die Flamme erstickt. (Quelle: Günter Knopf)*

Die **Heißschaumlöschanlage** ist ein Beispiel für ein Leichtschaumlöschverfahren. Es ist bis 1.200 °C Hitze beständig. Die Planung erfolgt nach DIN 13565-2:2009-09 [7]. Aus rauchhaltiger Luft wird rauchhaltiger Schaum, der nur wenige Stunden nach dem Brand in sich zusammensackt, mit Nassstaubsaugern aufgenommen und als Sondermüll entfernt wird. Das Löschsystem besteht aus einer Schaum- sowie Wasserpumpe, einem Zumischer, Rohrzuleitungen sowie einem System von Heißschaumgeneratoren. Das System benötigt keinerlei Druckaufbau, hat einen sehr geringen Wasserbedarf und verhindert, dass Brandrauch in die Atmosphäre gelangen kann. Dieses Verfahren eignet sich insbesondere für Keller- und Lagerräume (z. B. Reifenlager) sowie Archive, in denen Kunststoffe und brennbare Flüssigkeiten gelagert sind, schließt jedoch die Anwesenheit von Personen aus.

Das Heißschaum-Feuerlöschverfahren wurde vor ca. 20 Jahren entwickelt. Dieses Löschverfahren beherrscht sehr große Brandlasten, wie Lager für Reifen, Sprayflaschen, Kunststoffe oder brennbare Flüssigkeiten. In einem hermetisch geschlossenen Raum, einer Halle oder einem Keller wird die rauchhaltige Luft vollständig in rauchhaltigen Schaum verarbeitet, ohne Druckaufbau und in einem Temperaturbereich von 0 bis 1.200 °C.

Durch diese Verfahren ist eine Halle sehr schnell und mit geringen Mitteln zu schützen. Der Aufwand an Löschwasservorhaltung und Verrohrung ist gering. Das System kommt ohne elektrisch betriebene Generatoren aus. Hier wurde auf ein vollkommen neues Schaumerzeugungsprinzip zurückgegriffen, das keine Frischluft von außen benötigt, sondern den beim Brand entstandenen toxischen Rauch unmittelbar über dem Brandherd im Schaum bindet.

Die Löschmittelzentrale besteht, ebenso wie bei einer konventionellen Leichtschaum-Feuerlöschanlage, aus folgenden Komponenten:

- Wasserpumpe
- Schaummittelpumpe
- Schaumzumischer

Das Wasser-Schaum-Gemisch (Premixlösung) wird in den brennenden Schutzraum zu den an der Decke oder den Wänden befindlichen Heißschaum-Erzeugern geleitet. Ähnlich wie bei anderen Schaumlöschverfahren wird durch Düsen und Keilsiebe, ohne elektrische Luftgebläse, eine ca. 600-fache Verschäumung des eingesetzten Wassers erreicht. Durch das verwendete Schaumkonzentrat mit besonders hoher Viskosität (Maß für die Zähflüssigkeit eines Fluids) ist es möglich, aufsteigenden Rauch bis zu 1.200 °C vollständig in die Schaumblasen zu binden. Ohne Druckentlastung und Frischluftzufuhr kann rauchhaltiger Leichtschaum erzeugt werden, der den gefährdeten Raum vollständig auffüllt und den Brand so beherrscht.

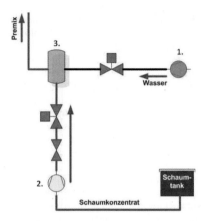

Bild 48: Löschanlagenzentrale einer Heißschaumlöschanlage (Quelle: Günter Knopf)

Löschanlagen in Lagerhallen

Viele Beispiele aus der Praxis zeigen, dass sich dieses Löschsystem besonders für großflächige und großvolumige Lagerbereiche mit hohen Brandlasten eignet. Große Brandlasten entstehen z. B. beim Betrieb großer, hydraulisch angetriebener Maschinen zur Metallverarbeitung, wie beispielsweise Blechstanzen. Meist befinden sich unterhalb dieser Maschinen Keller für die Hydraulik mit Ölbehältern, Rohren und Pumpen. Produktionsbedingt sammeln sich in diesen Kellern große Mengen Öl.

Durch die Werkfeuerwehr des Betriebs können im Brandfall i. d. R. nur die Halle und die Produktionsmaschinen gelöscht werden. Die starke Rauchentwicklung bei einem Ölbrand im Hydraulikkeller macht dort für Löschkräfte eine sinnvolle Brandbekämpfung unmöglich. Beim Löschverfahren mit Heißschaum steigert dieser Rauch sogar noch den Löscheffekt. Die Feuerwehr kann aus einer sicheren Position an der Hallenaußenwand das Wasser-Schaum-Gemisch halbstationär in den Keller einspeisen. Heißschaum-Generatoren im Hydraulikkeller unterstützen die Löschmaßnahmen.

Für Warenlager mit hohen Brandlasten in Untergeschossen ist eine effektive Rauchableitung ins Freie i. d. R. unmöglich. Das Heißschaum-Löschverfahren löst nicht nur das Problem der Rauchbeseitigung, sondern stellt zusätzlich die Brandlöschung sicher. Das Lagergut wird vor weiteren Schäden und das Tragwerk des Gebäudes vor hohen Brandtemperaturen geschützt. Betriebsunterbrechungen durch einen Brand können auf ein Minimum reduziert werden.

Bild 49: Hochregallagerschutz mit Schaumgeneratoren (Quelle: Günter Knopf)

Kompaktschaum-Feuerlöschverfahren

Während das Heißschaum-Löschverfahren nur in vollständig geschlossenen Räumlichkeiten zur Anwendung kommen kann, ist das Kompaktschaum-Löschverfahren sowohl zum Flächenschutz für geschlossene Räume als auch für hohe Brandlasten im Freien geeignet. Mit diesem System ist die automatische Brandbekämpfung bis zu einer Entfernung von 1.000 m oder bis zu einer Höhe von 400 m möglich.

Schaumlöschanlagen

Teil 1 Anlagentechnischer Brandschutz

Das Löschsystem wurde in den 1930er-Jahren durch dänische und deutsche Ingenieure entwickelt und zeichnet sich durch folgende Eigenschaften gegenüber anderen Löschsystemen aus:

- hoher Kühl- und Stickeffekt
- geringe Löschmittelvorhaltung
- geringe oder keine Rückhaltungen kontaminierter Löschmittel
- geringer Aufwand beim Löschmitteltransport über lange Rohrstrecken (bis 1.000 m) oder in großen Höhen (bis 400 m, erforderlicher Druck < 8,0 bar)
- frostbeständiges Löschmittel bis -40 °C

Das Kompaktschaum-Löschsystem kann durch diese Eigenschaften sicher und wirtschaftlich verschiedenartigste Brände beherrschen bzw. macht viele Anwendungen in der Brandbekämpfung erst möglich.

Die Grundidee des Systems ist die Druckluftzufuhr mittels Kompressor. Dadurch werden in einem Wasser-Schaum-Gemisch gleichbleibend 0,5 mm große Schaumblasen erzeugt, die über lange Wegstrecken in Schläuchen oder Rohrleitungen transportiert und dann über Wurfeinrichtungen ausgebracht werden können. Aus drei Bestandteilen (Wasser, Schaummittel, Druckluft) wird ein hochwirksames Löschmittel erzeugt, welches je nach Mischungsverhältnis über unterschiedliche Löscheigenschaften verfügt.

Die Löschwirkung des Kompaktschaums basiert nicht auf möglichst großen Wassermengen, sondern auf der großen aktiven Wasseroberfläche, die schnell Wärme bindet.

Löschanlagen in Tunneln

Bei Löschanlagen für lange Tunnel ist insbesondere die Frischluftzufuhr problematisch. Da beim Kompaktschaum-Löschverfahren der Schaum bereits außerhalb des Tunnels erzeugt und dann über eine große Strecke transportiert wird, kann dort dem Schaum Luft hinzugefügt werden.

Wenn der Kompaktschaum aus der Auswurfvorrichtung in Form eines Strahlrohrs, eines Schaumwerfers, eines Rotors, einer Flachstrahldüse o. Ä. austritt, werden noch Wurfweiten bis zu 30 Meter erzielt.

Bild 50: Kompaktschaum-Löschanlage: Löschung mit selbstständigem Schaumrotor (Quelle: Günter Knopf)

Neben anderen Anwendungen, etwa bei Hubschrauberlandedeplätzen, in Bunkerbereichen von Kraftwerken, in Biodieselanlagen oder Recyclinghallen, wird das Kompaktschaum-Löschsystems bei Tunneln eingesetzt, z. B. beim Kabeltunnel der Deutschen Bahn AG am Potsdamer Platz in Berlin und bei jeweils zwei Verkehrstunneln in Thüringen und in den Niederlanden.

Da der Kompaktschaum einen sehr geringen Anteil an Wasser aufweist (Wasser-Schaumkonzentrat-Anteil 5 %), ist mit diesem System auch eine Brandbekämpfung in Bibliotheken oder Archiven, auch über mehrere offene Etagen, möglich. Beim Brandschutz in Hochhäusern punktet das System, im Gegensatz zu Wasserlöschanlagen, durch das zu vernachlässigend geringe Gewicht des Druckluftschaums in den Rohrleitungen der Löschanlage. In Shanghai wurde mit Kompaktschaum in 270 m Höhe ein brennender Kabelschacht binnen zwei Minuten vollständig gelöscht.

Weitere Löschanlagen

Sauerstoffreduzierungsanlagen
Die Wirkungsweise beruht auf der Absenkung der Sauerstoffkonzentration in einem Raum. Durch Zuführung von Inertgasen (z. B. Stickstoff) wird die Sauerstoffkonzentration so eingestellt, dass sich die vorhandenen brennbaren Stoffe nicht mehr entzünden können. Damit werden eine Entstehung und Ausbreitung von Bränden sowie die Bildung einer explosionsfähigen Atmosphäre im Normalbetrieb oder im Brandfall verhindert. Voraussetzung ist die Ermittlung des genauen Sauerstoffwerts, der potenziellen brennbaren Stoffe sowie die gleichzeitige Gewährleistung des Personenschutzes.

Funkenlöschanlagen
Funken, die im Bearbeitungsprozess entstehen können und in pneumatische Förderleitungen gelangt sind, werden durch Einsprühen von kleinen Wassermengen in den Förderstrom gelöscht.

Pulverlöschanlagen

Bei der Pulverlöschanlage kommt anstelle von Wasser/ Schaum Pulver als Löschmittel zum Einsatz.

Die Anlage kann sowohl stationär als auch mobil auf einem Einsatzfahrzeug betrieben werden. Die Wirkungsweise einer Pulverlöschanlage funktioniert nach dem gleichen Prinzip wie ein Auflade-Feuerlöscher. Wahlweise kann die Anlage per manueller Auslöseeinrichtung (z. B. per Druckknopf) oder per automatischem Flammen- oder Rauchmelder ausgelöst werden. Nach der Auslösung öffnet die Löschsteuerungs-Zentrale die Druckventile der Treibmittel-Flaschen, wodurch der Löschpulver-Behälter unter Druck gesetzt wird. Nun wird das Löschpulver durch Rohrleitungen zu den Löschdüsen gepresst. Hier tritt das Löschpulver über dem gefährdeten Bereich aus, verteilt sich gleichmäßig, bildet eine Schicht oberhalb des Brandherds, verdrängt den Sauerstoff und erschwert die weitere chemische Reaktion. Die Flammen werden erstickt. Eine Pulverlöschanlage kann als Objekt- oder Raumschutz eingesetzt werden. Handelt es sich bei dem zu schützenden Bereich um einen geschlossenen Raum, in dem sich auch Menschen aufhalten, muss dieser vor der Löschung evakuiert werden, da Erstickungsgefahr droht. Pulverlöschanlagen werden z. B. in Chemie- und Walzwerken, Tanklagern, Flugzeughallen, Hydraulikanlagen, Abfüllstationen für Öl und Gas sowie an Prüfständen eingesetzt.

Aerosollöschanlagen

Die Löschgeneratoren lösen nach ihrer elektrischen Aktivierung eine chemische Reaktion aus, bei der Aerosol aus Stickstoff, Wasser und Kaliumverbindungen entsteht. Das

Aerosol bekämpft und löscht das Feuer durch Hemmung der chemischen Verbrennungsreaktion auf Molekularbasis. Dabei wird der Sauerstoffgehalt im betreffenden Schutzvolumen nicht beeinträchtigt.

Vakuumlöschanlagen

Durch eine Vakuumlöschanlage wird von einem zuvor definierten Raumvolumen ein Teil der Luft entfernt, sodass der Sauerstoffgehalt zur Aufrechterhaltung einer exothermen Oxidationsreaktion nicht mehr ausreicht. Mangels Sauerstoff wird keine Wärme mehr produziert, und der Brand erlischt. Schaltschränke müssen für den Anschluss an ein Vakuumlöschsystem konstruktiv ausgebildet sein, um zum einen ein Teilvakuum bilden und halten zu können und zum anderen der Belastung des Luftdruckunterschieds standzuhalten. Die vorhandenen Lüftungsöffnungen müssen mit Klappen versehen sein, die sich im Brandfall bzw. Vakuumfall schließen und durch den Luftdruckunterschied selbstabdichtend angepresst werden. Die Löschung hinterlässt keine Schäden und minimiert die Nutzungs- und Produktionsausfälle sowie Lagerverluste. Halten sich Personen im Objekt auf, müssen Vorwarnzeiten eingehalten werden. Das Löschsystem ist insbesondere für Server-, OP- und Reinräume geeignet.

Küchenlöschanlagen

In Großküchen, Kantinen oder im Gaststättengewerbe sind für die Zubereitung vieler Speisen heiße Fette und Öle vorhanden. In der Regel sind diese Bereiche durch einen Überhitzungsschutz gesichert. Wenn jedoch der Überhitzungsschutz ausfällt oder mit Fritteusen, Brat- und Grillplatten sowie mit Kippbratpfannen nicht sachgemäß umgegangen wird, kann schnell ein Brand entstehen.

Ab einer gewissen Temperatur entzündet sich das Fett von selbst und breitet sich rasant aus. In kurzer Zeit können meterhohe Flammen entstehen, und der Dunstabzug brennt. Löscht man den Brand mit Wasser, kommt es zu einer Fettexplosion. Es besteht Gefahr für Menschenleben. Bei Küchenlöschanlagen wird ein Flüssig-Löschmittel automatisch oder durch manuelle Auslösung über ein Rohrleitungssystem und Düsen über dem Brandherd verteilt und bildet eine gleichmäßige Schaum-Sperrschicht über dem Fett. Die Sperrschicht verhindert die Sauerstoffzufuhr zum Brandherd. Das Löschmittel kühlt das heiße Fett ab. Gleichzeitig wird die Energiezufuhr unterbrochen und verhindert eine erneute Selbstentzündung des Fetts. Die Löschmittel sind hygienisch unbedenklich und lassen sich durch Abwischen schnell und problemlos entfernen. Der Küchenbetrieb kann nach kurzer Zeit wieder aufgenommen werden.

Dampflöschanlagen

Dampflöschanlagen sind dadurch gekennzeichnet, dass durch die Verbrennung mithilfe von Wasserstoff und Sauerstoff im stöchiometrischen Verhältnis unter zusätzlichem Einsprühen von Wasser sehr schnell eine große Menge Heißdampf in einer stationären Anlage für den Raumschutz und überwiegend zur Bekämpfung von Flüssigkeitsbränden der Brandklasse B bereitgestellt wird.

Allerdings finden Dampflöschanlagen in Kraftwerken besondere Anwendungen. Da dort Satt- und Trockendampf fast unbegrenzt zur Verfügung steht, kann man mit einem zwischengelagerten Kondensat-Abscheider Kabelkanäle, Transformatoren, Generatoren usw. sehr wirtschaftlich löschen. Begünstigend kommt noch dazu, dass Dampf elektrisch nicht leitfähig ist.

Die **PyroBubbles-Löschanlage** ist eine in die Zukunft weisende Löschanlage, die insbesondere interessant für den Einsatz in Hochhäusern und bei der Löschung von Metallbränden ist. Bei den PyroBubbles handelt es sich um ein schaumartiges Granulat aus kleinen Körnern. Es besteht aus Siliziumdioxid oder auch aus anorganischen Rohstoffen. Die einzelnen Körner haben einen Durchmesser von 0,5 bis 5,0 mm. Sie sind 6-mal leichter als Wasser. Da die Schmelztemperatur der Körner mit über 1.000 °C sehr hoch ist, bei Bränden diese Temperaturen aber selten erreicht werden, können sie ständig wiederverwendet werden. Sie hinterlassen keine Kontaminierungs-, Wasser- oder Folgeschäden und verursachen durch ihr geringes Gewicht und die nicht erforderlichen Leitungen keine zusätzlichen statischen Lasten im Gebäude. Dementsprechend sind die Investitions- und Wartungskosten gering.

Einbau, Wartung und Prüfung

Die kontinuierliche Kontrolle von Sonderlöscheinrichtungen stellt nicht nur die Wirksamkeit und Betriebssicherheit der Anlagen sicher, sondern muss auch als überlebenswichtige

Investition (z. B. für Produktionsbetriebe) betrachtet werden. Vernachlässigte Wartungen können zu hohen Reparatur- und Instandsetzungskosten der Löschanlage führen (z. B. veraltete Löschmittel etc.) und letztlich zu einem Versagen im Gefahrenfall.

Grundlage zur Sicherstellung des Soll-Stands sind die Wartungsvorschriften der Hersteller der jeweiligen Löschanlage und die Richtlinien der Sachversicherer (VdS-Richtlinien, z. B. für Sprinkleranlagen: VdS CEA 4001:2018-02 [7]). In den VdS-Merkblättern (z. B. zur Erhaltung der Betriebsbereitschaft von Wasser-Löschanlagen, VdS 2091:2012-12 [8]/Feuerlöschanlagen mit gasförmigen Löschmitteln, VdS 2893:2006-09 [9]) sind die Kontrollfristen sowie alle Mindest-Instandhaltungs- und Wartungsmaßnahmen festgelegt, an deren Einhaltung/Umsetzung jeweils der Betreiber, die Technische Prüfstelle des VdS und eine vom VdS anerkannte Errichterfirma beteiligt sind.

Dem Betreiber oder einem von ihm Benannten (z. B. Sprinklerwart), obliegt die regelmäßige Kontrolle und Einhaltung aller erforderlichen Maßnahmen gemäß VdS-Merkblättern und die Dokumentation im Betriebsbuch (VdS 2212:2015-03 [10]). Die Technische VdS-Prüfstelle führt gemäß festgesetzter Fristen die Prüfung der Anlage (einschließlich Rohrnetze) durch. Gas- und Wasser-Löschanlagen sind mindestens einmal jährlich auf Funktionsfähigkeit zu prüfen. Alle zwei Jahre muss die Kontrolle der Dichtigkeit der Umfassungsfläche des Löschbereichs erfolgen. Hinzu kommen erweiterte Kontrollen der gesamten Anlage einschließlich Rohrnetz nach 12,5 Jahren (Trockenanlagen) bzw. 25 Jahren (Nassanlagen). Alle anfallenden Wartungs,- Reparatur oder

Änderungsmaßnahmen werden dann von einer VdS-anerkannten Errichterfirma durchgeführt. Sind mehrere Errichterfirmen beteiligt, muss eine Firma mit der Gesamtverantwortung für die Anlage benannt werden.

Bei einer nachträglichen Nutzungsänderung ist zu beachten, dass neue Produkte und Fertigungsverfahren auch neue Brandrisiken und Brandlasten zur Folge haben. Deshalb erfolgt im Zuge der VdS-Sachverständigenprüfung auch die Prüfung des Schutzkonzepts auf Aktualität, ggf. ist eine Anpassung der Löschanlage erforderlich.

Bei einem Zusammenwirken von Wasserlöschanlagen und Rauch-Wärmeabzugsanlagen ist insbesondere das VdS-Merkblatt 2815 [11] zu beachten.

Sonderlöschanlagen dienen der Sicherheit für Mensch und Umwelt und dem Sachschutz. Deshalb sollte über den Einsatz von Löschanlagen auch in nicht vorgeschriebenen Bereichen nachgedacht werden. Allerdings bieten die Systeme keinen Rundumschutz. Der Einsatz von Feuerlöschsystemen ist auch im Hinblick auf die hohen Wartungskosten zu bedenken. Durch die Kombination aus dem stationären, mobilen und baulichen Brandschutz erhöht sich die Sicherheit auf ein Maximum. Dieses hohe Schutzniveau erkennen auch die Versicherungen an und gewähren Prämienrabatte auf die Beiträge der Feuerversicherung und der Feuer-Betriebsunterbrechungs-Versicherung.

Quellen:

[1] Musterbauordnung – MBO – Fassung November 2002, zuletzt geändert durch Beschlusses der Bauministerkonferenz vom September 2012

[2] Muster-Richtlinie über den Bau und Betrieb von Hochhäusern (Muster-Hochhaus-Richtlinie – MHHR), Fassung April 2008, zuletzt geändert durch Beschluss der Fachkommission Bauaufsicht vom Februar 2012

[3] Musterverordnung über den Bau und Betrieb von Verkaufsstätten (Muster-Verkaufsstättenverordnung – MVKVO), Fassung September 1995, zuletzt geändert durch den Beschluss der Fachkommission Bauaufsicht vom Juli 2014

[4] Musterverordnung über den Bau und Betrieb von Versammlungsstätten (Muster-Versammlungsstättenverordnung – MVStättVO), Fassung Juni 2005, zuletzt geändert durch Beschluss der Fachkommission Bauaufsicht vom Juli 2014

[5] Muster-Richtlinie über den baulichen Brandschutz im Industriebau (Muster-Industriebaurichtlinie – MIndBauRL) Stand Februar 2014

[6] DIN EN 13565-2:2009-09 + DIN EN 13565-2:2016-08 Entwurf: Ortsfeste Brandbekämpfungsanlagen – Schaumlöschanlagen – Teil 2: Planung, Einbau und Wartung

[7] VdS CEA 4001:2018-02: VdS CEA-Richtlinien für Sprinkleranlagen – Planung und Einbau

[8] VdS 2091:2012-12: Erhaltung der Betriebsbereitschaft von Wasserlöschanlagen - Sprinkleranlagen — Merkblatt zur Schadenverhütung

[9] VdS 2893:2006-09: Merkblatt zur Schadenverhütung – Erhaltung der Betriebsbereitschaft von Feuerlöschanlagen mit gasförmigen Löschmitteln

[10] VdS 2212:2015-03: Betriebsbuch für Wasserlöschanlagen

[11] VdS-Merkblatt 2815: 2001-03(01) Zusammenwirken von Wasserlöschanlagen und Rauch- und Wärmeabzugsanlagen

Gaslöschanlagen
(Normenreihe DIN EN 12094)

Gaslöschanlagen dienen i. d. R. dem Sachschutz bei Objekten mit hohem Gefährdungspotenzial oder sensiblen Nutzungen, wie Laboren, Serverräumen oder Rechenzentren, bei wertvollen Lagergütern, z. B. Elektronikgeräten oder Archivbeständen, oder bei automatisierten Lagern für z. B. Papierrollen oder Kleinteile.

Nichtbrennbare Gase, wie Kohlendioxid (CO_2), bekämpfen Brände in diesen Gebäuden oder Gebäudeteilen ohne schädliche Nebenwirkungen und ohne Löschmittelrückstände. Das Löschgas erreicht Bereiche, die durch konventionelle Sprinkleranlagen nicht abgedeckt werden können. Es wird bei Nutzungen eingesetzt, für die Wasser als Löschmittel nicht geeignet ist oder versagen kann. Die Löschwirkung dieser Gase beruht auf einer schnellen Verdrängung des Sauerstoffs vom Brandherd und einem hohen Wärmebindungsvermögen. Wegen ihrer besonderen Löschmitteleigenschaften lassen sich mit Gaslöschanlagen auch großflächige Räume schützen.

Gaslöschanlagen:
- CO_2-HD/CO_2-ND
- Inergen, Argon, Argonite, Stickstoff, Novec, FM 200, Trigon

Gaslöschanlagen

Teil 1 Anlagentechnischer Brandschutz

In Gaslöschanlagen dienen verschiedene, meist farb-, geschmack- und geruchlose nichtbrennbare Gase (Inertgase) als Löschmittel. Diese Gase haben gegenüber z. B. Wasser den Vorteil, dass sie rückstandsfrei und meist ohne Folgeschäden löschen. Da sie elektrisch nicht leiten, eignen sie sich besonders für den Schutz empfindlicher elektronischer Objekte.

Einsatzbereiche sind beispielsweise

- Laboratorien,
- elektrische Anlagen,
- Lager,
- EDV-Räume und
- viele andere Arten des Raum- und Objektschutzes i. V. m. mobilen und stationären Anlagen.

Gaslöschanlagen

Teil 1 Anlagentechnischer Brandschutz

Bild 51: Gaslöschanlagen eignen sich z. B. zum Löschen empfindlicher IT-Technologie in Datencentern (Quelle: Tyco)

Gaslöschanlagen können als Nieder- und Hochdruckanlage für einen gesamten Raum oder nur als Einrichtungsschutz konzipiert werden. Bestandteile der Anlage sind Elemente zur Branderkennung, zur Handauslösung, zur Löschinstallation (Bevorratung, Leitungsnetz, Löschdüsen) sowie für Steuer,- Sicherheits- und Alarmeinrichtungen. Je nach Anwendungsfall wird durch die Durchmischung der Raumluft mit dem Löschmittel eine Löschmittelkonzentration von 30 bis 60 Vol.-% Löschmittel innerhalb von ca. 60 sek erreicht und für mindestens 10 min aufrechterhalten. Mit diesem Luft-Gas-Gemisch wird der zu schützende Raum durchströmt.

Die Normen der Normenreihe DIN EN 12094 [1] enthalten Anforderungen und Prüfverfahren für die Bauteile ortsfester Löschanlagen, die als Löschmittel CO_2, Inertgas oder halogenierte Kohlenwasserstoffe verwenden. Die Teile 3, 9, 11 und 12 wurden unter dem Mandat zur ehemaligen Europäischen Bauprodukte-Richtlinie 89/106/EWG[1] erarbeitet.

In der Norm DIN EN 12094-2:2003-09 [2] sind die Anforderungen und Prüfverfahren für nicht elektrische automatische Steuereinrichtungen mit Verzögerungseinrichtungen für CO_2- oder Inertgas-Feuerlöschanlagen sowie Anlagen mit halogenierten Kohlenwasserstoffen definiert. Sie gilt für Einrichtungen, die u. a. durch

- automatische Brandmeldeanlagen,
- elektrische Steuereinrichtungen,
- nicht elektrische Branderkennungselemente,
- Handansteuereinrichtungen oder
- eine Kombination dieser Einrichtungen

gesteuert werden.

Die Norm DIN EN 12094-10:2003-09 [3] legt Anforderungen und Prüfverfahren für Druckmessgeräte und Druckschalter fest. Diese Elemente werden für die Überwachung von Pilot-, Steuer-, Alarm- und Löschmittelbehältern von Lösch-

---

[1] Ersetzt durch EU-Verordnung 305/2011/EU als einseitigem verbindlich Rechtsakt im Sinne von Artikel 88 AEUV

anlagen eingesetzt, die mit nicht verflüssigten Inertgasen oder druckbeaufschlagten halogenierten Kohlenwasserstoffen gefüllt sind.

Die Norm DIN EN 15004-1:2008-09 [4] enthält Empfehlungen für die Auslegung, Errichtung, Prüfung und Instandhaltung von Löschanlagen mit gasförmigen Löschmitteln in Gebäuden, Produktionsanlagen und ähnlichen Bauwerken. In der Norm finden sich auch Kenndaten der unterschiedlichen Löschmittel und Angaben zu deren Eignung für bestimmte Brände sowie Anforderungen an die Sicherheit und an Raumschutzanlagen. Sie gilt nicht für die Explosionsunterdrückung und enthält keine abschließende Auflistung zugelassener Löschmittel.

 Hinweis

Im September 2016 ist der Entwurf der DIN EN 15004-1:2016-09 – Entwurf: Ortsfeste Brandbekämpfungsanlagen – Löschanlagen mit gasförmigen Löschmitteln – Teil 1: Planung, Installation und Instandhaltung (ISO 14520-1:2015, modifiziert) erschienen. Dieser Teil der EN 15004 legt Anforderungen fest und gibt Empfehlungen für die Auslegung, Installation, Prüfung, Instandhaltung und Sicherheit von Brandbekämpfungsanlagen mit gasförmigen Löschmitteln in Gebäuden, Produktionsanlagen oder anderen Bauwerken sowie die Kenndaten der unterschiedlichen Löschmittel und deren Eignung für bestimmte Brände.

Im Merkblatt VdS 2893:2006-09 [5] zur Schadenverhütung sind Empfehlungen zur Einweisung und Ausbildung des Personals, zu regelmäßigen Überprüfungen, zum Betriebsbuch, zu Änderungen an den Anlagen, zur Außerbetriebsetzung und Wartung enthalten. Dort finden sich auch Anforderungen an anerkannte Errichterfirmen und die Abläufe und Abstände wiederkehrender Prüfungen.

Wirkungsweise Feuerlöschmittel Kohlendioxid

Kohlendioxid (CO_2) kommt in der Atmosphäre in einer Konzentration von 0,03 % (Volumenprozent) vor. Es ist nicht nur das älteste, sondern auch ein bewährtes gasförmiges Feuerlöschmittel. Seit über 90 Jahren wird es zum Brandschutz eingesetzt und ist kostengünstig und weltweit erhältlich. CO_2 ist 1,5-mal schwerer als Luft und breitet sich in Räumen am Boden aus. Bei seiner Herstellung ist es besonders umweltfreundlich (da Abfallprodukt).

Aufgrund seiner physikalischen Eigenschaften eignet sich CO_2 für die Raumschutzanwendung und für den offenen Objektschutz. CO_2 löscht durch seine erstickende Wirkung. Die Sauerstoffkonzentration, die in der Atmosphäre normalerweise 21 Vol-% beträgt, wird je nach zu löschendem Material auf 13,8 Vol.-% oder weniger verringert. Unterstützt wird der Löschprozess bei bestimmten Anwendungen (z. B. beim Kühlen heißer Öle unter ihren Flammpunkt) durch einen Kühleffekt, der aus der Expansion des freigesetzten flüssigen CO_2 resultiert, das zunächst in den Trockeneiszustand und dann in den gasförmigen Zustand übergeht. Diese Kühlwirkung des sog. Kohlensäurenschnees ist aber gering und spielt für den Löscheffekt eine untergeordnete Rolle. CO_2 ist für die Bekämpfung von Bränden der Klassen B und C zugelassen, also bei Bränden von Flüssigkeiten und Gasen.

Bild 52: Das in Stahlbehältern gelagerte Löschmedium verdampft beim Austritt aus den Düsen und verursacht keine Schäden an elektronischen Geräten, Büchern, Dokumenten oder Kunstgegenständen.
(Quelle: Tyco)

Sicherheitsmaßnahmen

CO_2 hat bei normalen Löschkonzentrationen potenziell gefährliche physiologische Auswirkungen, die durch Luftsauerstoffverdrängung zum Koma oder zum Tod führen können. Die für eine ausreichende Löschwirkung erforderliche abgesenkte Sauerstoff-Konzentration (Sauerstoffgrenzkonzentration) lässt einen dauernden Aufenthalt von Personen in dieser Atmosphäre zuminidest nicht ohne von der Umluft unabhängigen Atemschutz zu. Während der Flutung fällt die Lufttemperatur ab, und eine dichte Wolke schränkt die Sichtverhältnisse stark ein. Je nach eingeatmeter Konzentration wirkt dieses Gas erregend, betäubend oder erstickend. Personen, die sich beim Ausbrechen eines Brands in einem Raum aufhalten, müssen den Raum verlassen, bevor das CO_2 freigesetzt wird.

Es sind zuverlässige Verzögerungs- und Alarmierungstechniken (mit redundanten Funktionen) erforderlich, um sicherzustellen, dass alle Personen den betreffenden Bereich verlassen können, bevor die CO_2-Flutung eingeleitet wird. Je nach Größe des geschützten Bereichs liegen die Verzögerungszeiten üblicherweise zwischen 20 und 45 sek.

Insbesondere bei einem Einsatz von CO_2-Löschanlagen in geschlossenen Räumen müssen wegen des rasch eintretenden akuten Sauerstoffmangels alle Personen durch akustische (und optische) Alarme bereits vor Beginn der CO_2-Flutung gewarnt und evakuiert werden (mind. 30 sek. Vorwarnzeit). Durch Handauslösung (CO_2-Stopptaster) kann die Löschmittelfreisetzung durch die betroffenen Personen unterdrückt werden. Darüber hinaus müssen die Alarmsignale zur Warnung der Nutzer und Einsatzkräfte für mindestens 30 min gewährleistet sein. Das Löschgas kann (optional) durch den Zusatz geruchsintensiver Substanzen (Odoriermittel mit extremen Zitronengeruch) wahrnehmbar gemacht werden. Der Erstickungsgefahr kann durch Verwendung von umluftunabhängigem Atemschutz vorgebeugt werden. Nach Verwendung des Löschmittels ist ausreichend zu lüften, bevor Menschen den Raum wieder betreten dürfen. Es ist dringend angeraten vor dem Betreten durch eine festinstallierte Gaswarnanlage und/oder über ein mobiles Gaswarngerät einen Sauerstaoffgehalt von mindesten 17 Vol.-% im betrtroffenen Bereich nachzuweisen!

Für diese Schutzmaßnahmen existieren nationale und internationale Vorschriften für Anlagentechnik und für die Benutzer, z. B. VdS 3518 (VdS-Richtlinien für Feuerlöschanlagen) [6]. Hinweise für Schutzmaßnahmen bei ortsfesten Gaslöschanlagen, die sauerstoffverdrängende Gase, wie CO_2, Stickstoff (N_2), Edelgase und Gemische daraus verwenden, finden sich in der DGUV Regel 105-001 „Einsatz von Feuerlöschanlagen mit sauerstoffverdrängenden Gasen" [7]. Beim Einsatz von Löschgasen oder Gasgemischen sind z. B. die jeweiligen kritischen Konzentrationen, von denen an eine Gefährdung von Personen besteht, durch den Betreiber zu ermitteln, festzulegen und zu dokumentieren.

Vorteile von CO_2

Da CO_2 während der Flutung in den gasförmigen Zustand übergeht, sich mit der Luft vermischt und nach dem Löschvorgang rückstandsfrei verschwindet, treten keinerlei Schäden an dem zu schützenden Material in einem Raum oder an dem Objekt auf, die durch das Löschmittel selbst verursacht werden. CO_2 eignet sich für ein breites Spektrum an Materialien und zum Löschen von Bränden der Klassen A, B und

C. Bei offenen, örtlich begrenzten Risiken (Gefahrenbereiche ohne Umhausung) eignet sich CO_2 besonders gut für Brände der Klassen B und C. Da CO_2 in flüssiger Form gelagert wird, benötigen die Vorratsbehälter nur wenig Platz. Für den Schutz großer Bereiche sind besondere CO_2-Niederdruck-Behälter verfügbar, die auch größere Löschmittelmengen aufnehmen können.

CO_2 und CO_2-Systeme sind, ebenso wie andere Gase auch, ein fester Bestandteil des Brandschutzes. Aufgrund der einzigartigen physikalischen Eigenschaften von CO_2 füllen sie eine Nische für spezielle Anwendungsbereiche. Da der Atmosphäre praktisch keinerlei CO_2 zugeführt wird, hat der Einsatz von CO_2 im Brandschutz keine Auswirkungen auf die Umwelt. CO_2 weist aufgrund des relativ wesentlich größeren Moleküls gegenüber anderen inerten Gasen eine höhere Sauerstoffgrenzkonzentration auf, Das hat zur Folge, dass ein höherer Restsauerstoffgehalt als bei Argon (Ar) oder Stickstoff (N_2) erhalten bleiben kann. Somit tritt auch ein schnellerer Löscheffekt ein.

Weitere Löschgase der achten Hauptgruppe

Argon: Als Edelgas der achten Hauptgruppe bringt Argon alle notwendigen Eigenschaften mit, um den Luftsauerstoff aus dem Brandbereich abzusenken und die Flammen zuverlässig zu ersticken. Zudem besteht bei Argon nicht die Gefahr, sich aufzuspalten, im Gegensatz zu CO_2 auch bei höheren Temperaturen nicht. Daher kann Argon auch bei extremen Verbrennungsprozessen, wie z. B. Metallbränden, eingesetzt werden.

Stickstoff: Als Hauptbestandteil der Luft ist Stickstoff nicht giftig oder umweltschädlich. Durch die Freigabe des in Druckflaschen gelagerten Löschgases im Schutzbereich wird der Luftsauerstoff abgesenkt und das Feuer erstickt. Häufig wird Stickstoff zudem zur Inertisierung von Prozessabschnitten eingesetzt. Hierbei wird die sauerstoffhaltige Luft innerhalb der Anlage durch Stickstoff angereichert und die Entstehung eines Brands von vornherein ausgeschlossen.

INERGEN®: Vorstehende Löschgase verdrängen die vorhandene Luft und senken den Sauerstoffgehalt der Atmosphäre im Brandbereich herab. Falls aufgrund der Brandlast hohe Inertgaskonzentrationen erforderlich sind, bedeutet dies eine Bedrohung der Personen, die sich im Schutzbereich aufhalten. Durch ein spezielles Mischverhältnis von N_2, Argon und CO_2 ermöglicht es INERGEN selbst bewusstlosen Personen, im Schutzbereich nicht zu ersticken.

Chemisch wirkende Löschgase

NOVEC1230® und **FM200**®: Die Löschwirkung der Löschgase NOVEC1230® und FM200® beruht auf dem Eingriff in den Verbrennungsprozess und erfordert bei gleichem Schutz eine wesentlich geringere Löschmittelkonzentration als eine Inertgas-Feuerlöschanlage, die die Flammen erstickt. Gerade bei größeren Schutzobjekten reduziert sich somit die erforderliche Fläche für die Löschmittelbehälter erheblich. Aufgrund der hervorragenden Löschwirkung und guten Umweltverträglichkeit erfreuen sich NOVEC1230® und FM200® sehr großer Beliebtheit. Insbesondere wirken diese Ketone nicht Luftsauerstoffverdrängend, was die Voralarmierungszeit auf 10 sek. hinreichend macht. Jedoch ist festzustellen, dass eine extreme Preisdifferenz gegenüber den sonstigen Löschgasen vorliegt. Ein Aspekt, der gerade auch im Falle einer Fehlauslösung bedacht werden muss.

Auslegung Montage Wartung

Auslegung, Montage, Inbetriebnahme und Wartung von CO_2-Anlagen müssen stets durch Experten erfolgen, die alle nationalen und internationalen Vorschriften zu befolgen haben. Systeme und Systemkomponenten müssen von einem anerkannten europäischen Prüflabor zugelassen sein und die Normen erfüllen.

Nach Vorgaben des VdS erfolgt in Deutschland die Prüfung von CO_2-Löschanlagen in drei Schritten:

- eine Prüfung der Komponenten mit anschließender Bauteilanerkennung
- eine Prüfung des Zusammenspiels der Komponenten mit dem Ziel der Systemanerkennung
- eine ordnungsgemäße Dimensionierung, Planung und Montage der geprüften Komponenten und Systeme nur durch anerkannte Errichter

Gaslöschanlagen

Teil 1 Anlagentechnischer Brandschutz

Unter diesen Bedingungen sind Gaslöschanlagen sichere und umweltfreundliche Brandschutzeinrichtungen. Zuverlässigkeit und Effektivität sind gleichzusetzen mit Sprinkleranlagen.

Quellen:

[1] Normenreihe DIN EN 12094: Ortsfeste Brandbekämpfungsanlagen – Teile 3, 9, 11 und 12

- *DIN EN 12094-3:2003-07: Ortsfeste Brandbekämpfungsanlagen – Bauteile für Löschanlagen mit gasförmigen Löschmitteln – Teil 3: Anforderungen und Prüfverfahren für Handauslöseeinrichtungen und Stopptaster*
- *DIN EN 12094-9:2003-07: Ortsfeste Brandbekämpfungsanlagen – Bauteile für Löschanlagen mit gasförmigen Löschmitteln – Teil 9: Anforderungen und Prüfverfahren für spezielle Branderkennungselemente*
- *DIN EN 12094-11:2003-07 + DIN EN 12094-11:2016-6 Entwurf: Ortsfeste Brandbekämpfungsanlagen – Bauteile für Löschanlagen mit gasförmigen Löschmitteln – Teil 11: Anforderungen und Prüfverfahren für mechanische Wägeeinrichtungen*
- *DIN EN 12094-12:2003-07: Ortsfeste Brandbekämpfungsanlagen – Bauteile für Löschanlagen mit gasförmigen Löschmitteln – Teil 12: Anforderungen und Prüfverfahren für pneumatische Alarmgeräte*

[2] DIN EN 12094-2:2003-09: Ortsfeste Brandbekämpfungsanlagen – Bauteile für Löschanlagen mit gasförmigen Löschmitteln – Teil 2: Anforderungen und Prüfverfahren für nicht elektrische automatische Steuer- und Verzögerungseinrichtungen

[3] DIN EN 12094-10:2003-09: Ortsfeste Brandbekämpfungsanlagen – Bauteile für Löschanlagen mit gasförmigen Löschmitteln – Teil 10: Anforderungen und Prüfverfahren für Druckmessgeräte und Druckschalter

[4] DIN EN 15004-1:2008-09 + DIN EN 15004-1:2016-09 Entwurf: Ortsfeste Brandmittelbekämpfungsanlagen – Löschanlagen mit gasförmigen Löschmitteln – Teil 1: Planung, Installation und Instandhaltung

[5] VdS 2893:2006-09: Merkblatt zur Schadenverhütung – Erhaltung der Betriebsbereitschaft von Feuerlöschanlagen mit gasförmigen Löschmitteln

[6] VdS 3518:2017-07: VdS-Richtlinien für Feuerlöschanlagen – Sicherheit und Gesundheitsschutz beim Einsatz von Feuerlöschanlagen mit Löschgasen

[7] DGUV Regel 105-001 Januar 2004 (bisher: BGR 134) „Einsatz von Feuerlöschanlagen mit sauerstoffverdrängenden Gasen"

Teil 2
Baulicher
Brandschutz

Abschottungen

Einleitung

Die bauaufsichtlichen, brandschutztechnischen Anforderungen an Abschottungen von Leitungen (Kabel, Rohre, Elektroinstallationskanäle, Leerrohre, Stromschienen etc.) werden vom Gesetzgeber festgelegt und ergeben sich aus den Regelungen in den Landesbauordnungen zu Wänden, Decken und ggf. Dächern.

Bestehen brandschutztechnische Anforderungen an derartige Bauteile, müssen Öffnungen, durch welche Leitungen geführt werden, so verschlossen werden, dass an der Stelle der Öffnungen der für das Bauteil geforderte Feuerwiderstand bzw. das geforderte Brandverhalten wieder erreicht wird. Dies erfordert i. d. R. spezielle, auf die Art des Bauteils und die Art der durchgeführten Leitungen abgestimmte Abschottungen.

Weitergehende Anforderungen oder auch Erleichterungen können in Sonderrichtlinien, z. B. Leitungsanlagenrichtlinie (LAR), festgelegt sein. Die gesetzlichen Anforderungen sind meist abstrakt formuliert (z. B. „hochfeuerhemmend"). Eine Konkretisierung der abstrakten Begriffe ist, unter Einbeziehung der Europäischen Klassen, in den Anlagen 0.1.2 (Feuerwiderstand) und 0.2.2 (Brandverhalten) zur Bauregelliste A Teil 1 gegeben.

Eignungsnachweise

Produkte zur Erstellung von Abschottungen dürfen nur dann verwendet werden, wenn die entsprechenden Eignungsnachweise vorhanden sind. In Deutschland sind sowohl nationale (mit wenigen Ausnahmen eine allgemeine bauaufsichtliche Zulassung – ABZ) als auch europäische Eignungsnachweise (ETA-Details siehe unten) sowie ein allgemein bauaufsichtliches Prüfzeugnis (ABP) oder eine allgemein bauaufsichtliche Zulassung (ABZ) möglich.

Festgelegt werden die notwendigen Eignungsnachweise in der Bauregelliste. Dies war in der Vergangenheit so geregelt.

 Hinweis

Grundsätzlich gibt es seit Juli 2017 keine Bauregelliste mehr (abhängig von den jeweiligen Bundesländern), denn diese wurde umstrukturiert und in die Muster-Verwaltungsvorschrift Technische Baubestimmungen (MVV TB) integriert. Änderungen gab es u. a. im Zulassungsverfahren. Voraussetzung dafür ist die Einführung der Muster-VV TB in eine bundeslandspezifische VV TB (in Baden-Württemberg ist dies beispielsweise bereits erfolgt).

Zusätzlich ist noch die Forderung nach der gesundheitlichen Unbedenklichkeit (ABZ) (Anlage 02) und des ABP bzw. ABZ (Anlage 0.1) geregelt.

Produkte für Abschottungen wurden als Folge der ab 2008 gegebenen Möglichkeit, eine Europäische Technische Zulassung für derartige Produkte zu erlangen, in die Bauregelliste B Teil 1 aufgenommen. Mit der Ablösung der Bauproduktenrichtlinie (BPR) durch die Bauproduktenverordnung (BPV) zum 01.07.2013 wurde die Europäische Technische Zulassung (ETA von englisch European Technical Approval) durch die Europäische Technische Bewertung (abgekürzt ebenfalls ETA von englisch European Technical Assessment) ersetzt. Dabei wurde ab dem 10.07.2014 der Geltungsbereich der nach dem 01.07.2013 ausgestellten europäischen Nachweise auf die Vermarktung eingeschränkt. Als Nachweis für die Verwendbarkeit wird in der Liste der Technischen Baubestimmungen Teil II eine sog. Anwendungszulassung verlangt.

Für Firmen, die Abschottungen in EU-Mitgliedstaaten außerhalb Deutschlands erstellen, ist wichtig zu wissen, dass andere Regeln gelten können. In Österreich ist z. B. über die Liste ÖE eine ETA zwingend vorgeschrieben.

Die allgemeine bauaufsichtliche Zulassung

Die sog. Bauteilzulassung, d. h. der Eignungsnachweis für den Feuerwiderstand, enthält alle für den Anwender wesentlichen Informationen hinsichtlich des zugelassenen Anwendungsbereichs. Feuerwiderstand ist keine Eigenschaft, die einem Material oder einem Produkt zugeschrieben werden kann, sondern eine Systemeigenschaft, d. h. der Feuerwiderstand kann für eine Abschottung nur im Zusammenhang mit dem umgebenden Bauteil und den durchgeführten Leitungen bestimmt werden.

In der Zulassung wird daher genau definiert, für welche Bauteile und welche Leitungen das Produkt unter welchen Randbedingungen geeignet ist.

Zu beachten sind insbesondere:

- die Art des Bauteils (z. B. Massivdecke, Leichtbauwand)
- die Eigenschaften des Bauteils (z. B. Dicke, Aufbau)
- die Art der Leitung (z. B. Metallrohre mit einem Schmelzpunkt > 1.000 °C, Kunststoffrohre der Werkstoffe XY, Kabel)
- die Dimensionen der Leitungen (Durchmesser, Wandstärke)
- die Eigenschaften einer Isolierung von Leitungen (z. B. Brennbarkeit, Dicke)
- die Art der Durchführung (einzelne Leitung, Mehrfachdurchführung, Kombischott mit verschiedenen Leitungsarten)
- die Dimensionen der Abschottung (z. B. Größe, Dicke, Lage relativ zur Oberfläche des Bauteils)
- konstruktive Besonderheiten (z. B. Bekleidung der Öffnungslaibung bei Leichtwandkonstruktionen, Befestigungen bei Rohrmanschetten)

Wenn das Brandschutzprodukt sog. intumeszierende, d. h. im Brandfall aufschäumende Baustoffe als wirksamen Bestandteil enthält, ist zusätzlich zur Bauteilzulassung eine sog. Baustoffzulassung notwendig. Für den Anwender ist sie im Hinblick auf die darin enthaltenen Angaben zum Brandverhalten (Baustoffklassen) und zur Dauerhaftigkeit des Produkts unter unterschiedlichen Umgebungsbedingungen wichtig. Derartige Produkte unterliegen der Pflicht zur regelmäßigen Fremdüberwachung der Produktion durch eine unabhängige Überwachungsstelle.

Zusätzlich zu den in der Zulassung festgelegten Konditionen ist immer die Einbauanweisung des Herstellers zu beachten. Ferner sollte man sich immer vergewissern, dass die Zulassung nach wie vor gültig ist, da deren Gültigkeitsdauer normalerweise auf fünf Jahre beschränkt ist.

Die Europäische Technische Zulassung (ETApproval)

Die Europäische Technische Zulassung wurde mit der Bauproduktenverordnung zwar durch die Europäische Technische Bewertung ersetzt, bereits erteilte Zulassungen bleiben aber bis zu ihrem Auslaufen weiterhin gültig und können formell als Europäische Technische Bewertung verwendet werden. Da der Großteil der Hersteller die Möglichkeit zur Verlängerung der Gültigkeitsdauer um fünf Jahre im Zuge der Umstellung auf die BPV genützt hat, kann man davon ausgehen, dass eine große Anzahl von Produkten bis 2018 mit Europäischer Technischer Zulassung am Markt sein wird.

Das Europäische Zulassungssystem baute im Prinzip auf dem deutschen auf, ging aber teilweise einen Schritt weiter:

- Die Zulassung umfasst nicht nur den Feuerwiderstand, sondern alle „wesentlichen Anforderungen" an Bauwerke entsprechend der Bauproduktenrichtlinie.
- Die Elemente der deutschen Baustoffzulassung, z. B. Brandverhalten und Dauerhaftigkeit, sind nicht nur für intumeszierende Baustoffe, sondern für alle Baustoffe bzw. Produktkomponenten verbindlich.
- Fremdüberwachung ist verpflichtend für alle Produkte, nicht nur intumeszierende, aus denen Abschottungen mit Feuerwiderstand erstellt werden – allerdings mit dem Unterschied, dass im Rahmen der laufenden Überwachung keine Probenahme vorgesehen ist.

Eine ETA konnte von jeder European Organization of Technical Approval-Stelle (EOTA) ausgestellt werden. Produkte für Abschottungen wurden auf Basis der Leitlinie (European Technical Approval Guideline ETAG) 026 Teil 2 beurteilt. Seit dem 01.07.2013 ist die Ausstellung einer Europäischen Technischen Zulassung nicht mehr möglich, auch keine Verlängerung der Gültigkeitsdauer einer bestehenden Europäischen Technischen Zulassung.

Die Europäische Technische Bewertung (ETAssessment)

Europäische Technische Bewertungen haben im Prinzip den gleichen Inhalt wie die bisherigen Europäischen Technischen Zulassungen. Im Unterschied zu diesen sind sie jedoch zeitlich nicht begrenzt. Die andere Bezeichnung hebt hervor, dass sie als Instrument der Umsetzung der Bauproduktenverordnung den Weg zur Vermarktung des Produkts in ganz Europa freimacht, aber keine behördliche Zulassung darstellt, da national zusätzliche anwendungsbezogene Regeln möglich sind.

Europäische Technische Bewertungen werden auf Basis eines European Assessment Document (EAD) erstellt. Bei Produkten, für die es eine European Technical Approval Guideline (ETAG) gibt, wird diese vorderhand als EAD verwendet.

Bei den Produkten für Abschottungen konnte laut Beschluss der Europäischen Kommission die ETAG 026-2 bis zum 31.01.2016 als EAD verwendet werden. Bis dahin musste von EOTA eine EAD erarbeitet werden.

Eine Europäische Technische Bewertung kann ebenfalls von jeder europäischen EOTA-Stelle ausgestellt werden.

Nationale Zusatzforderungen

Im Unterschied zu den anderen Mitgliedstaaten fordert Deutschland sowohl bei ETApprovals als auch bei ETAssessments eine zusätzliche Bewertung der Rezeptur des Produkts im Hinblick auf einen Nachweis der gesundheitlichen Unbedenklichkeit, falls das Produkt in Aufenthaltsräumen oder zugehörigen Nebenräumen verwendet werden soll. Daher ist in Deutschland zusätzlich zur ETA eine nationale Zulassung notwendig, die sich auf diesen Aspekt bezieht.

Die früher im Teil II der Liste der Technischen Baubestimmungen enthaltenen zusätzlichen Anwendungsregelungen, welche im Unterschied zur nationalen allgemeinen bauaufsichtlichen Zulassung in einer ETA nicht enthalten, bei der Ausführung einer Abschottung aber zu beachten sind, wurden zum 10.07.2014 gestrichen und werden in einer als Voraussetzung für die Verwendung des Produkts neu eingeführten Anwendungszulassung individuell geregelt. Dies gilt allerdings nur im Zusammenhang mit allen seit dem 01.07.2013 veröffentlichten ETAssessments. Für ETApprovals bleibt die bisherige Situation bestehen. Es handelt sich dabei um die Verpflichtung, jede Abschottung mit einem Schild dauerhaft zu kennzeichnen, das mindestens folgende Angaben enthalten muss:

- *Kabel-, Rohr- bzw. Kombiabschottung „..." der Feuerwiderstandsklasse EI... nach ETA Nr.: ...*
- *Name des Herstellers der Abschottung*
- *Herstellungsjahr*
- *Angabe zur ausführenden Person*

Außerdem ist für jedes Bauvorhaben bei Erstellung oder Änderung von Abschottungen vom Verarbeiter eine Übereinstimmungsbestätigung auszustellen und dem Bauherrn auszuhändigen, in der er bestätigt, dass die Abschottung den Anforderungen der ETA entspricht. Zusätzlich hat der Verarbeiter den Bauherrn schriftlich darauf hinzuweisen, dass die Brandschutzwirkung der Abschottung auf Dauer nur sichergestellt ist, wenn diese stets in ordnungsgemäßem Zustand erhalten bleibt und nach Belegungsänderung der bestimmungsgemäße Zustand wiederhergestellt wird.

Auch die bisher generell gültige Regel, dass Kombiabschottungen nur von Unternehmen ausgeführt werden dürfen, welche durch den Zulassungsinhaber geschult wurden und einen Nachweis darüber vorlegen können, wird seit dem 10.07.2014 in der Anwendungszulassung je nach Komplexität des Produkts bzw. der damit erstellbaren Abschottungen individuell geregelt.

Das Kernstück der neuen Anwendungszulassung wird aber die detaillierte Beschreibung der Abschottungen sein, die mit dem zugelassenen Produkt erstellt werden kann, d. h. Auflistung der möglichen Leitungsarten (Werkstoff, Dimensionen), die erlaubten Kombinationen in einer Öffnung, die zugehörigen Mindestabstände, Schottdimensionen, Konstruktionsdetails etc. sowie die damit erzielbare Klasse des Feuerwiderstands in unterschiedlichen Bauteilen (Wand/Decke, massiv/Leichtbau etc.). Sind diese Angaben in ausreichender Detailgenauigkeit bereits im ETAssessment vorhanden, wird in der Anwendungszulassung nur auf diese verwiesen.

CE-Kennzeichnung

Eine Europäische Technische Zulassung bzw. Bewertung bildet die Basis für die CE- Kennzeichnung des zugelassenen/bewerteten Produkts. Diese Kennzeichnung drückt aus, dass das Produkt die in der Zulassung beschriebenen Leistungsmerkmale entsprechend dem Bauproduktengesetz hat und alle anderen relevanten Richtlinien der EG erfüllt (z. B. Chemikalienverbotsverordnung).

Die Leistungsmerkmale sowie das Anwendungsgebiet (s. o.) sind im Unterschied zu genormten Produkten nicht in der CE-Kennzeichnung enthalten.

	Produkt mit ETApproval	Produkt mit ETAssessment
CE-Zeichen	ETA-07/1234	ETA-07/1234
Nummer der Zertifizierungsstelle	'AG 026 – Teil 1234	'AG 026 – Teil 1234
Name und Adresse des Herstellers	Firma Mustermann Adresse	Firma Mustermann Adresse
Die letzten beiden Ziffern des Jahres, in dem das CE-Zeichen erstmals angebracht wurde	10	14
Nummer des Übereinstimmungszertifikats / Nummer der DoP	1234-CPD-0321	1234-CPR-0321
Nummer der ETA	ETA-10/1234	ETA-14/1234
Nummer der ETAG (ab 2016 der EAD)	ETAG 026 – Teil 2	ETAG 026 – Teil 2
Produktbezeichnung	Leitungsabschottung „YYY"	„YYY"
Einsatzbereich (Umgebungsbedingungen)	Nutzungskategorie Z_2	(Nutzungskategorie Z_2)
Hinweis auf die Angabe der Leistung für die einzelnen Produktmerkmale		Siehe ETA-14/1234 für weitere relevante Produktmerkmale

Bild 53: Übersichtstabelle zur CE-Kennzeichnung (Quelle: FORUM VERLAG HERKERT GMBH)

Leistungserklärung (DoP)

Mit der Bauproduktenverordnung wurde für den Hersteller die Verpflichtung zur Erstellung einer Leistungserklärung (Declaration of Performance = DoP) eingeführt. Diese beinhaltet neben Angaben zum Hersteller und den eingebundenen Prüf- und EOTA-Stellen auch alle Angaben zum Anwendungsgebiet und zu den dafür relevanten Leistungsmerkmalen des Produkts. Alle deklarierten Leistungen müssen in der DoP enthalten sein. Eine Deklaration außerhalb der DoP ist nicht zulässig. Über den notwendigen Detaillierungsgrad der Angaben gibt es allerdings unterschiedliche Ansichten. Durch die neue Anwendungszulassung soll eine unzureichende Information für den Anwender des Produkts verhindert werden.

Zusätzlich zur ETA und DoP sind vom Hersteller folgende Dokumente zur Verfügung zu stellen (dies kann in Papierform, elektronisch [z. B. E-Mail] oder bei Einhaltung der in der Delegated Regulation No. 157/2014 der Europäischen Kommission angeführten Bedingungen auch auf der Homepage des Produktherstellers erfolgen):

- Übereinstimmungszertifikat (nur bei ETApproval)
- technisches Datenblatt (kann in die DoP integriert sein)
- Einbauanleitung
- ggf. Sicherheitsdatenblatt

Wie sind ETApprovals aufgebaut und zu lesen?

Kapitel 1.1 beschreibt das Produkt bzw. die daraus erstellte Abschottung inklusive deren zulässige Maße (z. B. Größe, Dicke, Schichtdicke), Befestigung oder notwendige Zusatzmaßnahmen (z. B. Laibungsbekleidung).

Kapitel 1.2 definiert den vorgesehenen Anwendungsbereich im Hinblick auf die Bauteile und Leitungsarten, für die das Produkt zugelassen ist, inklusive aller notwendigen Details, wie z. B. Maße, Werkstoffe, Abstände. Die Details dazu können je nach Umfang auch im Unterkapitel „Feuerwiderstand" von Kapitel 2 oder in einer Anlage enthalten sein. Ein wichtiger Aspekt ist die Beschreibung einer geeigneten Methode zur Nachbelegung von bestehenden Schotts bzw. zur Reparatur eines Schotts bei der Entnahme von Leitungen. Außerdem enthält dieser Abschnitt die Angabe, unter welchen Umgebungsbedingungen das Produkt eingesetzt werden kann (Nutzungskategorie).

Dabei bedeutet:

- **X:** geeignet für Außenanwendungen
- **Y_1:** geeignet für geschützte Außenanwendungen (UV-Beaufschlagung, aber geschützt vor Regen)
- **Y_2:** geeignet für geschützte Außenanwendungen (geschützt vor Regen und UV)
- **Z_1:** geeignet für Innenanwendungen ohne Frost, aber hoher Feuchtigkeit
- **Z_2:** geeignet für trockene Innenanwendungen ohne Frost

Bei den Anwendungsbedingungen Y1 und Y2 wird zwischen unterschiedlichen Temperaturbereichen differenziert, für welche das Produkt geeignet ist, und zwar im Bereich unter 0 °C. Die Grenztemperaturen (-5° C oder -20° C) sollten als Index angegeben werden. Diese Indexangabe wurde aber in die ETAG 026 Teil 2 nicht als Forderung aufgenommen. Ist beim vorgesehenen Einsatzbereich eines Produkts eine

Temperatur unter -5° C zu erwarten, z. B. in Kühlräumen, ist es empfehlenswert, den Hersteller bezüglich Eignung des Produkts zu kontaktieren.

Kapitel 2 fasst die Prüfergebnisse und deren Randbedingungen zusammen und enthält ggf. weitere Regeln, die zu beachten sind, z. B. ob die Zwischenräume zwischen Kabeln in einem Kabelbündel zu füllen sind.

Kapitel 3 enthält Informationen, die im Wesentlichen nur für den Hersteller relevant sind.

Kapitel 4 listet die Annahmen auf, unter denen die Produktbewertung durchgeführt wurde, und enthält im Kapitel 4.2 eine detaillierte Beschreibung der Installationsmethode.

Kapitel 5 enthält Angaben zu Verpackungsanforderungen, Transport- und Lagerbedingungen sowie ggf. Wartungs- und Reparaturanleitungen.

Wie sind ETAssessments aufgebaut und zu lesen?

Eine endgültige Entscheidung über Inhalt und Struktur eines ETAssessments war zum Zeitpunkt der Erstellung dieses Buchkapitels noch nicht gefallen. Die angeführte Struktur orientiert sich an ersten verfügbaren ETAssessments.

Kapitel 1 enthält die technische Beschreibung des Produkts.

Kapitel 2.1 definiert den vorgesehenen Anwendungsbereich im Hinblick auf die Bauteile und Leitungsarten, für die das Produkt bewertet wurde.

Die Nutzungskategorie ist in Kapitel 2.2. angegeben. Das System hat sich gegenüber ETApprovals nicht geändert. (Details auf den vorigen Seiten.)

Kapitel 2.3 listet die Annahmen auf, die Basis für die Bewertung waren, z. B. dass Beschädigungen repariert werden und Rohrleitungen so verlegt sind, dass keine zusätzlichen Lasten im Schott auftreten.

Kapitel 2.4 verweist auf die Prüfung der Herstellbedingungen durch die EOTA-Stelle und verpflichtet den Hersteller, beabsichtigte Änderungen am Produkt der EOTA-Stelle vorab zur Freigabe zu melden.

In Kapitel 3, das entsprechend den Basisanforderungen der Bauproduktenverordnung (BPV) gegliedert ist, wird die Leistung des Produkts angegeben. Im Zentrum steht naturgemäß Kapitel 3.2 „Sicherheit im Brandfall" mit Angaben zur Klasse des Brandverhaltens und des Feuerwiderstands. Da Letzterer nicht nur vom Produkt abhängt, sondern auch von den durchgeführten Leitungen, der Wand-/Deckenkonstruktion, den Abständen etc., sind sehr detaillierte Angaben notwendig, weshalb diese Angaben normalerweise in einem separaten Anhang enthalten sind. Diese Angaben bilden auch das Herzstück der Declaration of Performance (DoP) und sind vom Anwender genauestens einzuhalten.

In den weiteren Unterkapiteln findet man Angaben

- zu Luft- und Gasdichtheit (3.1),
- zur Wasserdichtheit (3.2),
- zur Abgabe von gesundheitsgefährdenden Substanzen (3.3),
- zur Sicherheit, z. B. Schlagresistenz (3.4),
- zum Schallschutz (3.5),
- zu thermische Eigenschaften und zur Wasserdampfdurchlässigkeit (3.6).

Diese Eigenschaften können, müssen aber nicht deklariert werden. Wird allerdings für den vorgesehenen Einbaufall in den Bauvorschriften eine der Eigenschaften vorgegeben (z. B. Schallschutz), darf nur ein Produkt verwendet werden, für das diese Eigenschaft deklariert wurde und das die Anforderungen erfüllt.

Der letzte Punkt in Kapitel 3 bezieht sich auf eine in der Bauproduktenverordnung (BPV) gegenüber der Bauproduktenrichtlinie (BPR) auf Drängen des Europäischen Parlaments neu hinzugekommene Basisanforderung: „nachhaltiger Umgang mit natürlichen Ressourcen". Da noch nicht festgelegt wurde, was im Einzelnen darunter zu verstehen und wie eine derartige Bewertung durchzuführen ist, wird hier vorderhand generell „keine Leistung festgestellt" angegeben.

Im Kapitel 4 wird das System angegeben, mit dem die Konstanz der Leistung des Produkts überprüft wird. Im Fall von Produkten mit Leistungserklärung zum Feuerwiderstand hat die Europäische Kommission durchwegs System 1 vorgegeben, also Fremdüberwachung.

Im Kapitel 5 sind die dazu vorgesehenen Maßnahmen seitens des Herstellers und der Fremdüberwachungsstelle vorgegeben. Kapitel 5 enthält die Einbauanweisung, verweist aber normalerweise auf einen Anhang für die Details

Nach welchen Prüfnormen sind die Zulassungsprüfungen durchzuführen?

Bestehende nationale Zulassungen basieren auf Prüfungen nach DIN 4102-9 für Kabelabschottungen und DIN 4102-11 für Rohrabschottungen. Für Kombischotts regelt ein Beschluss des Sachverständigenausschusses die Prüfdetails. Dabei ist zu beachten, dass aufgrund der Bestimmungen der Leitungsanlagenrichtlinie (LAR) für Abschottungen von Metallrohren erst ab > 160 mm Durchmesser eine Zulassung und Prüfung notwendig ist, für Kunststoffrohre ab > 32 mm Durchmesser (wenn die in der LAR genannten Randbedingungen eingehalten werden).

Auf europäischer Ebene sind die Prüfungen für alle Arten von Kabel- und Rohrabschottungen in der DIN EN 1366-3 zusammengefasst. Eine Prüfung nach dieser Norm erlaubt eine Klassifizierung nach DIN EN 13501-2 und dient als Basis für eine Europäische Technische Bewertung.

Für den Anwender ist es eigentlich nicht notwendig zu wissen, wie eine Brandprüfung im Detail abläuft. Da aber in Deutschland nationale und europäische Eignungsnachweise parallel bestehen werden, ist es zumindest wichtig zu wissen, dass und in welcher Hinsicht Prüfergebnisse und damit

Anwendungsbereiche unterschiedlich sein werden und die Hintergründe dafür. Damit lassen sich falsche Schlussfolgerungen bei Kaufentscheidungen und bei der Anwendung vermeiden.

Sowohl die DIN- als auch die EN-Prüfnormen basieren auf dem Prinzip des „kritischen Falls" (engl.: worst case approach). Das bedeutet, dass einerseits aufgrund der über Jahre gesammelten Prüferfahrung Normkonfigurationen für die Prüfanordnung festgelegt sind, die den kritischsten Fall darstellen, d. h. für die das ungünstigste Prüfergebnis zu erwarten ist, andererseits Regeln zur Bestimmung des Anwendungsbereichs angegeben sind, die in Relation zu diesen Normkonfigurationen stehen. Wird bei der Prüfung eine Normkonfiguration verwendet, dürfen die Anwendungsregeln zur Festlegung des Anwendungsbereichs genutzt werden, wodurch mit relativ wenig Prüfaufwand ein großer Anwendungsbereich abgedeckt werden kann (alle weniger kritischen Fälle sind abgedeckt).

Beispiele dafür sind die Verwendung von Norm-Tragkonstruktionen – z. B. ein Typ von Leichtbauwand (steht für viele ähnliche Konstruktionen), die Verwendung einer Normbelegung mit Kabeln oder die Anwendung bestimmter Regeln bei der Auswahl der zu prüfenden Rohre. Selbstverständlich ist es auch möglich, nur eine bestimmte Anordnung mit einem speziellen Kabel zu prüfen. In diesem Fall sind allerdings die Anwendungsregeln nicht zu verwenden, weil nicht alle bekannten Einflüsse auf das Prüfergebnis abgedeckt sind. Das Produkt darf nur in der exakt gleichen Anordnung wie in der Prüfung und mit der in der Prüfung benutzten Tragkonstruktion und Leitung angewendet werden.

Abschottungen
Teil 2 Baulicher Brandschutz

Eine Prüfung nach europäischer Norm ist tendenziell schwieriger zu bestehen als eine nach DIN-Norm (bzw. jeder anderen nationalen Norm). Das liegt am höheren Ofendruck und dem rascheren Temperaturanstieg in der Anfangsphase der Prüfung wegen der Verwendung von trägen Plattenthermometern zur Ofensteuerung. Hinzu kommt, dass die Regeln zur Bestimmung des Anwendungsbereichs in der Europäischen Norm in einigen Fällen enger gefasst sind, als es der bisherigen deutschen Praxis entspricht. Manche dieser abweichenden Regeln wurden durch Beschluss des Sachverständigenausschusses an die europäische Situation angeglichen, z. B. wurde bei Kabeln der Anwendungsbereich ebenfalls auf Kabel bis 80 mm Durchmesser beschränkt.

Ein Beispiel für weiterbestehende unterschiedliche Regelungen sind die Brandschutzmanschetten und ähnliche Produkte zur Abschottung von Kunststoffrohren: In Deutschland wurden traditionell nur die größte und kleinste Manschette mit jeweils PVC- und PE-Rohren geprüft und auf dieser Basis der gesamte Größenbereich und eine lange Liste von Rohrwerkstoffen zugelassen. Bei der europäischen Prüfung sind nach einer komplexen Auswahlprozedur normalerweise mindestens drei bis vier Manschettengrößen zu prüfen, und nur eine geringe Anzahl von Rohrwerkstoffen ist damit abgedeckt. Diese Situation ist ein Ergebnis der Forderung nach Konsens in den europäischen Gremien, gepaart mit unterschiedlichen Ausgangssituationen, nationalen Prüfsystemen und Erfahrungen der dort vertretenen Mitgliedstaaten. Ein Minimalkonsens ist das häufige Ergebnis.

Brandverhalten von Baustoffen; Brandschutzklassen (DIN 4102-4, DIN EN 13501)

Definition

Baustoffe und **Bauprodukte** werden nach ihrem **Brandverhalten** in **Baustoffklassen** eingeteilt.

Bauteile und Sonderbauteile können mit nachgewiesener Feuerwiderstandsdauer in die Feuerwiderstandsklassen eingeordnet werden.

Auf nationaler Ebene erfolgen diese Unterteilungen nach der Normenreihe DIN 4102, auf europäischer Ebene nach der Normenreihe DIN EN 13501. Hierbei besteht keine direkte Übertragbarkeit zwischen beiden Klassifizierungssystemen, aber die bauaufsichtlich relevanten Benennungen lassen sich sowohl der nationalen als auch der europäischen Klassifizierung zuordnen.

Baustoffklassen nach DIN 4102-4

In der DIN 4102-4:2016-04 werden Angaben über Baustoffe, Bauteile und Bauarten gemacht, die nach ihrem Brandverhalten auf der Grundlage von Brandprüfungen klassifiziert wurden.

Alle Baustoffe und Bauprodukte, die in der DIN 4102-4: 2016-04 aufgelistet und erwähnt werden, können ohne weiteren Nachweis in die jeweiligen Baustoffklassen eingestuft werden.

Sonstige Baustoffe und Bauprodukte, die in der DIN 4102-4: 2016-04 nicht aufgeführt sind, bedürfen eines gesonderten Nachweises in Form einer Prüfung ihres Brandverhaltens.

Baustoffe und Bauprodukte werden in nicht brennbare (A) und brennbare (B) Baustoffklassen eingeteilt. Innerhalb der Baustoffklassen wird nochmals unterschieden in:

- Baustoffklasse A1 (nicht brennbar)
- Baustoffklasse A2 (nicht brennbar)
- Baustoffklasse B1 (schwer entflammbar)
- Baustoffklasse B2 (normal entflammbar)
- Baustoffklasse B3 (leicht entflammbar)

Unterschiede innerhalb der Baustoffklassen:

Baustoffklasse A1: Hier handelt es sich um nicht brennbare Baustoffe, die in ihrer Zusammensetzung vollständig nicht brennbar sind.

Baustoffklasse A2: Hier handelt es sich ebenfalls um nicht brennbare Baustoffe, die jedoch im Wesentlichen in ihrer Zusammensetzung nicht brennbar sind. In geringem Umfang sind brennbare Bestandteile erlaubt, die jedoch nicht aktiv bei einem Brand mitwirken.

Baustoffklasse B1: Hier handelt es sich um Baustoffe, die mehr brennbare Bestandteile als Baustoffe der Baustoffklasse A2 enthalten. Sie brennen nur mit Unterstützung eines Feuers und brennen bei Erlöschen eines Feuers nicht selbstständig weiter, es sei denn, sie sind heiß geworden.

Baustoffklasse B2: Hier handelt es sich um Baustoffe, die durch Zündquellen entflammen und von allein weiterbrennen.

Baustoffklasse B3: Hier handelt es sich um Baustoffe, die ebenfalls durch Zündquellen entflammen und von allein weiterbrennen, jedoch wesentlich leichter zu entflammen sind als B2-Baustoffe und in steigender Geschwindigkeit weiterbrennen. Die Bauordnungen verbieten den Einbau von Materialien der Baustoffklasse B3.

 Hinweis

Leichtentflammbare Baustoffe (B3) dürfen nicht verwendet werden. Ausnahme: Wenn sie i. V. m. anderen Baustoffen nicht leicht entflammbar sind. Nachweis i. d. R. über ein allgemeines bauaufsichtliches Prüfzeugnis einer amtlich anerkannten Materialprüfanstalt.

Jeder Baustoff mit brandschutztechnischen Anforderungen, der in Deutschland verwendet wird und der nicht nach DIN 4102-4:2016-04 genormt ist, muss einen Verwendbarkeitsnachweis und/oder einen entsprechenden Übereinstimmungsnachweis aufweisen.

Werden Baustoffe, die nach DIN 4102-4:2016-04 als geregelte Bauprodukte genormt sind, verwendet, gilt der Verwendbarkeitsnachweis als erbracht.

Solche Baustoffe sind:

In der **Baustoffklasse A1** (Abschnitt 4.2.1 der DIN 4102-4):

- Beton, Stahlbeton, Spannbeton und Leichtbeton mit natürlichen oder werksmäßig hergestellten Zuschlägen, siehe DIN EN 206:2017-01, DIN 1054:2010-12, Normenreihe Eurocode 2 und DIN 4213:2015-10
- Sand, Kies, Lehm, Ton und alle sonstigen in der Natur vorkommenden bautechnisch verwendbaren Gesteine
- Mineralien, Erden, Lavaschlacke und Naturbims
- aus Steinen und Mineralien durch Brenn- und/oder hydrothermale Prozesse und/oder Blähprozesse gewonnene Baustoffe, wie Zement, Kalk, Gips, Anhydrit, Schlacken-Hüttenbims, Blähton, Blähschiefer sowie Blähperlite und -vermiculite, Schaumglas und Ziegelsplit
- Ziegel nach DIN 4159:2014-05
- metallene Putzträger
- bewehrter Porenbeton, siehe Normenreihe der DIN 4223
- Metall- und Stahlbauteile
- Metalle und Legierungen in nicht fein zerteilter Form mit Ausnahme der Alkali- und Erdalkalimetalle und ihrer Legierungen
- Steinzeug und keramische Platten
- Glas
- Baustoffe, die nicht mehr als 1 % (Massenanteil) homogen verteilte organische Bestandteile haben

In der **Baustoffklasse A2** (Abschnitt 4.2.2 der DIN 4102-4):

- Gipskartonplatten nach DIN 18180:2014-09 mit geschlossener Oberfläche

In der **Baustoffklasse B1** (Abschnitt 4.3.1 der DIN 4102-4: 2016-05):

- Kunstharzputze nach DIN 18558:1985-01 mit ausschließlich mineralischen Zuschlägen auf massivem mineralischen Untergrund
- Gussasphaltestrich nach DIN 18560-1:2015-11, ohne weiteren Belag bzw. ohne weitere Beschichtung
- Walzasphalt nach DIN 12597:2014-08 und DIN 18317: 2016-09 ohne weiteren Belag und ohne weitere Beschichtung
- Rohre und Formstücke aus
  - weichmacherfreiem Polyvinylchlorid (PVC-U) nach DIN 8061:2016-05 mit einer Wanddicke (Nennmaß) $\leq 3{,}2$ mm
  - chloriertem Polyvinylchlorid (PVCC) nach DIN EN 1566-1:1999-12

In der **Baustoffklasse B2** (Abschnitt 4.3.2 der DIN 4102-4):

- Kunstharzmörtel mit $d \leq 3$ mm
- Holz sowie genormte Holzwerkstoffe mit einer Rohdichte ≥ 400 kg/m^2 und einer Dicke $t > 2$ mm oder mit einer Rohdichte von ≥ 230 kg/m^2 und einer Dicke von $t > 5$ mm
- Rohre und Formstücke aus

- weichmacherfreiem Polyvinylchlorid (PVC-U) nach DIN 8061:2016-05 mit einer Wanddicke (Nennmaß) > 3,2 mm
- Polypropylen (PP) nach DIN 8078:2008-09
- Polyethylen hoher Dichte (PE-HD) nach DIN 8075:2011-12 und DIN 8075:2017-08 – Entwurf

Baustoffklassen nach DIN EN 13501-1

Auch nach der DIN EN 13501-1:2010-01 (es liegt ein Entwurf DIN EN 13501-1:2018-08 vor) werden Baustoffe in nicht brennbare und brennbare Baustoffklassen eingeteilt, aber weiter differenziert, sodass unterschieden wird in:

Baustoffklasse	Brandverhalten
A1	Bauprodukte leisten in keiner Phase eines Brands einen Beitrag.
A2	Bauprodukte leisten auch bei einem voll entwickelten Brand keinen wesentlichen Beitrag zum Brand.
B	Bauprodukte leisten nur einen sehr begrenzten Beitrag zum Brand.
C	Bauprodukte leisten nur einen begrenzten Beitrag zum Brand.
D	Bauprodukte leisten einen hinnehmbaren Beitrag zum Brand.

Baustoffklasse	Brandverhalten
E	Bauprodukte weisen ein hinnehmbares Brandverhalten auf.
F	Bei den Bauprodukten wurde keine Leistung festgestellt.

Tab. 19: Baustoffklassen (Quelle DIN EN 13501-1)

Bauprodukte mit Ausnahme von Bodenbelägen und Rohrisolationen werden in die Klassen A bis F eingeteilt.

Bodenbeläge werden in die Klassen A_{fl} bis F_{fl} eingeteilt.

Rohrisolationen werden in die Klassen A_L bis F_L eingeteilt.

Bauprodukte der Klassen A2, B, C und D erhalten zusätzliche Klassifizierungen hinsichtlich der Rauchentwicklung (s1, s2 und s3) sowie (mit Ausnahme der Bodenbeläge) hinsichtlich des brennenden Abtropfens und/oder Abfallens (d0, d1 und d2).

Hinsichtlich der Rauchentwicklung kennzeichnet:

- **s1**: geringe Rauchentwicklung
- **s2**: mittlere Rauchentwicklung
- **s3**: hohe bzw. nicht geprüfte Rauchentwicklung

Hinsichtlich des brennenden Abtropfens und/oder Abfallens kennzeichnet:

- **d0**: kein brennendes Abtropfen
- **d1**: kein brennendes Abtropfen mit einer Nachbrennzeit länger als 10 sek
- **d2**: keine Leistung festgestellt

Als **nichtbrennbar** werden die Baustoffklassen A1 und A2-s1, d0 und die Bodenbeläge A1$_{fl}$ und A2$_{fl}$-s1 eingestuft.

Als **schwer entflammbar** werden die Baustoffklassen A2-s2,d0 bzw. A2-s1, d1 bis C-s3, d2 und die Bodenbeläge B$_{fl}$-s1 und C$_{fl}$-s1 eingestuft.

Als **normal entflammbar** werden die Baustoffklassen D und E und die Bodenbeläge A2$_{fl}$-s2 bis E$_{fl}$ eingestuft.

Als **leicht entflammbar** werden die Baustoffklassen F und die Bodenbeläge F$_{fl}$ eingestuft.

 Hinweis

Leicht entflammbare Baustoffe (F) dürfen nicht verwendet werden. Ausnahme: Wenn sie i. V. m. anderen Baustoffen nicht leicht entflammbar sind. Nachweis i. d. R. über ein allgemeines bauaufsichtliches Prüfzeugnis einer amtlich anerkannten Materialprüfanstalt.

Im Gegensatz zur DIN 4102-4 werden in der DIN EN 13501 keine Bauprodukte einer bestimmten Baustoffklasse zugeordnet.

> Jeder Baustoff, muss demnach einen Verwendbarkeitsnachweis und einen entsprechenden Übereinstimmungsnachweis aufweisen.

Allgemeine Verwendung mit Nachweisen

Anhand der Liste für geregelte Bauprodukte bzw. Baustoffe lässt sich schon leicht erkennen, dass es sich vor Ort auf der Baustelle mitunter als sehr schwierig erweist, die verwendeten Baustoffe eindeutig in die jeweiligen Baustoffklassen einzuordnen.

Darüber hinaus werden weitere Aussagen hinsichtlich der Verwendbarkeit von Baustoffen in der Bauregelliste A, B und C getroffen, die als technische Baubestimmung in allen Bundesländern gilt.

Die Bauregelliste ist untergliedert in:

- Bauregelliste A
- Bauregelliste B
- Liste C

In den Bauregellisten sind die gesetzlichen Anforderungen an Bauprodukte und Bauarten vorgeschrieben.

Hinweis

Grundsätzlich gibt es seit Juli 2017 keine Bauregelliste mehr (abhängig von den jeweiligen Bundesländern), denn diese wurde umstrukturiert und in die Muster-Verwaltungsvorschrift Technische Baubestimmungen (MVV TB) integriert. Änderungen gab es u. a. im Zulassungsverfahren. Voraussetzung dafür ist die Einführung der Muster-VV TB in eine bundeslandspezifische VV TB (in Baden-Württemberg ist dies beispielsweise bereits erfolgt).

Bauregelliste A Teil 1, Teil 2 und Teil 3

Bauregelliste A Teil 1

In der Bauregelliste A Teil 1 werden Bauprodukte, für die es technische Regeln gibt (geregelte Bauprodukte), die Regeln selbst, die erforderlichen Übereinstimmungsnachweise und die bei Abweichung von den technischen Regeln erforderlichen Verwendbarkeitsnachweise bekannt gemacht.

Bauregelliste A Teil 2

Die Bauregelliste A Teil 2 gilt für nicht geregelte Bauprodukte, die entweder nicht der Erfüllung erheblicher Anforderungen an die Sicherheit baulicher Anlagen dienen und für die es keine allgemein anerkannten Regeln der Technik gibt oder die nach allgemein anerkannten Prüfverfahren beurteilt werden.

Bauregelliste A Teil 3

Die Bauregelliste A Teil 3 gilt entsprechend für <u>nicht geregelte Bauarten</u>.

Bauregelliste B Teil 1 und Teil 2

In die Bauregelliste B werden Bauprodukte aufgenommen, die nach Vorschriften der Mitgliedstaaten der EU – einschließlich der deutschen Vorschriften – und der Vertragsstaaten des Abkommens über den Europäischen Wirtschaftsraum zur Umsetzung von Richtlinien der EU in Verkehr gebracht und gehandelt werden dürfen und die die CE-Kennzeichnung tragen.

Bauregelliste B Teil 1

Die Bauregelliste B Teil 1 ist Bauprodukten vorbehalten, die aufgrund des Bauproduktengesetzes in Verkehr gebracht werden, für die es technische Spezifikationen und in Abhängigkeit vom Verwendungszweck Klassen und Leistungsstufen gibt.

Darüber hinaus sind Anwendungsnormen und Anwendungsregelungen für Bauprodukte und Bausätze nach technischen Spezifikationen (hEN, ETAG und ETA) nach der Bauproduktenrichtlinie in der Liste der Technischen Baubestimmungen enthalten.

Bauregelliste B Teil 2

In die Bauregelliste B Teil 2 werden Bauprodukte aufgenommen, die aufgrund der Vorschriften zur Umsetzung von Richtlinien der Europäischen Gemeinschaften in Verkehr gebracht werden, die CE-Kennzeichnung tragen und Grundanforderungen nach Art. 3 Abs. 1 der Bauproduktenverordnung nicht berücksichtigen. Zusätzliche Verwendbarkeitsnachweise sind deshalb erforderlich.

Liste C

In die Liste C werden nicht geregelte Bauprodukte aufgenommen, für die es weder technische Baubestimmungen noch Regeln der Technik gibt und die für die Erfüllung baurechtlicher Anforderungen nur eine untergeordnete Rolle spielen.

Für Baustoffe und Bauprodukte sind demnach folgende **Nachweise** erforderlich:

a) als geregelter Baustoff bzw. Bauprodukt nach DIN 4102-4: 2016-05
   - Verwendbarkeitsnachweis – nach DIN 4102-4:2016-05 Abschnitt 2
   - Übereinstimmungsnachweis – nach DIN 4102-1: 1998-05 Abschnitt 7

b) als geregelter Baustoff bzw. Bauprodukt nach Bauregelliste A Teil 1
   - Verwendbarkeitsnachweis – Ausführung nach den dort angegebenen Regeln
   - Übereinstimmungsnachweis – wie in der Bauregelliste A Teil 1 angegeben
c) als **geregelter Baustoff** bzw. **Bauprodukt** auf der Grundlage von europäischen Regeln nach der Bauproduktenrichtlinie gemäß **Bauregelliste B Teil 1**
   - Verwendbarkeitsnachweis – wie in der Bauregelliste B Teil 1 angegeben
   - Übereinstimmungsnachweis – wie in der Bauregelliste B Teil 1 angegeben
d) als **nicht geregeltes Bauprodukt**, Prüfung nach den in **Bauregelliste A Teil 2** angegebenen Prüfverfahren (z. B. DIN 4102-1:1998-05 oder DIN EN 13501-1:2016-05)
   - Verwendbarkeitsnachweis – P
   - Übereinstimmungsnachweis – ÜH
e) als **nicht geregeltes Bauprodukt**, Prüfung nach den in **Bauregelliste A Teil 2** angegebenen Prüfverfahren (z. B. DIN 4102-1:1998-05 oder DIN EN 13501-1:2016-05)
   - Verwendbarkeitsnachweis – P
   - Übereinstimmungsnachweis – ÜH

In bestimmten Fällen kann es erforderlich werden (z. B., wenn der Baustoff neben dem Brandschutz noch andere Anforderungen erfüllen muss bzw. bei wesentlichen Abweichungen), einen entsprechenden Verwendbarkeitsnachweis Z und einen Übereinstimmungsnachweis gemäß Z vorzulegen.

In begründeten Einzelfällen bzw. Ausnahmefällen ist es erforderlich, einen Verwendbarkeitsnachweis nach ZiE (= Zulassung im Einzelfall) und einen Übereinstimmungsnachweis gemäß ZiE vorzulegen.

Alle sonstigen Baustoffe gelten als nicht geregelte Bauprodukte. Für diese Bauprodukte bzw. Baustoffe muss ein gesonderter Nachweis über das Brandverhalten erbracht werden und mit einem Übereinstimmungsnachweis (ÜZ-Übereinstimmungszertifikat durch eine anerkannte Zertifizierungsstelle) versehen sein.

Feuerwiderstandsklassen

Der Feuerwiderstand eines Bauteils steht für die Dauer, über die dieses Bauteil während eines Brands seine Funktion beibehält. Dabei muss das Bauteil mindestens die Tragfähigkeit und/oder den Raumabschluss (d. h. Verhinderung der Brandausbreitung oder Rauchdichtigkeit) sicherstellen.

Die Feuerwiderstandsdauer wird in der deutschen DIN 4102-4:2016-05, in der englischen Normenreihe BS 476 oder in der kanadischen MBO-NBC und, seit 2002, in der Europäischen Norm DIN EN 13501:2016-05 geregelt. Eine Verwendbarkeit von nicht normativ abgebildeten Konstruktionen kann in Deutschland über eine allgemeine bauaufsichtliche Zulassung, ein allgemeines bauaufsichtliches Prüfzeugnis oder eine Zulassung im Einzelfall nachgewiesen werden.

Beim Zusammenfügen von Baustoffen bzw. Bauprodukten zu baulichen Anlagen oder Teilen von baulichen Anlagen spricht man von Bauarten. Diese setzen sich i. d. R. aus mehreren Bauteilen zusammen.

In der DIN 4102-4:2016-05 werden Angaben über Baustoffe, Bauteile und Sonderbauteile gemacht, die nach ihrem Brandverhalten auf der Grundlage von Brandprüfungen klassifiziert wurden.

Alle Baustoffe, Bauteile und Sonderbauteile, die in der DIN 4102-4:2016-05 aufgelistet und erwähnt werden, können in Deutschland ohne weiteren Nachweis in die jeweiligen Baustoffklassen bzw. Feuerwiderstandsklassen eingestuft werden.

Sonstige Baustoffe, Bauteile und Sonderbauteile, die in der DIN 4102-4:2016-05 nicht aufgeführt sind, bedürfen eines gesonderten Nachweises in Form einer Prüfung ihres Brandverhaltens.

Eine Klassifizierung von Gesamtkonstruktionen setzt immer voraus, dass sämtliche Bauteile mindestens die erforderliche Feuerwiderstandsklasse aufweisen. Eine geforderte Decke in der Feuerwiderstandsklasse von F30 (Feuerwiderstandsdauer von mindestens 30 Minuten) kann nur 30 Minuten dem Feuer widerstehen, wenn gleichzeitig alle tragenden und aussteifenden Bauteile ebenfalls eine Feuerwiderstandsdauer von mindestens 30 Minuten aufweisen. Somit sind bei Gesamtkonstruktionen immer alle tragenden und aussteifenden Bauteile zu betrachten.

Brandverhalten von Baustoffen; Brandschutzklassen

Teil 2 Baulicher Brandschutz

In der DIN 4102-4:2016-05 und DIN EN 13501-2:2016-12 sind Angaben über klassifizierte Bauteile enthalten. Eine Aufzählung aller klassifizierten Bauteile nach DIN 4102-4:2016-05 kann aufgrund der Vielzahl der aufgeführten Bauteile nicht erfolgen.

Bauteile sind z. B.: Wände, Pfeiler, Stützen, Decken, Balken, Unterzüge, Treppen etc.

Die Feuerwiderstandsdauer und die daraus folgende Feuerwiderstandsklasse eines Bauteils hängt im Wesentlichen von folgenden Einflüssen ab:

- Brandbeanspruchung ein- oder mehrseitig
- verwendeter Baustoff oder Baustoffverbund
- Bauteilabmessung (Querschnittsabmessungen, Schlankheit, Achsabstände und dergleichen)
- bauliche Ausbildung (Anschlüsse, Auflager, Halterungen, Befestigungen, Fugen, Verbindungsmittel usw.)
- statisches System (statisch bestimmte oder unbestimmte Lagerung, 1-achsige oder 2-achsige Lastabtragung, Einspannung usw.)
- Ausnutzungsgrad der Festigkeiten der verwendeten Baustoffe infolge äußerer Lasten
- Anordnung von Bekleidungen (Ummantelungen, Putze, Unterdecken, Vorsatzschalen usw.)

Eine exakte Bestimmung vor Ort über eine Feuerwiderstandsklasse von Bauteilen kann unter den genannten Voraussetzungen augenscheinlich nicht vorgenommen werden. Hierzu ist es i. d. R. erforderlich, das Bauteil genauer zu untersuchen.

Feuerwiderstandsklassen nach DIN 4102-4

Nach der Normenreihe DIN 4102 werden folgende Feuerwiderstandsklassen für **Bauteile** und **Sonderbauteile** unterschieden:

Bauteile		
Feuerwiderstandsdauer in Minuten	Feuerwiderstandsklasse	Bauaufsichtliche Benennung
30	F 30	feuerhemmend
60	F 60	hochfeuerhemmend
90	F 90	feuerbeständig
120	F 120	hochfeuerbeständig
180	F 180	höchstfeuerbeständig

Tab. 20: Feuerwiderstandsklassen für Bauteile (Quelle: DIN 4102)

Als Zusatzbezeichnung in die bauaufsichtlichen Benennungen gehören die Zusätze:

A, AB und B

Dabei bedeutet der Zusatz:

A = Das Bauteil besteht aus nicht brennbaren Baustoffen.
AB = Das Bauteil besteht in den wesentlichen Teilen aus nicht brennbaren Baustoffen.
B = Das Bauteil besteht in wesentlichen Teilen aus brennbaren Baustoffen.

Als Sonderbauteile gelten z. B.: nicht tragende Außenwände, Brand- und Komplextrennwände (Komplextrennwände nur versicherungstechnisch relevante Wände), F- und G-Verglasungen, Kabel- und Rohrabschottungen, Lüftungsleitungen, Brandschutz- und Entrauchungsklappen, Installationskanäle, Feuerschutzabschlüsse etc.

Sonderbauteile									
Feuerwiderstandsdauer in Minuten	Brandwände mit Stoßbeanspruchung	Feuerschutzabschlüsse Tore, Türen, Klappen	nicht tragende Außenwände: Brüstungen	G- und F-Verglasungen	Lüftungsleitungen: Rohre und Formstücke	Absperrvorrichtungen in Lüftungsleitungen	Kabelabschottungen	Rohrabschottungen	Installationsschächte und -kanäle
30		T30	W30	G/F30	L30	K30	S30	R30	I30
60	F60	T60	W60	G/F60	L60	K60	S60	R60	I60
90	F90	T90	W90	G/F90	L90	K90	S90	R90	I90
120	F120	T120	W120	G/F120	L120		S120	R120	I120
180	F180	T180	W180				S180		

Tab. 21: *Feuerwiderstandsklassen für Sonderbauteile (Quelle: DIN 4102)*

Darüber hinaus sind noch Bedachungen (Dacheindeckungen), Feuerschutz-/Rauchschutzvorhänge, Fahrschachtabschlüsse (Aufzüge) als Sonderbauteile anzusehen.

Bei Bedachungen spricht man von einer „harten Bedachung", sofern sie gegen Flugfeuer und strahlende Wärme widerstandsfähig ist.

Bei einem Funktionserhalt von elektrischen Anlagen spricht man von E30, E60 oder E90, was bedeutet, dass der Funktionserhalt der Leitungen über 30, 60 oder 90 Minuten gewährleistet wird.

Bei Fahrschachtabschlüssen ist weiterhin auch die DIN 18091:1993-07 zu beachten. Die DIN 18091 gilt für vertikale oder horizontale Schachtschiebetüren ohne Dämmstoffe und ohne Glasausschnitte für Fahrschachtwände der Feuerwiderstandsklassen F90 A bzw. F90 AB. Die Fahrschachttüren der DIN 18091 gelten ohne besonderen Nachweis als geeignete Abschlüsse, sofern der Fahrkorb aus überwiegend nicht brennbaren Baustoffen besteht und der Fahrschacht ausreichend und wirksam entlüftet wird. Diese Türen verhindern, dass Feuer und (begrenzt auch) Rauch in andere Geschosse übertragen werden.

Bei Feuer- und Rauchschutzvorhängen spricht man z. B. von:

RS	bei Rauchschutzvorhängen
E30 – E120	bei Feuerschutzvorhängen ohne Wasserbesprühungen durch z. B. Sprinkleranlagen. Hier bedeutet E = Raumabschluss wird nicht isoliert.
E/I 30	bei Feuerschutzvorhängen mit Wasserbesprühungen durch z. B. Sprinkleranlagen. Hier bedeutet E/I = Raumabschluss wird isoliert.

Sämtliche Bauarten, die in der DIN 4102-4 aufgeführt und klassifiziert sind, gelten als geregelte Bauarten. Der Verwendbarkeitsnachweis dieser Bauarten ist bereits durch die DIN erbracht.

Wichtige Voraussetzung für die Abnahme von Bauleistungen ist die Vorlage sämtlicher erforderlichen Nachweise, wie z. B. der Leistungserklärung. Bei der Abnahme von Bauleistungen sollte gewissenhaft geprüft werden, ob die Bauleistungen gemäß den vorgelegten Nachweisen ausgeführt wurden.

Feuerwiderstandsklassen nach DIN EN 13501-2

In der DIN EN 13501-2:2016-12 wird die Klassifizierung von Bauteilen nach ihrem Feuerwiderstand in Teil 2 geregelt.

Hierbei wird der Feuerwiderstand in folgende Kriterien unterteilt, die jeweils einzeln geprüft werden können:

Tragfähigkeit	R	für die Standsicherheit der einzelnen Bauteile
Raumabschluss	E	verhindert, dass ein angreifendes Feuer zur unbeflammten Seite eines Bauteils durchtritt
Wärmedämmung	I	verhindert die Wärmeübertragung von einer Seite des Bauteils auf die nicht vom Feuer betroffene Seite
Strahlung	W	
Mechanische Beanspruchung	M	

Tab. 22: Unterteilung der Kriterien für den Feuerwiderstand (Quelle: DIN EN 13501-2)

Für diese Kriterien sind Widerstandsklassen von 15, 20, 30, 45, 60, 90, 120, 180, 240 und 360 Minuten möglich.

Die Begriffe feuerhemmend, hochfeuerhemmend und feuerbeständig können auch bei Anwendung der DIN EN 13501 verwendet werden, wenn die Kriterien E bzw. EI oder REI erfüllt werden.

Eine klassische F90-Wand wird durch die Anwendung der DIN EN 13501 zur REI 90 (als tragende Wand), zur EI 90-Wand (als nichttragende Wand) oder zur REI 90-M (als Brandwand).

Fugen
(DIN 4102-4, DIN EN 13501)

Einleitung

Den Begriff „Fugen" sucht man in den verschiedenen Bauordnungen vergeblich. Einzig der Anschluss von Decken an die Außenwand ist in der Musterbauordnung 2002 (§ 31 Abs. 3 MBO[1]) sowie in einigen Landesbauordnungen explizit geregelt: „Der Anschluss der Decken an die Außenwand ist so herzustellen, dass er den Anforderungen aus Absatz 1 Satz 1 genügt." Dieser Abs. 1 Satz 1 lautet: „Decken müssen als tragende und raumabschließende Bauteile zwischen Geschossen im Brandfall ausreichend lang standsicher und widerstandsfähig gegen die Brandausbreitung sein." Diese Regelung wurde in sieben Landesbauordnungen übernommen und betrifft v. a. Gebäude mit Vorhangfassaden, bei denen konstruktionsbedingt relativ große Fugen zwischen der Decke und der Fassade auftreten.

Diese Beschränkung auf den Deckenanschluss an eine Außenwand bedeutet jedoch nicht, dass es keine Brandschutzanforderungen an andere Fugen/Anschlüsse gibt. Die Feuerwiderstandsanforderung für einen bestimmten Bauteil(typ) bedeutet naturgemäß, dass auch für Fugen inner-

---

[1] Musterbauordnung – MBO – Fassung November 2002, zuletzt geändert durch Beschluss der Bauministerkonferenz vom 13.05.2016.

halb dieses Bauteils die gleichen Anforderungen gelten. Die Forderung nach einem Raumabschluss beinhaltet implizit auch die Anforderung an die gleichwertige Feuerwiderstandsfähigkeit von Fugen zwischen raumabschließenden Bauteilen. Das ergibt sich auch aus dem Schutzziel, dass der Übertragung von Feuer und Rauch vorgebeugt werden muss.

Detaillierte Regelungen mit Vorgaben für die Anschlussausführung gibt es in der Muster-Richtlinie über brandschutztechnische Anforderungen an hochfeuerhemmende Bauteile in Holzbauweise (M-HFHHolzR). Diese stellen jedoch einen Sonderfall dar, auf den im Folgenden nicht im Detail eingegangen werden soll.

Eignungsnachweise

Fugen innerhalb eines Bauteils werden üblicherweise zusammen mit dem Bauteil geprüft. Der Eignungsnachweis für das Bauteil stellt somit auch denjenigen für die Fuge dar.

Bei Fugen/Anschlüssen zwischen zwei Bauteilen wird man die gleiche Situation antreffen, wenn der Anschluss als Teil eines Bauteilsystems, z. B. einer Leichtbauwandkonstruktion, angeboten wird.

Kein spezieller Nachweis ist erforderlich, wenn die Fugen nach den in DIN 4102-4:2016-05 bzw. DIN EN 13501-2:2016-12 gegebenen Regeln erstellt werden.

Ein separater Nachweis für den Feuerwiderstand einer Fuge wird dann notwendig, wenn ein Produkt zur Erstellung eines feuerwiderstandsfähigen Fugenabschlusses unabhängig von einem Bauteilsystem, das in DIN 4102 bzw. DIN EN 13501-2:2016-12 geregelt ist oder für das ein entsprechender Eignungsnachweis vorliegt, angeboten wird.

Im Gegensatz zu Abschottungen ist für Fugen keine allgemeine bauaufsichtliche Zulassung gefordert, sondern es genügt ein allgemeines bauaufsichtliches Prüfzeugnis. Eine Europäische Technische Zulassung (ETA) ist laut Bauregelliste B Teil 1 ebenfalls ein geeigneter Eignungsnachweis.

⚠ Hinweis

Grundsätzlich gibt es seit Juli 2017 keine Bauregelliste mehr (abhängig von den jeweiligen Bundesländern), denn diese wurde umstrukturiert und in die Muster-Verwaltungsvorschrift Technische Baubestimmungen (MVV TB) integriert. Änderungen gab es u. a. im Zulassungsverfahren. Voraussetzung dafür ist die Einführung der Muster-VV TB in eine bundeslandspezifische VV TB (in Baden-Württemberg ist dies beispielsweise bereits erfolgt).

Mit der Ablösung der Bauproduktenrichtlinie (BPR) durch die Bauproduktenverordnung (BPV) am 01.07.2013 wurde die Europäische Technische Zulassung durch die Europäische Technische Bewertung, abgekürzt ebenfalls ETA (von engl. European Technical Assessment), ersetzt. Dabei wird seit dem 10.07.2014 der Geltungsbereich der nach dem

01.07.2013 ausgestellten europäischen Nachweise auf die Vermarktung eingeschränkt. Als Nachweis für die Verwendbarkeit wird in der Liste der Technischen Baubestimmungen Teil II eine sog. „Anwendungszulassung" verlangt.

Dem Hersteller eines Brandschutzprodukts für Fugenanwendungen (sog. „Fugenschnur") wird es in Deutschland auf unbestimmte Zeit freistehen, ob er ein allgemeines bauaufsichtliches Prüfzeugnis oder eine ETA verwendet, obwohl es deutliche Unterschiede gibt, die auch für den Anwender des Produkts wichtig sind.

Für Firmen, die Fugenabschottungen in EU-Mitgliedstaaten außerhalb Deutschlands erstellen, ist es wichtig zu wissen, dass andere Regeln gelten können. In Österreich ist z. B. über die Liste ÖE eine ETA zwingend vorgeschrieben.

Das allgemeine bauaufsichtliche Prüfzeugnis

Ein allgemeines bauaufsichtliches Prüfzeugnis (AbP) wird im Unterschied zu einer allgemeinen bauaufsichtlichen Zulassung nicht vom Deutschen Institut für Bautechnik (DIBt), sondern von einer anerkannten Prüfstelle auf Basis einer Brandprüfung erteilt. In der DIN 4102-Reihe gibt es keinen Teil für die Prüfung der Feuerwiderstandsdauer von Fugenabdichtungen. Geprüft wurde in der Vergangenheit nach einer Vorgehensweise, die in der Arbeitsgemeinschaft der Brandschutzlaboratorien (AGM) vereinbart worden war. Diese legt die wesentlichen Parameter für Prüfung und Prüfkörper, z. B. die minimale Probengröße, Anforderungen an die (Standard-)Tragkonstruktion(en) und die Messstellen fest.

Analog zu Abschottungen von Leitungen kann der Feuerwiderstand von Fugen nur im System, d. h. im Zusammenhang mit dem/den angrenzenden Bauteil/en bestimmt werden. Im Prüfzeugnis wird daher genau definiert, für welche Bauteile das Produkt unter welchen Randbedingungen, z. B. bezüglich Bewegungsaufnahme, geeignet ist.

Zu beachten sind insbesondere:

- die Art des Bauteils (z. B. Massivdecke, Leichtbauwand, Stahlträger)
- die Eigenschaften des Bauteils (z. B. Dicke, Aufbau)
- der Aufbau der Fugenabdichtung (z. B. Hinterfüllmaterial)
- die Dimensionen der Fugenabdichtung (z. B. Breite, Tiefe, Lage relativ zur Oberfläche des Bauteils)
- konstruktive Besonderheiten (z. B. mechanische Befestigung oder Verklebung, Bekleidung der Fugenflanken bei Leichtwandkonstruktionen)
- die Orientierung (Wand/Decke). Geprüft wird nach der AGM-Vorgabe in der Deckenanordnung. Eine Übertragung der Ergebnisse auf Wandanwendungen ist aber möglich und wird dann im Prüfzeugnis ausdrücklich vermerkt.

Zusätzlich zu den im Prüfzeugnis festgelegten Konditionen ist immer die Einbauanweisung des Herstellers zu beachten. Ferner sollte man immer überprüfen, ob das Prüfzeugnis nach wie vor gültig ist, da dessen Gültigkeitsdauer normalerweise auf fünf Jahre beschränkt ist.

Grundsätzlich kann ein AbP auch auf Basis einer Prüfung nach einer europäischen Norm erstellt werden. Die für Fugen relevanten EN-Normen werden später im Kapitel erläutert.

Die Europäische Technische Zulassung (ETA)

Die Europäische Technische Zulassung wurde mit der Bauproduktenverordnung zwar durch die Europäische Technische Bewertung ersetzt, bereits erteilte Zulassungen bleiben aber bis zu ihrem Auslaufen weiterhin gültig und können formell als Europäische Technische Bewertung verwendet werden. Da der Großteil der Hersteller die Möglichkeit zur Verlängerung der Gültigkeitsdauer um fünf Jahre im Zuge der Umstellung auf die Bauproduktenverordnung (BPV) genützt hat, kann man davon ausgehen, dass eine große Anzahl von Produkten noch bis 2018 (danach allerdings nicht mehr) mit Europäischer Technischer Zulassung am Markt sein wird.

Die ETA für Fugenabdichtungen ist analog der ETA für Leitungsabschottungen aufgebaut und konnte von jeder European Organization of Technical Approval-Stelle (EOTA) ausgestellt werden. Produkte für Fugenabdichtungen wurden auf Basis der European Technical Approval Guideline (ETAG) 026 Teil 3 beurteilt. Es gelten daher die gleichen grundsätzlichen Regeln wie bei Leitungsabschottungen, wodurch sich eine ETA im Inhalt deutlich von einem allgemeinen bauaufsichtlichen Prüfzeugnis (AbP) unterscheidet:

- Die Zulassung umfasst nicht nur den Feuerwiderstand, sondern alle „wesentlichen Anforderungen" an Bauwerke entsprechend der Bauproduktenrichtlinie.
- Die Beurteilung der Werkstoffcharakteristika, z. B. Brandverhalten und Dauerhaftigkeit, ist für alle Baustoffe bzw. Produktkomponenten verbindlich.
- Fremdüberwachung ist verpflichtend für alle Produkte, aus denen Fugenabdichtungen mit Feuerwiderstand erstellt werden, auch für nicht aufschäumende Materialien.

Seit dem 01.07.2013 ist die Ausstellung einer Europäischen Technischen Zulassung nicht mehr möglich, auch keine Verlängerung der Gültigkeitsdauer einer bestehenden Europäischen Technischen Zulassung.

Die Europäische Technische Bewertung (ETAssessment)

Europäische Technische Bewertungen haben im Prinzip den gleichen Inhalt wie die bisherigen Europäischen Technischen Zulassungen. Die andere Bezeichnung hebt hervor, dass sie als Instrument der Umsetzung der Bauproduktenverordnung den Weg zur Vermarktung des Produkts in ganz

Europa freimacht, aber keine behördliche Zulassung darstellt, da national zusätzliche anwendungsbezogene Regeln möglich sind.

Europäische Technische Bewertungen werden auf Basis eines Europäischen Bewertungsdokuments erstellt. Bei Produkten, für die es eine ETAG gibt, wird diese vorderhand als EAD verwendet. Bei den Produkten für Fugenabschottungen konnte die ETAG 026-3 bis zum 31.01.2016 als EAD verwendet werden.

Ab diesem Zeitpunkt sind für Fugenabschottungen Europäische Technische Bewertungen erforderlich, die ebenfalls von jeder europäischen EOTA-Stelle (z. B. dem DIBt) ausgestellt werden können.

Nationale Zusatzforderungen

Im Unterschied zu den anderen Mitgliedstaaten fordert Deutschland sowohl bei ETApprovals als auch bei ETAssessments eine zusätzliche Bewertung der Rezeptur des Produkts im Hinblick auf einen Nachweis der gesundheitlichen Unbedenklichkeit, falls das Produkt in Aufenthaltsräumen oder zugehörigen Nebenräumen verwendet werden soll. Daher ist in Deutschland zusätzlich zur ETA eine nationale Zulassung notwendig, die sich ausschließlich auf diesen Aspekt bezieht.

Seit dem 10.07.2014 wird bei Produkten mit einem ETAssessment in der Liste der Technischen Baubestimmungen Teil II zusätzlich eine sog. Anwendungszulassung verlangt (rückwirkend für alle seit dem 01.07.2013 ausgestellten ETAssessments). Das Kernstück der neuen Anwendungszulassung ist eine detaillierte Beschreibung der Fugenabschottungen, die mit dem zugelassenen Produkt erstellt werden können, d. h. Details zu Orientierung, Aufbau, Dimensionen, Bewegungsaufnahmevermögen etc. sowie die damit erzielbare Klasse des Feuerwiderstands in unterschiedlichen Bauteilen (Wand/Decke, Massiv-/Leichtbau etc.). Sind diese Angaben in ausreichender Detailgenauigkeit bereits im ETAssessment vorhanden, wird in der Anwendungszulassung nur auf diese verwiesen.

CE-Kennzeichnung

Eine Europäische Technische Bewertung (bzw. Zulassung, falls noch gültig) bildet die Basis für die CE-Kennzeichnung des zugelassenen/bewerteten Produkts. Diese Kennzeichnung drückt aus, dass das Produkt die in der Bewertung beschriebenen Leistungsmerkmale entsprechend dem Bauproduktengesetz hat und alle anderen relevanten Richtlinien der EG erfüllt (z. B. die Chemikalienverbotsverordnung).

Die Leistungsmerkmale sowie das Anwendungsgebiet (s. o.) sind im Unterschied zu genormten Produkten nicht in der CE-Kennzeichnung enthalten.

Teil 2 Baulicher Brandschutz

	Produkt mit ETApproval	Produkt mit ETAssessment
CE-Zeichen	ETA-07/1234	ETA-07/1234
	'AG 026 – Teil	'AG 026 – Teil
Nummer der Zertifizierungsstelle	1234	1234
Name und Adresse des Herstellers	Firma Mustermann Adresse	Firma Mustermann Adresse
Die letzten beiden Ziffern des Jahres, in dem das CE-Zeichen erstmals angebracht wurde	10	14
Nummer des Übereinstimmungszertifikats / Nummer der DoP	1234-CPD-0321	1234-CPR-0321
Nummer der ETA	ETA-10/1234	ETA-14/1234
Nummer der ETAG (ab 2016 der EAD)	ETAG 026 – Teil 2	ETAG 026 – Teil 2
Produktbezeichnung	Leitungsabschottung „YYY"	„YYY"
Einsatzbereich (Umgebungsbedingungen)	Nutzungskategorie Z_2	(Nutzungskategorie Z_2)
Hinweis auf die Angabe der Leistung für die einzelnen Produktmerkmale		Siehe ETA-14/1234 für weitere relevante Produktmerkmale

Bild 54: Übersicht ETApproval und ETAssessment
(Quelle: Haselmair)

Leistungserklärung (DoP)

Mit der Bauproduktenverordnung (BPV) wurde für den Hersteller die Verpflichtung zur Erstellung einer Leistungserklärung (DoP) eingeführt. Diese beinhaltet neben Angaben zum Hersteller und den eingebundenen Prüf- und EOTA-Stellen auch alle Angaben zum Anwendungsgebiet und zu den dafür relevanten Leistungsmerkmalen des Produkts. Alle deklarierten Leistungen müssen in der DoP enthalten sein. Eine Deklaration außerhalb der DoP ist nicht zulässig. Über den notwendigen Detaillierungsgrad der Angaben gibt es allerdings unterschiedliche Ansichten. Durch die neue Anwendungszulassung soll eine unzureichende Information für den Anwender des Produkts verhindert werden.

Zusätzlich zur ETA und DoP sind vom Hersteller folgende Dokumente zur Verfügung zu stellen (Dies kann in Papierform, elektronisch [z. B. E-Mail] oder bei Einhaltung der in Delegated Regulation No. 157/2014 der Europäischen Kommission angeführten Bedingungen auch auf der Homepage des Produktherstellers erfolgen.):

- Übereinstimmungszertifikat (nur bei ETApproval)
- Technisches Datenblatt (kann in die DoP integriert sein)
- Einbauanleitung
- ggf. Sicherheitsdatenblatt

Wie sind ETAssessments aufgebaut und zu lesen?

Bis zu einer endgültigen Entscheidung werden sich ETAssessments voraussichtlich an der Struktur der bestehenden ETApprovals orientieren. In Zukunft wird möglicherweise zur Vermeidung von Doppelgleisigkeiten das ETAssessment nur die für den Produkthersteller relevanten Vorgaben beinhalten, und die für den Anwender notwendigen Informationen werden ausschließlich in der DoP zu finden sein.

Aufgrund der EU-Verordnung Nr. 305/2011 Art. 66 (3) können Leitlinien für die europäische technische Zulassung, die vor dem 01.07.2013 veröffentlicht wurden, als Europäische Bewertungsdokumente verwendet werden. Daher kann die ETAG 026 Teil 3 als Grundlage für ein Bewertungsdokument verwendet werden.

Eine europäische technische Bewertung gliedert sich in einen Allgemeinen Teil, einen Besonderen Teil und mögliche Anhänge.

Der **allgemeine** Teil enthält Angaben über:

- die ausstellende Bewertungsstelle
- den Handelsnamen des Bauprodukts
- die Produktfamilie
- Name und Adresse des Herstellers
- Anzahl der Herstellungsbetriebe
- Anzahl der Seiten und der Anhänge der Bewertung
- die rechtlichen Grundlagen der Bewertung sowie
- ggf. die Nummer der Zulassung, die die Bewertung ersetzt

Der **besondere** Teil gliedert sich in die Punkte:

1. technische Beschreibung des Produkts mit Verweis auf weitere Produkteigenschaften (z. B. Fugenbreite, Maße oder Rohdichte des Produktes) im Anhang
2. eine Spezifizierung des Verwendungszwecks
3. die Leistungsmerkmale des Produkts sowie Angaben der Methoden ihrer Bewertung. Hier werden aktuell die Angaben aus der Leistungserklärung (DoP) aufgeführt:
    3.1. beschreibt, falls erforderlich, die mechanische Festigkeit und Standsicherheit des Produkts
    3.2. Brandverhalten und Feuerwiderstand nach DIN EN 13051
    3.3. Hygiene, Gesundheit und Umweltschutz

3.4. Sicherheit und Barrierefreiheit; ist bei der Nutzung i. d. R. für Fugenprodukte nicht relevant. Daher wird hier „Keine Leistung festgestellt" vermerkt.
3.5. Schallschutz; ist bei der Nutzung i. d. R. für Fugenprodukte nicht relevant. Daher wird hier „Keine Leistung festgestellt" vermerkt.
3.6. Energieeinsparung und Wärmeschutz; ist bei der Nutzung i. d. R. für Fugenprodukte nicht relevant. Daher wird hier „Keine Leistung festgestellt" vermerkt.
3.7. nachhaltige Nutzung der natürlichen Ressourcen
3.8. allgemeine Aspekte; hier wird beschrieben, unter welchen Umgebungsbedingungen das Produkt eingesetzt werden kann (Nutzungskategorie).
Dabei bedeutet:
- **X:** geeignet für Außenanwendungen
- **Y_1:** geeignet für geschützte Außenanwendungen (UV-Beaufschlagung, aber geschützt vor Regen)
- **Y_2:** geeignet für geschützte Außenanwendungen (geschützt vor Regen und UV)
- **Z_1:** geeignet für Innenanwendungen ohne Frost, aber hoher Feuchtigkeit
- **Z_2:** geeignet für trockene Innenanwendungen ohne Frost

Bei den Anwendungsbedingungen X, Y_1 und Y_2 wird zwischen unterschiedlichen Temperaturbereichen unterschieden, für welche das Produkt geeignet ist, und zwar für den Bereich unter 0 °C. Die Grenztemperaturen werden als Index angegeben. In der neuesten Fassung der ETAG 026-3 ist die Forderung nach Angabe der Temperaturgrenze gestrichen, obwohl weiterhin die Option zur Prüfung mit unterschiedlichen Temperaturen besteht.

Der Nachweis der Eignung für eine Nutzungskategorie gilt auch für alle niedrigeren Kategorien.
1. das angewandte System zur Bewertung sowie dessen Rechtsgrundlage
2. erforderliche technische Einzelheiten

In den **Anhängen** zum ETAssessments werden einzelne Aspekte und Anforderungen aus dem allgemeinen und besonderen Teil genauer erläutert:

Unter „Beschreibung des Bauprodukts" sind die Abmessungen (z. B. der Nenndurchmesser) des Produkts bei unterschiedlichen Fugenbreiten aufzuführen.

Unter „Verwendungszweck" werden die Angaben zur Verwendung und die Ausführung hinsichtlich des nachgewiesenen Feuerwiderstands präzisiert.

Zusätzlich sind die dem ETAssessment zugrunde liegenden Bezugsdokumente im Anhang aufzulisten.

Nach welchen Prüfnormen sind die Prüfungen durchzuführen?

Die Basis für ein allgemeines bauaufsichtliches Prüfzeugnis wurde bereits erläutert. In der ETAG 026-3 sind die Prüfanforderungen wesentlich detaillierter geregelt, auch für Prüfungen aller anderen „wesentlichen Eigenschaften" inklusive der Dauerhaftigkeit.

Für eine ETA sind die Brandprüfungen nach der EN 1366-4:2010-08 durchzuführen, es sei denn, es handelt sich um Fugenanschlüsse einer Vorhangfassade. In diesem Fall sind die EN 1364-3:2014-05 oder EN 1364-4:2014-05 relevant.

Eine Prüfung auf Grundlage einer dieser Normen erlaubt eine Klassifizierung nach EN 13501-2:2018-03.

Im Falle der Fugen ist die europäische Klassifizierung relativ komplex aufgebaut, sodass eine Erläuterung angebracht erscheint.

Zu beachten ist neben der Angabe der Feuerwiderstandsdauer die Orientierung der Fuge in Relation zum umgebenden Bauteil/zu den angrenzenden Bauteilen. Dabei wird zwischen einer horizontalen Fuge in einem horizontalen Bauteil (A), einer vertikalen Fuge in einem vertikalen Bauteil (B), einer horizontalen Fuge in einem vertikalen Bauteil (C), einem Wandanschluss an eine Decke oder ein Dach (D) und einem Deckenanschluss an eine Wand (E) unterschieden. Geprüft werden aus prüftechnischen Gründen nur die Anordnungen A bis C. Bei Einhaltung bestimmter Randbedingungen können die Ergebnisse auf die Anordnungen D und E übertragen werden, wobei zu bemerken ist, dass Anordnung E nach EN 1364-3:2014-05 oder EN 1364-4:2014-05 zu prüfen ist, wenn es sich um eine Anschlussfuge für Vorhangfassaden handelt.

Die zulässigen Orientierungen sind in jedem Fall in dem ETA bzw. in der DoP angegeben. Dabei entspricht die Klasse H den Orientierungen A, D und E, Klasse V der Orientierung B und die Klasse T den Orientierungen C und D (nur abgedeckt, wenn spezielle Prüfbedingungen bezüglich Fugenbewegung eingehalten wurden [Scherung]).

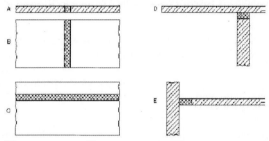

☐ Fugenabdichtung ☐ Wand – Draufsicht ▨ Wand / Decke – Schnitt

Bild 55: Mögliche Orientierungen einer Fuge im Bauteil/zwischen zwei Bauteilen (Quelle: Haselmair)

Ein weiteres Element der Klassifizierung stellt das Bewegungsaufnahmevermögen dar. Die Klasse M00 gibt das Bewegungsaufnahmevermögen in Prozent an und soll dem Planer als Grundlage für die Auslegung von Bewegungsfugen dienen. Bewegungsfuge bedeutet, dass die Bewegung der Fuge mehr als 7,5 % beträgt. Dieser Grenzwert wird in der ISO 11600 verwendet und wurde in die ETAG 026-3 übernommen. Klasse X bedeutet, dass das Produkt nicht für Bewegungsfugen geeignet ist.

Die Ausführung von Stoßstellen ist ebenfalls klassifiziert. Dabei bedeutet Klasse M eine vorgefertigte Stoßstelle, Klasse F eine Erstellung der Stoßstelle vor Ort und Klasse B, dass sowohl vorgefertigte als auch vor Ort erstellte Stoßstellen zulässig sind.

Die letzte Angabe der Klassifizierung bezieht sich auf die zulässige Fugenbreite, ausgedrückt als W00 bis 99, mit Angabe der Fugenbreite in Millimetern.

Ein Beispiel:

EI 30 – H – M25 – B – W 30 bis 90 steht daher für eine klassifizierte Fugenabdichtung mit 30 Minuten Feuerwiderstand (Raumabschluss und Isolierung), horizontaler Ausrichtung, einem Bewegungsaufnahmevermögen von 25 %, zulässig für vorgefertigte und baustellengefertigte Stoßstellen und geeignet für Fugenbreiten von 30 bis 90 mm.

Bei Produkten zur Abdichtung von Bewegungsfugen muss die Brandprüfung nach EN 1366-4 in jedem Fall unter Einschluss von Bewegung durchgeführt werden, um eine ETA erlangen zu können. Das Ausmaß der Bewegung ist mit 100 % des zuvor bestimmten Bewegungsaufnahmevermögens festgelegt. Bei der Auswahl eines Produkts für eine Bewegungsfuge mit Feuerwiderstandsanforderung ist es daher empfehlenswert, auf eine ETA als Eignungsnachweis für das Produkt zu achten. Nur bei Produkten mit einer ETA ist gewährleistet, dass das Bewegungsaufnahmevermögen bei der Brandprüfung berücksichtigt wurde. Bei anderen Eignungsnachweisen, z. B. einem allgemeinen bauaufsichtlichen Prüfzeugnis nach DIN oder auch nach EN, ist dies nicht gewährleistet.

Einen speziellen Fall stellen die Anschlussfugen für Vorhangfassaden dar, die explizit in der Musterbauordnung und einigen Landesbauordnungen geregelt sind. Diese konnten bisher in einer Prüfanordnung nach DIN 4102-3, welche

Brandprüfungen von Brandwänden und nichttragenden Außenwänden normiert, geprüft werden. Die europäischen Prüfnormen EN 1364-3:2014-05 und EN 1364-4:2014-05 bauen auf diesen Erfahrungen auf, regeln aber zusätzliche Details, zum Teil i. V. m. der ETAG 026-3.

Eine Klassifizierung eines Produkts für eine Vorhangfassaden-Anschlussfuge auf Basis einer Prüfung nach EN 1364-3:2014-05 (Gesamtausführung), die das Prüfverfahren für feuerbeständige Vorhangfassaden beschreibt und daher die gesamte Fassade inklusive Verglasung berücksichtigt, wird man vorzugsweise dann finden, wenn auch die Verglasung feuerwiderstandsfähig ist und ein System aus Fassade und Fugenabschottung angeboten wird. Fassade und Fuge können mit einer Prüfung abgedeckt werden.

Bei Fugenabdichtungsprodukten, die unabhängig von einer bestimmten Fassadenkonstruktion angeboten werden, oder bei Vorhangfassaden ohne feuerwiderstandsfähige Verglasung (nur Brüstung und/oder Schürze sind feuerwiderstandsfähig) wird nach EN 1364-4:2014-05 (Teilkonfiguration) geprüft. Hier wird der Probekörper aus der Fugenabdichtung und dem Teil der Fassade gebildet, der an die Fuge anschließt (Brüstung/Schürze). Die an die Fuge anschließende Rohdecke wird ebenfalls simuliert. Bewertet wird, ob die Abdichtung einen Feuerüberschlag in das darüberliegende Geschoss durch die Fuge über die vorgegebene Dauer zu verhindern in der Lage ist.

Wie bei allen anderen Fugen ist auch bei Anschlussfugen an Vorhangfassaden speziell auf das Bewegungsaufnahmevermögen, die Ausbildung von Stoßstellen und die Geometrie/Dimensionierung der Fugenabdichtung zu achten.

Industriebaurichtlinie

Rechtlicher Hintergrund

Die Länder haben die MIndBauRL als technische Baubestimmung eingeführt, wodurch diese bei baulichen Maßnahmen im Industriebau angewandt werden muss. Nur einzelne Länder haben von ihrem Recht der Streichung bzw. inhaltlichen Änderung Gebrauch gemacht.

Muster-Industriebaurichtlinie 2014

Die Muster-Industriebaurichtlinie (MIndBauRL) aus dem Jahr 2000 ist durch die Fachkommission der Bauministerkonferenz überarbeitet worden. Diese wurde in der Fassung Juli 2014 in die Muster-Liste der Technischen Baubestimmungen aufgenommen.

Die wichtigsten Änderungen der MIndBauRL 2014 gegenüber der Fassung aus dem Jahr 2000 sind folgende:

- Konkretisierung des Anwendungsbereichs (zwei Anwendungsbereiche)
- Neudefinition von Brandbekämpfungsabschnitten, Ebenen, Geschossen, Einbauten etc. (3.5 bis 3.9)
- Neuordnung und Bemessung von zulässigen Einbauten (5.5)

- geänderte Bestimmungen zur Einrichtung von Rettungswegen, Entfernung zu Ausgängen ins Freie, Rettungswegführung auf Einbauten, Auslösung von Alarmierungseinrichtung (5.6)
- geänderte Bestimmungen zur Rauchableitung (5.7), zu Feuerlöschanlagen (5.8) und zu Brandmeldeanlagen (5.9)
- zulässige Größe der Brandabschnittsflächen (6, Tabelle 2, Anhang 2)
- Neubestimmung von Brandsicherheitsklassen und Brandbekämpfungsabschnitten (7, Tabellen 3, 4, 5)

Diese Änderungen haben u. a. folgende Auswirkungen:

- Die maximal zulässige Fläche von Einbauten, wie Mezzanine-Flächen oder Bühnen, ist neben der Grundfläche des Brandabschnitts von der Sicherheitskategorie des Gebäudes abhängig.
- Die Anforderungen an den Rauchabzug im Gebäude sind neu definiert.
- An die Rettungswegführung von Einbauten bestehen höhere Anforderungen.

Ziel

Die MIndBauRL regelt als technische Baubestimmung die Mindestanforderungen an den baulichen Brandschutz von Industriebauten, die bei Erleichterungen der materiell-rechtlichen Forderungen an tragende und aussteifende Bauteile, Brandwände, Decken, Dächer sowie die Länge der Rettungswege die Schutzziele der Länderbauordnungen erfüllen müssen.

Diese Mindestanforderungen beziehen sich im Grundsatz auf

- den Feuerwiderstand der Bauteile,
- die Brennbarkeit der Baustoffe,
- die Größe der Brandabschnitte bzw. Brandbekämpfungsabschnitte,
- die Anordnung, Lage und Länge der Rettungswege sowie
- die Anordnung und Dimensionierung des Rauchabzugs.

Für Industriebauten als bauliche Anlagen besonderer Art und Nutzung ist es oft nicht möglich, die Anforderungen der Musterbauordnung (MBO) ganzheitlich einzuhalten. Aus diesem Grund bedient sich die MIndBauRL z. T. anderer Parameter als die der Bauordnungen der Länder. Die brandschutztechnischen Anforderungen, welche an einen Industriebau gestellt werden, ergeben sich daher z. B. aus

- der Art der zuständigen Feuerwehr (öffentliche Feuerwehr, Werkfeuerwehr) sowie
- der brandschutztechnischen Infrastruktur des Betriebs (Brandmeldeanlage, Feuerlöschanlage)

Darüber hinaus bedient sich die MIndBauRL auch des bewährten Rechenverfahrens der DIN 18230-1:2010-09.

Geltungsbereich

Die MIndBauRL gilt zunächst für alle Industriebauten, unabhängig von ihrer Größe bzw. Grundfläche. Jedoch können für bestimmte Arten von Industriebauten, von denen eine geringe Brandgefahr ausgeht, Erleichterungen erstattet werden. Hierzu zählen beispielsweise Einhausungen, die aus Gründen des Immissions- oder Witterungsschutzes errichtet werden, und überwiegend offene Industriebauten wie überdachte Freilager oder Freianlagen. Im Umkehrschluss hierzu können für Industriebauten mit Lagerguthöhen von mehr als 9 m (gemessen vom Boden, auf dem die unterste Palette steht, bis zur Oberkante des Lagerguts) weitergehende Anforderungen gestellt werden.

Die MIndBauRL kann aber auch zur Bewertung von ungeregelten Gebäude und baulichen Anlagen verwendet werden, die nicht unmittelbar von deren Geltungsbereich erfasst, jedoch hinsichtlich ihres Brandrisikos mit Industriebauten vergleichbar sind (z. B. gewerbliche Nutzungen im Bereich des Kfz-Handels). Die Bewertung dieser Einzelfälle erfolgt dann in Anlehnung an die MIndBauRL.

Begriffe

Wesentlich für die MIndBauRL ist eine Definition der in ihr verwendeten Begriffe; diese gelten insofern nur für die MIndBauRL.

Brandabschnitt/Brandabschnittsfläche
Als Brandabschnittsfläche wird die Grundfläche bezeichnet, welche zwischen den aufgehenden Umfassungsbauteilen die größte Ausdehnung eines Brandabschnitts innerhalb eines Geschosses aufweist, und nicht die Fläche, die sich aus der Summe der Flächen der einzelnen Geschosse ergibt.

Brandbekämpfungsabschnitt

Ein Brandbekämpfungsabschnitt umfasst einen Gebäudebereich, welcher auf ein kritisches Brandereignis normativ bemessen und gegenüber anderen Gebäudebereichen brandschutztechnisch abgetrennt ist. An die Bauteile, die Brandbekämpfungsabschnitte begrenzen, bestehen spezifische Anforderungen.

Geschosse/Ebenen und Einbauten

In der Muster-Industriebbaurichtlinie wird unterschieden zwischen Geschossen, Ebenen und Einbauten. Der Unterschied wird durch die Anforderungen an die jeweilige Trennung sowie das Bewertungsverfahren definiert. Geschosse müssen von anderen Geschossen durch Geschossdecken getrennt werden. Diese Geschossdecken müssen eine raumabschließende Qualität aufweisen und standsicher ausgeführt sein. Die brandschutztechnische Bemessung der Geschossdecken ist abhängig von der Geschossigkeit, der Brandabschnittsfläche sowie der Sicherheitskategorie. Geschosse werden sowohl im Bewertungsverfahren nach Abschnitt 6 als auch nach Abschnitt 7 bewertet.

Einbauten sind begehbare Bauteile innerhalb eines Geschosses. Als Einbauten werden auch die nach MIndBauRL Fassung 2000 geregelten Emporen und Galerien eingestuft. Der Fußboden des Einbaus befindet sich oberhalb der Geschossdecke des jeweiligen Geschosses. Einbauten dienen dem Zugang zu Maschinen und Anlagen. Die Errichtung von Räumen ist ebenso möglich. Die Standsicherheit von Einbauten muss nicht brandschutztechnisch bemessen sein.

Die Grundfläche von Einbauten ist in Abhängigkeit von der Brandabschnittsfläche sowie der Sicherheitskategorie begrenzt.

Anders als bei Geschossen, muss bei Ebenen lediglich die Standsicherheit brandschutztechnisch bemessen sein. Anforderungen an Öffnungen, Abschlüsse oder Abschottungen bestehen nicht. Öffnungen und nicht klassifizierte Abschlüsse bleiben bei der Ermittlung der Grundfläche von Ebenen unberücksichtigt.

Erdgeschossige Industriebauten

Erdgeschossige Industriebauten sind Industriegebäude (d. h. gewerblich oder industriell, zum Produzieren und Lagern verwendet) mit nicht mehr als einer oberhalb des Erdbodens liegenden Ebene, deren Fußboden an keiner Stelle mehr als 1,0 m (im Mittel) unter der Geländeoberfläche liegt.

Sicherheitskategorien

Die Sicherheitskategorien stellen Klassierungsstufen dar, in welche das jeweilige Gebäude nach MIndBauRL eingestuft wird. Die Einstufung in die einzelnen Sicherheitskategorien erfolgt unter Berücksichtigung der vorhandenen brandschutztechnischen Infrastruktur.

Nachstehend sind die Sicherheitskategorien gemäß Abschnitt 3.9 MIndBauRL aufgeführt:

Teil 2 Baulicher Brandschutz

K1 Brandabschnitte (BA) oder Brandbekämpfungsabschnitt (BBA) ohne besondere Maßnahmen für Brandmeldung und Brandbekämpfung
K2 BA oder BBA mit automatischer Brandmeldeanlage
K3.1 BA oder BBA mit automatischer Brandmeldeanlage in Industriebauten mit Werkfeuerwehr in mindestens Staffelstärke (sechs Feuerwehrangehörige); diese Staffel muss aus hauptamtlichen Kräften bestehen
K3.2 BA oder BBA mit automatischer Brandmeldeanlage in Industriebauten mit Werkfeuerwehr in mindestens Gruppenstärke (neun Feuerwehrangehörige)
K3.3 BA oder BBA mit automatischer Brandmeldeanlage in Industriebauten mit Werkfeuerwehr mit mindestens zwei Staffeln
K3.4 BA oder BBA mit automatischer Brandmeldeanlage in Industriebauten mit Werkfeuerwehr mit mindestens drei Staffeln
K4 BA oder BBA mit selbsttätiger Feuerlöschanlage

Bei Vorhandensein einer flächendeckenden, halbstationären Feuerlöschanlage darf in den Sicherheitskategorien K3.1, K4.2 und K3.3 die jeweils höchsthöhere Kategorie angesetzt werden, wenn die Werkfeuerwehr der Verwendung der Feuerlöschanlage im Brandfall zugestimmt hat. Die landesrechtlich anerkannte Werkfeuerwehr muss spätestens fünf Minuten nach der Alarmierung am Einsatzort sein (also am Industriegebäude, in dem der Brand gemeldet wurde).

Die Möglichkeit, anstelle einer Brandmeldeanlage die Brandmeldung durch eine ständige Personalbesetzung sicherzustellen, wird im Rahmen der Einstufung in die jeweilige Sicherheitskategorie nicht beachtet.

Verfahren

Mögliches Nachweisverfahren nach MIndBauRL:

Im Verfahren nach Abschnitt 6 „Anforderungen an Baustoffe und Bauteile sowie an die Größe der Brandabschnitte ohne Brandlastermittlung" erfolgt die Bewertung in Abhängigkeit von der Feuerwiderstandsklasse der tragenden und aussteifenden Bauteile, der brandschutztechnischen Infrastruktur der baulichen Anlage (Sicherheitskategorien K1 bis K4) und der Anzahl (Summe) der oberirdischen Geschosse (Anmerkung: Jedes Geschoss, das an keiner Stelle mehr als 1,0 m unter der Geländeoberfläche liegt, wird als Obergeschoss angerechnet. Folglich zählt das Erdgeschoss bereits als 1. Obergeschoss.). Eine Betrachtung der im Gebäude vorhandenen Brandlasten erfolgt nicht.

Im Verfahren nach Abschnitt 7 wird die zulässige Fläche eines Brandabschnitts sowie die erforderliche brandschutztechnische Bemessung der Bauteile auf Grundlage des Rechenverfahrens nach DIN 18230-1:2010-09 sowie der Einstufung in die zutreffende Brandsicherheitsklasse ermittelt.

Anstelle der Verfahren nach den Abschnitten 6 und 7 können auch anerkannte Methoden des Brandschutzingenieurwesens nach Anhang 1 MIndBauRL eingesetzt werden, um die Einhaltung der Schutzziele des Abschnitts 1 MIndBauRL nachzuweisen.

Der Antragsteller hat bei der Anwendung der MIndBauRL als technische Baubestimmung also die Wahl, ob er die nach Abschnitt 6 MIndBauRL definierten Brandabschnittsgrößen einhalten kann, sich eines Rechenverfahrens nach DIN 18230-1:2010-09 oder den anerkannten Methoden des Brandschutzingenieurwesens bedient.

Bei Industriebauten mit geringer Brandlast, kann das Verfahren nach Abschnitt 7 sinnvoll sein.

Allgemeine Bestimmungen

Löschwasserbedarf
Für die Bemessung des Löschwasserbedarfs orientiert sich die MIndBauRL an der Größe des Brandabschnitts/Brandbekämpfungsabschnitts. Bei Brandabschnittsflächen/Brandbekämpfungsabschnittsflächen von bis zu 2.500 m² kann von einem Löschwasserbedarf von mindestens 1.600 l/min. (also 96 m³/h) auf einen Zeitraum von zwei Stunden ausgegangen werden. Bei Abschnittsflächen von > 4.000 m² ist von einem Löschwasserbedarf von 3.200 l/min (192 m³/h) auf einen Zeitraum von zwei Stunden auszugehen. Die Zwischenwerte der Abschnittsflächen dürfen interpoliert werden. Bei Industriebauten mit selbsttätig wirkender Feuerlöschanlage

wird eine Löschwassermenge von 1.600 l/min. (also 96 m³/h) für die erste Stunde als ausreichend erachtet. Bei Flächen unterhalb von 2.400 m² oder oberhalb 4.000 m² werden die beiden aufgeführten Minimal- bzw. Maximalwerte von 96 bzw. 192 m³/h angesetzt.

Der Löschwasserbedarf ist in allen Fällen mit der Brandschutzdienststelle abzustimmen.

Lage und Zugänglichkeit

Jeder Brandabschnitt bzw. Brandbekämpfungsabschnitt muss mit mindestens einer Seite an einer Außenwand liegen und dort für die Feuerwehr anfahrbar sein; dies gilt nicht, wenn eine selbsttätige Feuerlöschanlage vorhanden ist, wird für diesen Fall aber dennoch empfohlen. Freistehende sowie aneinandergebaute Industriegebäude mit einer Grundfläche von mehr als 5.000 m² müssen unabhängig davon eine Feuerwehrumfahrt nachweisen. Die Feuerwehrumfahrt muss in Hinsicht der Mindestbreite, Ausführung der Radien etc. den jeweiligen Vorgaben für Feuerwehrflächen entsprechen. Ansonsten gelten die Vorgaben der Landesbauordnung betreffend Anfahr-, Bewegungs- und Stellflächen für die Feuerwehr. Die von früher bewährten Regelungen für die Umfahrbarkeit von Industriebauten ab einer Grundfläche von 5.000 m² sowie die Erreichbarkeit von Brandabschnitten blieb demnach unverändert.

Zweigeschossige Industriebauten mit Zufahrten

Ein brandschutztechnisch bewährter und verbreiteter Bautyp von Industriebauten wurde in dieser Regelung neu aufgegriffen. Geprägt durch die Logistik und Ablauforganisation werden in zunehmendem Maße zweigeschossige

Industriebauten errichtet. Sofern das untere Geschoss von außen für Feuerwehrfahrzeuge anfahrbar ist, kann das obere Geschoss wie ein erdgeschossiger Industriebau behandelt werden. Das untere Geschoss ist nach den Anforderungen an einen Industriebau mit zwei Obergeschossen zu bewerten.

Geschosse unter der Geländeoberfläche

Geschosse, die unter der Geländeoberfläche liegen, stellen für die Brandbekämpfung besondere Probleme dar. Deshalb müssen Untergeschosse durch feuerbeständige Wände aus nichtbrennbaren Baustoffen in Abschnitte von ≤ 1.000 m² im 1. Untergeschoss und 500 m² in jedem tieferliegenden Geschoss unterteilt werden.

Die Unterteilung in einzelne Abschnitte ist nicht erforderlich, wenn das Geschoss mindestens auf einer Seite auf ganzer Länge für die Feuerwehr von außen ohne Hilfsmittel zugänglich ist. Eine weitere Erleichterung besteht, sofern die betroffenen Geschosse ausschließlich dem Betrieb von Wasserklär- und -aufbereitungsanlagen dienen. Ist dies der Fall oder ist eine flächendeckende Löschanlage vorhanden, dürfen die unterirdischen Flächen bei Vorhandensein einer selbsttätigen Feuerlöschanlage um den Faktor 3,5 erhöht werden. Damit findet eine sinnvolle Harmonisierung der Bewertung der Löschanlage in allen Teilen der MIndBauRL statt.

Einbauten

In Abhängigkeit von der Sicherheitskategorie sind auf den Grundflächen von Geschossen/Ebenen maximal folgende Grundflächen von Einbauten zulässig: 400 m² (K1), 600 m²

(K2), 720 m² (K3.1), 800 m² (K3.2), 920 m² (K3.3), 1.000 m² (K3.4) und 1.400 m² (K4). Öffnungen innerhalb des Einbaus werden nicht abgezogen. Einbauten dürfen mehrfach nebeneinander angeordnet sein, sofern zwischen den Einbauten eine brandlastfreie Trennzone von nicht weniger als 5 m (horizontal) eingehalten wird und die Fläche aller Einbauten in einem Brandabschnitt 25 % der Grundfläche nicht übersteigt.

Rettungswege

Industriebauten mit einer Grundfläche von mehr als 1.600 m² müssen mindestens zwei bauliche Rettungswege aufweisen. Beide Rettungswege müssen möglichst entgegengesetzt angeordnet sein. Gleiches gilt für Ebenen und Einbauten, sofern deren Grundfläche mehr als 200 m² beträgt.

Die zulässige Rettungsweglänge bei Industriebauten wird, ausgehend von rechnerischen Untersuchungen, unter Berücksichtigung der Raumhöhe sowie dem Vorhandensein von internen Alarmierungsanlagen definiert.

Die zulässige Rettungsweglänge darf in Brandabschnitten mit einer lichten Höhe von ≤ 5 m maximal 35 m und bei einer lichten Höhe von > 10 m maximal 50 m betragen. Bei Vorhandensein einer internen Alarmierungsanlage darf die zulässige Rettungsweglänge in Brandabschnitten mit einer lichten Höhe von ≤ 5 m maximal 50 m und bei einer lichten Höhe von > 10 m maximal 70 m betragen. Die Rettungsweglänge wird in der Luftlinie gemessen, wobei Bauteile, wie z. B. Wände und genehmigungspflichtige Einbauten, die bei der Flucht umgangen werden müssen, zu berücksichtigen sind. Die tatsächliche Lauflänge ist auf das 1,5-Fache der jeweiligen Entfernung beschränkt.

Die Bemessung nach Raumhöhe entspricht der Tatsache, dass die Verrauchung der Rettungswege in hohen Räumen i. d. R. deutlich langsamer erfolgt als bei niedrigen Räumen.

Die mittlere Raumhöhe ergibt sich aus dem gemittelten Abstand zur Decke oder zum Dach des Geschosses der Rettungswege. Besondere Beachtung ist dabei höher gelegenen Ebenen zu schenken. Für diese Ebenen ergibt sich die Rettungsweglänge in Abhängigkeit vom mittleren Abstand der betrachteten Ebene zum Dach bzw. zur Decke. Bei kleineren Räumen oder Ebenen innerhalb eines deutlich größeren Raums bleibt deren Raumhöhe bei der Ermittlung der mittleren Raumhöhe unberücksichtigt, wenn die Räume sich flächenmäßig gegenüber dem größeren Raum deutlich unterordnen. Unabhängig von der maximal zulässigen Rettungsweglänge muss in Produktions- und Lagerräumen in maximal 15 m Lauflänge ein Hauptgang mit mindestens 2 m Breite erreichbar sein.

> ⚠️ **Hinweis**
>
> Die Fluchtweglängen bei niedrigeren respektive höheren Gebäudehöhen werden wie die Minimal- bzw. Maximalwerte angesetzt.

Die Rettungswegführung von Geschossen, die nicht zu ebener Erde liegen, müssen über notwendige Treppen in notwenige Treppenräume führen. Für Einbauten und Ebenen, welche die maximal zulässige Fläche überschreiten, gilt dies entsprechend. Bei Einhaltung der zulässigen Grundfläche an Einbauten und Ebenen ist die Rettungswegführung über eine notwendige Treppe ohne notwendigen Treppenraum zulässig, wenn die notwendige Treppe in maximal 25 m erreichbar ist. Bei Vorhandensein einer Brandmeldeanlage/Löschanlage mit zusätzlicher Handauslösung kann die Lauflänge auf 35 m und bei Brandbekämpfungsabschnitten mit Brandlasten < 15 kWh/m² auf 50 m erhöht werden. Unabhängig davon dürfen Kontroll- und Wartungsgänge, die nur gelegentlich begangen werden, über Steigleitern erschlossen werden, sofern sie aus nichtbrennbaren Baustoffen bestehen. Die Steigleiter muss in maximal 100 m, bei nur einer Fluchtrichtung 50 m erreichbar sein.

Die MIndBauRL beschreibt Anforderungen an Rettungswege speziell für Lager- und Produktionsräume. Räume für andere Nutzungen innerhalb des Industriebaus, wie Meisterbüros, Labore, Pausen- und Umkleideräume, integrierte Büroräume u. Ä., werden nicht direkt beschrieben. Grundsätzlich gilt, dass Personen in diesen Räumen mindestens das gleiche Sicherheitsniveau erfahren müssen wie Personen in Lager- und Produktionsräumen. Die vorgenannten Räume werden oft als sog. „gefangene Räume" im Industriebau angeordnet. Da das Bauordnungsrecht „gefangene Räume" nicht betrachtet und daher auch keine spezifischen Regelungen nennt, muss an dieser Stelle auf das Arbeitsstättenrecht Bezug genommen werden.

Für die Sicherheit von „Büroarbeitern" (insbesondere in Räumen auf höher gelegenen Ebenen, Einbauten oder an schlecht einsehbaren Stellen des Gebäudes) können besondere Maßnahmen wie eine ständige Sichtverbindung (Verglasung) oder eine Alarmierungseinrichtung im Einzelfall erforderlich werden. Die Regelungen der MIndBauRL gehen im Grundsatz zunächst von in weiten Bereichen übersichtlichen Produktions- und Lagerräumen aus und unterstellen daher diese Sichtverbindung, sodass für abgetrennte Aufenthalts- und Arbeitsräume durchaus Zusatzmaßnahmen erforderlich werden können.

Die MIndBauRL verlangt, dass Räume mit einer Fläche von mehr als 200 m² einen zweiten Ausgang haben müssen. Sinn und Zweck dieser Forderung ist, Nutzern eines größeren Raumes bei einem Schadensereignis (z. B. Brandfall) in oder vor diesem Raum, welches den einzigen Ausgang versperren könnte, einen weiteren Ausgang zu ermöglichen. Mit dieser Forderung ist weder der nach Bauordnungsrecht erforderliche „zweite Rettungsweg" noch der „Ausgang ins Freie" gemeint. Sie soll nur „gefangene Räume" größeren Umfangs vermeiden. Beide Ausgänge dürfen in den gleichen Luftraum führen. Großflächige Verglasungen können sog. gefangene Räume derartig absichern, dass man dann eben nicht mehr von „gefangenen Räumen" sprechen muss.

Aus diesem Grund werden an diesen zweiten Ausgang auch keine weiteren Anforderungen hinsichtlich der Anordnung und Einbindung in das Rettungswegsystem gestellt. Mit dieser Forderung nach einem zweiten Ausgang aus größeren Räumen ist insbesondere nicht beabsichtigt, über die an anderer Stelle der MIndBauRL geregelten zweiten Rettungswege hinausgehende Anforderungen zu stellen. Es ist jedoch empfehlenswert, diese Ausgänge möglichst entgegengesetzt anzuordnen. Bei nebeneinander angeordneten Räumen kann der zweite Ausgang beispielsweise auf einen davor angeordneten Gang oder in einen Nachbarraum mit eigenem Ausgang führen. Allerdings muss von jeder Stelle dieses Raums, unter Berücksichtigung der höchstzulässigen Entfernungen, ein Hauptgang nach höchstens 15 m Lauflänge erreichbar sein.

Liegt ein Ausgang ins Freie unter einem Vordach, beginnt das Freie jetzt erst am Ende des Vordaches und nicht an dessen Beginn, und mehr als 15 m zusätzlich darf der Fluchtweg nicht betragen.

Rauchabzug

Zum Rauchabzug wurden nach eingehenden Diskussionen in der Fachkommission folgende Regelungen getroffen:

Einrichtungen zum Rauchabzug dienen primär der Unterstützung der Brandbekämpfung, d. h. die Selbstrettung wird durch die Anforderungen an Rettungswege sowie an die Alarmierungseinrichtungen und nicht durch Rauchabzugseinrichtungen sichergestellt.

Räume mit geringen Grundflächen bis zu 200 m² müssen gemäß MIndBauRL keine Einrichtungen zur Rauchableitung erhalten, d. h. sie können im Prinzip „öffnungslos" gestaltet werden. Ob das jedoch wirklich Sinn ergibt und ob es den Vorgaben und Schutzzielen der Musterbauordnung (MBO) gerecht wird, muss im Einzelfall individuell erörtert werden.

Bereiche mit mehr als 200 m² Grundfläche müssen entraucht werden. Bei den Anforderungen an den Rauchabzug wird nach Raumgröße unterschieden.

Räume zwischen 200 m² und 1.600 m² müssen über öffenbare Flächen mit einem freien Querschnitt von 1 % der Grundfläche an oberster Stelle oder von 2 % der Grundfläche im oberen Drittel der Außenwände entraucht werden können. Des Weiteren müssen Zuluftflächen im unteren Raumdrittel zur Verfügung stehen. Die Zuluftflächen müssen in gleicher Größe wie die Rauchabzugsöffnungen bemessen sein, jedoch nicht mehr als 12 m².

Räume > 1.600 m² müssen über Rauchabzugsanlagen verfügen. Die Rauchabzugsgeräte sind so anzuordnen, dass je 400 m² Grundfläche ein Rauchabzugsgerät angeordnet ist. Die aerodynamisch wirksame Fläche pro 400 m² Grundfläche muss mindestens 1,5 m² betragen. Des Weiteren müssen die Rauchabzugsgeräte in Auslösegruppen von ≤ 1.600 m² angeordnet werden und sowohl automatische als auch manuelle Auslösevorrichtungen haben. Die Zuluftflächen müssen mit mindestens 12 m² bemessen sein.

Bei Produktions- und Lagerräumen mit selbsttätigen Feuerlöschanlagen besteht zudem die Möglichkeit, eine Entrauchung über die Lüftungsanlage vorzunehmen.

Des Weiteren ist eine Rauchableitung über maschinelle Rauchabzugsgeräte möglich. Der Luftvolumenstrom der maschinellen Rauchableitung wird unter Berücksichtigung der Grundfläche bemessen.

Abweichende Anforderungen bestehen im Bereich von Ebenen oder bei Vorhandensein einer Werkfeuerwehr.

Selbsttätige Feuerlöschanlagen

Feuerlöschanlagen dienen in erster Linie dafür, einer Brandausbreitung entgegenzuwirken. Des Weiteren wird durch eine selbsttätige Feuerlöschanlage die Brandbeanspruchung von Bauteilen begrenzt.

Das Erfordernis einer flächendeckenden Sprinkleranlage ergibt sich bei Einstufung des Industriegebäudes in die Sicherheitskategorie K4 oder bei Bewertung nach Abschnitt 6 durch die Ausbildung von Regalanlagen mit einer Lagerguthöhe > 7,5 m. Die Feuerlöschanlage ist auf das vorhandene Brandgut abzustimmen und nach den anerkannten Regeln der Technik zu errichten.

Neu ist die Berücksichtigung von halbstationären Feuerlöschanlagen (insofern diese den Regeln der Technik entsprechen). Diese können angerechnet werden i. V. m. einer Werkfeuerwehr bei flächendeckender Ausbildung der Anlage und bei Vorhandensein einer automatischen Branddetektion, die auf eine ständig besetzte Stelle aufgeschaltet ist.

Da nur solche Einrichtungen, die einen flächendeckenden Schutz bieten, berücksichtigt werden, sind Objektschutzanlagen (z. B. solche mit gasförmigen Löschmitteln) nicht im Rahmen der Bewertungen der MIndBauRL zu berücksichtigen.

Brandmeldeanlagen

Sofern eine Brandmeldeanlage auf Grundlage der MIndBauRL erforderlich ist, z. B. bei Einstufung in die Sicherheitskategorie K2 oder für die Bemessung der Rettungsweglängen, ist die Brandmeldeanlage mit automatischen Brandmeldern flächendeckend im gesamten Brandabschnitt nach den anerkannten Regeln der Technik auszuführen. Des Weiteren muss die Brandmeldeanlage über technische Maßnahmen zu Vermeidung von Falschalarmen verfügen. Das kann z. B. eine zweimelderabhängige Alarmierung sein. Die Brandmeldungen der Brandmeldeanlage sind unmittelbar zur zuständigen Einsatzleitstelle der Feuerwehr zu übertragen. Die Ausführung ohne Maßnahmen zur Vermeidung von Falschalarmen darf nur erfolgen, sofern die Brandmeldeanlage auf die Leitstelle der zuständigen Werkfeuerwehr aufgeschaltet ist.

Eine flächendeckende Brandmeldeanlage kann entfallen, wenn eine sofortige Brandentdeckung und Weiterleitung durch eine ständige Personalbesetzung sichergestellt ist. Dies gilt nicht, wenn die Brandmeldeanlage zur Verlängerung der Rettungswegführung herangezogen wird.

Brandwände und Wände zur Trennung von Brandbekämpfungsabschnitten

Abweichend von den Anforderungen an Brandwände, die aus der Musterbauordnung hervorgehen, bestehen nach MIndBauRL keine Erleichterungen an den Feuerwiderstand bei Gebäuden der Gebäudeklassen 1 bis 4 und müssen in allen Fällen auch unter mechanischer Beanspruchung feuerbeständig aus nichtbrennbaren Baustoffen hergestellt sein.

Des Weiteren ist die Brandwand abweichend zu den Anforderungen der MBO mindestens 0,5 m über Dach zu führen. Nach wie vor dürfen brennbare Gegenstände nicht horizontal oder vertikal an/über Brandwände/n geführt werden.

Zudem ist zu vermeiden, dass eine Brandausbreitung in den nebenstehenden Brandabschnitt über die Außenwände erfolgt. Aus diesem Grund sind geeignete Maßnahmen zu treffen und eine brandabschnittsübergreifende Brandausbreitung zu verhindern. Als geeignete Maßnahme beschreibt die MIndBauRL z. B. die Ausbildung von nichtbrennbaren Außenwänden, bei brennbaren Außenwänden einen von der Außenwand vorstehenden Teil der Brandwand von mindestens 0,5 m oder ein angeordneter Außenwandabschnitt aus nichtbrennbaren Baustoffen.

Neu ist auch, dass anstelle einer inneren Brandwand zwei sich gegenüberstehende und feuerbeständige, aus nichtbrennbaren Baustoffen ausgebildete Wände zulässig sind, die unabhängig voneinander als „standsicher" eingestuft werden können. Öffnungen in inneren Brandwänden sind zulässig, wenn sie verfahrenstechnisch (etwa für den innerbetrieblichen Transport) nötig sind und feuerbeständig sowie dichtschließend und selbstschließend sind. Aufgehaltene Öffnungen müssen über Feststellanlagen verfügen, die bei Rauchdetektion automatisch schließen. Verglasungen sind nur dann zugelassen in Brandwänden, wenn sie nach F90 (und nicht nach G90) eingestuft sind und die zugehörigen Rahmen ebenso dieser Anforderung entsprechen. Nach wie vor muss bei über Eck zusammengestoßenen Gebäuden, die mit einer Brandwand getrennt sind, die Brandwand

5 m über das innere Eck hinausragen, sofern die Gebäude nicht in einem Winkel von mindestens 120° zusammenstoßen.

Vorkehrungen gegen den Feuerüberschlag

Um eine vertikale Brandübertragung in höher liegende Brandabschnitte zu verhindern, z. B. bei Staffelgeschossen, sind auch hier geeignete Maßnahmen erforderlich, dem Feuerüberschlag entgegenzuwirken. Abweichend zu den Regelungen der MBO bestehen auch in diesem Bereich Erleichterungen durch die MIndBauRL. Geeignete Maßnahmen können sein, die Dachfläche oder die betroffene Außenwand auf einen Abstand von mindestens 1,5 m im Feuerwiderstand der Geschossdecke auszuführen. Bei Vorhandensein einer Werkfeuerwehr oder flächendeckenden Löschanlage sind die Bauteile auf mindestens 1 m feuerbeständig auszuführen.

Nichttragende Außenwände und Außenwandbekleidungen

Bei den Anforderungen an nichttragende Außenwände und deren Bekleidungen und Dämmstoffen verweist die MIndBauRL auf die Anforderungen des § 28 der MBO. Die Ausbildung mit schwerentflammbaren Baustoffen ist nur in Einzelfällen gestattet. Hierzu zählen u. a. erdgeschossige Industriebauten oder Industriebauten mit Brandbekämpfungsabschnitten, an welche besondere Anforderungen gestellt werden.

Des Weiteren regelt die MIndBauRL die Lagerung an Außenwänden. Die Lagerung brennbarer Stoffe unmittelbar an Außenwänden im Außenbereich ist nur noch zulässig, wenn die Außenwand in feuerbeständiger Bauweise ohne Öffnungen ausgebildet ist oder die Lagerfläche je nach Aufbau der Außenwand und vorhandener brandschutztechnischer Infrastruktur in einem bestimmten Faktor zur Brandabschnittsfläche zugeschlagen wird.

Dächer und Bedachungen

Ziel der MIndBauRL ist, innerhalb eines großen Brand- oder Brandbekämpfungsabschnitts eine Brandausbreitung über die Bedachung zu behindern. Anforderungen an die Dachflächen bestehen nach MIndBauRL erst ab zusammenhängenden Dachflächen von mehr als 2.500 m^2. Diese sind so auszubilden, dass eine Brandweiterleitung über die Dachfläche behindert wird. Die Anforderung kann u. a. erfüllt sein, wenn die Dachfläche aus nichtbrennbaren Baustoffen oder nach den Anforderungen der DIN 18234-1:2003-09/ DIN 18234-2:2003-09 ausgebildet wird. Bei der Ausbildung von Dachdurchdringungen sind weitere Anforderungen zu beachten.

Die Fläche zusammenhängender Dächer kann ohne Anforderungen auf 3.000 m^2 erweitert werden, sofern es sich um Lagerhallen handelt, in denen keine brennbaren Stoffe gelagert werden (z. B. Sand, Salz, Stahl, ...). Es ist jedoch zu beachten, dass diese Gebäude dann nach Nutzungsänderungen ggf. erheblich nachgerüstet werden müssen.

Die Anforderung nach einer harten Bedachung gilt für das Dach, nicht jedoch für die erforderlichen Rauch- und Wärmeabzugsflächen.

Sonstige Brandschutzmaßnahmen, Gefahrenverhütung

Industriebauten müssen mit geeigneten Feuerlöschern ausgestattet sein. Geeignet heißt u. a., dass das Löschmittel der Feuerlöscher für die Brandklassen im Gebäude geeignet ist.

Des Weiteren müssen in Räumen ab 1.600 m² Grundfläche Wandhydranten (Typ F) in ausreichender Anzahl, leicht erreichbar und gut sichtbar vorhanden sein – wenn die zuständige öffentliche Feuerwehr bzw. die für den Brandschutz zuständige öffentliche Dienststelle Wandhydranten für nötig und sinnvoll einstuft. Alternativ zu Wandhydranten können in Gebäuden der Sicherheitskategorien K3.1 bis K4 auch trockene Löschwasserleitungen zugelassen werden. Wandhydranten und Entnahmestellen sind vorzugsweise an Ausgängen zu platzieren, und Einspeisestellen dürfen nicht mehr als 15 m von Feuerwehr-Bewegungsflächen entfernt platziert werden. Je nach Brandgut kann man auch andere sinnvolle, effektive Löschmittel verlangen.

Sofern die Brandschutzdienststelle aus einsatztaktischen Gründen keine Bedenken gegenüberstellt, kann auf Wandhydranten auch vollends verzichtet werden.

Ab einer Grundfläche von 2.000 m² sind im Einvernehmen mit der zuständigen Brandschutzdienststelle Feuerwehrpläne zu erstellen. Feuerwehrpläne werden im Regelfall nach DIN 14095 erstellt. Beachtet werden muss, dass die MInuDauRl abweichend von den Anforderungen der genannten DIN zusätzliche Anforderungen an die Darstellung von Bauteilen stellt. Zudem können die einzelnen Brandschutzdienststellen weitergehende Anforderungen an Feuerwehrpläne stellen.

Ebenso ab einer Grundfläche von 2.000 m² ist eine Brandschutzordnung zu erstellen, darunter ist es empfehlenswert. Diese besteht aus den drei Teilen A, B und C nach DIN 4096.

Wenn die Grundfläche des Industriebaus mehr als 5.000 m² beträgt, wird ein Brandschutzbeauftragter gefordert. Dieser muss sicherstellen, dass die Brandschutzvorgaben aus der Baugenehmigung (ggf. auch der versicherungsrechtlichen Vorgaben) erfüllt werden, dass Wartungen (Brandmeldeanlagen, Brandschutztüren, RWA-Anlagen, Löschanlagen, ...) durchgeführt werden und dass die betriebliche Nutzung weiterhin der Genehmigung entspricht. Mängel sind abzustellen bzw. das Abstellen ist direkt oder indirekt einzuleiten. Der Brandschutzbeauftragte ist schriftlich zu bestellen, und seine Aufgaben sind dabei festzuhalten. Der für den Brandschutz zuständigen Behörde ist der Name des Brandschutzbeauftragten zu übermitteln.

Um auch bei Gebäuden mit großer Ausdehnung im Brandfall die Funkkommunikation der Feuerweher zu gewährleisten, ist es im Einvernehmen der zuständigen Brandschutzdienststelle erforderlich, ab einer Grundfläche von 30.000 m² Vorkehrungen zu treffen, die eine Funkkommunikation ermöglichen.

Industriebaurichtlinie

Teil 2 Baulicher Brandschutz

Anforderungen an die Größe der Brandabschnitte und an die Bauart der Konstruktion im Verfahren nach Abschnitt 6 ohne Brandlastermittlung

Festlegung von Brandabschnittsflächen
Die maximal zulässigen Flächen werden unter Berücksichtigung der Sicherheitskategorien K1 bis K4, der Feuerwiderstandsfähigkeit der tragenden und aussteifenden Bauteile sowie der Anzahl der oberirdischen Geschosse ermittelt.

Die Gebäude sind so zu errichten, dass bei Versagen von Bauteilen nicht plötzlich das Haupttragwerk einstürzen kann.

Unterdecken müssen komplett (d. h. Befestigungen, Dämmstoffe, Unterkonstruktionen) nichtbrennbar sein, somit sind schwerentflammbare Baustoffe und Bauteile nicht zulässig.

Besondere Anforderung an Lagergebäude und an Gebäude mit zusammenhängenden Lagerbereichen
Ist keine automatische Feuerlöschanlage vorhanden, müssen Lagerabschnitte von max. 1.200 m² gebildet werden. Zwischen den Lagerbereichen sind Freiflächen auszubilden. Die Breite der Freiflächen richtet sich nach der Lagerhöhe. Bei einer Lagerung bis 4,5 m Oberkante Lagergut muss die Freifläche eine Breite von 3,5 m, bei einer Höhe von 7,5 m eine Breite von 5 m aufweisen. Bei Lagerguthöhen zwischen 4,5 und 7,5 m darf interpoliert werden.

Anforderungen an Baustoffe und Bauteile sowie an die Größe der Brandbekämpfungsabschnitte unter Verwendung des Rechenverfahrens nach DIN 18230-1

Im Verfahren nach Abschnitt 7 wird insbesondere auf Basis der Brandlasten sowie der Wärmeabzugsflächen die maximale Brandbekämpfungsabschnittsfläche bestimmt. Im Verfahren nach DIN 18230-1:2003-09 wird dabei die äquivalente Branddauer ($t_ä$) ermittelt. Je nach äquivalenter Branddauer und erforderlicher Feuerwiderstandsdauer (erf t_F) ergeben sich die Brandbekämpfungsabschnittsfläche sowie die Anforderungen an die erforderliche Feuerwiderstandsfähigkeit der Bauteile (nach Zuordnung zu den Brandsicherheitsklassen). Liegt die erforderliche Feuerwiderstandsdauer über 90 Minuten, ist die Anwendung von Abschnitt 7 nicht zulässig. Für erdgeschossige Industriebauten gibt es erleichternde Regelungen, die eine Tragkonstruktion ohne definierten Feuerwiderstand zulässt (Abschnitte 7.61 oder 7.6.2 MIndBauRL).

Brandsicherheitsklassen

Je nach Verhalten und Bedeutung von Bauteilen gibt es unterschiedliche Anforderungen an Wände, Decken, Trennwände, tragende Bauteile, aussteifende Bauteile, Lüftungsleitungen; Installationsschächte, Feuerschutzabschlüsse und Stützkonstruktionen. Die Kapitel 7.2.1 ff. der MIndBauRL gehen hierauf speziell ein.

Bauteile, die Brandbekämpfungsabschnitte trennen, müssen im Brandfall standsicher sein (vgl. die Anforderungen der MBO an Brandwände); darüber hinaus dürfen sie weder Rauch noch Flammen oder Hitze auf die dem Feuer abgewandten Seite durchlassen.

Brandbekämpfungsabschnitte

Die maximale Fläche von Brandbekämpfungsabschnitten ist abhängig von der Sicherheitskategorie und den im Verfahren nach DIN 18230-1:2003-09 ermittelten Werten.

In nachfolgender Tabelle sind maximale Brandbekämpfungsabschnittsflächen aufgeführt:

SK	$t_ä ≤ 5$ min.	$t_ä ≤ 15$ min.	$t_ä ≤ 30$ min.	$t_ä ≤ 60$ min.	$t_ä ≥ 90$ min.
K1	30.000	20.000	12.000	6.000	4.000
K2	50.000	30.000	18.000	9.000	6.000
K3.1	60.000	36.000	21.600	10.800	7.200
K3.2	67.000	40.000	24.000	12.000	8.000
K3.3	77.000	46.000	27.600	13.800	9.200
K3.4	85.000	50.000	30.000	15.000	10.000
K4	120.000	70.000	42.000	21.000	14.000

Tab. 23: Maximale Brandbekämpfungsabschnittsflächen (Quelle: DIN 18230-1)

Industriebaurichtlinie
Teil 2 Baulicher Brandschutz

Anforderungen an Brandabschnittsflächen ≥ 60.000 m²

Diese Dimensionen sind nur in erdgeschossigen Industriebauten erlaubt, wenn es eine Werkfeuerwehr gibt und die Subsumierung der Brandlasten 100 kWh/m² nicht überschreitet. Somit sind bis zu 90.000 m² bei einer lichten Raumhöhe von mehr als 7 m und bis zu 120.000 m² bei mehr als 12 m möglich. Darüber hinaus wird gefordert, dass es eine selbsttätige Feuerlöschanlage gibt bei mehr als 15 kWh/m²; die Brandbekämpfungsabschnitte ohne Löschanlage müssen für die Feuerwehr befahrbar sein, es muss automatische Brandmeldeanlagen geben, die Belegschaft muss über Alarmierungseinrichtungen informiert werden können, und es muss mindestens 3.200 l/min. an Löschwasser (also 192 m³/h) geben für die erste und die zweite Stunde. Brandbekämpfungsabschnitte ohne Löschanlagen und durchschnittliche Brandlasten bis zu 45 kWh/m² sind möglich, wenn die Flächen nicht mehr als 400 m² betragen. Ansonsten gilt: Bis zu 200 kWh/m² auf bis zu 10 m² oder 400 m² bei geeigneter und automatischer Brandlöschanlage; diese Flächen müssen untereinander einen horizontalen und brandlastfreien Abstand von mindestens 6 m haben.

Teil 2 Baulicher Brandschutz

Brandschutztechnische Bemessung der Bauteile

Brandbekämpfungsabschnitte mit Bemessung der Bauteile
Die Anforderungen an die Feuerwiderstandsfähigkeit der Bauteile sind in der Tabelle 6 der MIndBauRL festgelegt.

Brandbekämpfungsabschnitte ohne Bemessung der Bauteile bei erdgeschossigen Industriebauten
Erdgeschossige Industriebauten ohne definierte Anforderungen an die Feuerwiderstandsfähigkeit der tragenden und aussteifenden Bauteile sind bis zur Maximalfläche der Tabelle 7 MIndBauRL zulässig, wenn die äquivalente Branddauer der Tabelle 7 entspricht (Zwischenwerte dürfen linear interpoliert werden).

SK	$t_ä \leq 15$ min.	$t_ä \leq 30$ min.	$t_ä \leq 60$ min.	$t_ä \leq 90$ min.
K1	9.000	5.500	2.700	1.800
K2	13.500	8.000	4.000	2.700
K3.1	16.000	10.000	5.000	3.200
K3.2	18.000	11.000	5.400	3.600
K3.3	20.700	12.500	6.200	4.200
K3.4	22.500	13.500	6.800	4.500
K4	30.000	20.000	10.000	10.000
Mindestgröße der Wärmeabzugsflächen in % nach DIN 18230-1	$\geq 1\%$	$\geq 2\%$	$\geq 3\%$	$\geq 4\%$
Maximale Hallenbreite	80 m	60 m	50 m	40 m

Tab. 24: Äquivalente Branddauer (Quelle: MIndBauRL)

Brandbekämpfungsabschnitte oberhalb 10.000 m² benötigen für die Feuerwehr zugängliche Verkehrswege mit einer Mindestbreite von 5 m. Diese sind ständig freizuhalten, möglichst gerade auszuführen und direkt an die Ein-/Ausfahrten anzubinden. Gibt es eine Werkfeuerwehr oder eine automatische Brandlöschanlage oder rechnerisch weniger als 100 kWh/m², so darf die Mindestbreite um 1,5 m auf 3,5 m reduziert werden.

Zusätzliche Bauvorlagen

Der Abschnitt 8 der MIndBauRL regelt die zusätzlichen Bauvorlagen. Diese Bauvorlagen bzw. deren Angaben müssen als Bestandteil eines Brandschutzkonzepts vor der Erteilung der Baugenehmigung vorgelegt werden. Das Brandschutzkonzept muss zusätzlich über die landesrechtlichen Forderungen an Bauvorlagen folgende Angaben erhalten: Zuordnung von Sicherheitskategorien zu den Gebäuden; Angabe, nach welchem Verfahren die Brandabschnittsflächen und die Feuerwiderstandsfähigkeit der Bauteile berechnet wurden; Gebäudefunktechnik; Lagerbereiche unter Vordächern, vor den Außenwänden und auf Freiflächen. Wird nach MIndBauRL (Abschnitt 6) berechnet, sind die Größe der Brandabschnitte, die Flächen und Lage von Einbauten in den Geschossen sowie die Lage der Brandwände zu den Freiflächen anzugeben. Beim Nachweis nach Abschnitt 7 der MIndBauRL muss die rechnerische Brandbelastung nach DIN 18230-1:2010-09 beiliegen, und es sind die Größe der

Brandbekämpfungsabschnitte, die Höhenlage und die Flächen der Ebenen sowie die Flächen und Lage von Einbauten innerhalb der Brandbekämpfungsabschnitte anzugeben.

Pflichten des Betreibers

Änderungen der brandschutztechnischen Infrastruktur sowie eine Erhöhung der Brandlast erfordern nach Abschnitt 9 MIndBauRL eine Überprüfung des Brandschutzkonzepts. Ergibt sich daraus eine niedrigere Sicherheitskategorie, eine höhere äquivalente Branddauer ($t_ä$) oder eine höhere rechnerisch erforderliche Feuerwiderstandsdauer (erf t_F), so liegt eine Nutzungsänderung vor. Solche Nutzungsänderungen bedürfen dann eines Bauantrags und einer Baugenehmigung, wenn sich aus ihnen höhere Anforderungen ergeben. Dies gilt auch bei Änderungen und Ergänzungen des Brandschutzkonzepts nach Erteilung der Baugenehmigung.

Lüftungsleitungen (DIN EN 13501, M-LüAR[1])

Einleitung

Lüftungsleitungen und die verwendeten Baustoffe dürfen Feuer und Rauch nicht in andere Brandabschnitte, Geschosse oder Rettungswege übertragen. Daher werden brandschutztechnische Anforderungen im Bereich der Baustoffe und Bauteile grundsätzlich vom Gesetzgeber festgelegt. Die daraus folgenden Gesetze und Verordnungen sind in aller Regel zunächst aber generell und grundsätzlich formuliert. Zur weiteren Konkretisierung werden entsprechende Durchführungsverordnungen, Verwaltungsvorschriften sowie weitere Rechtsverordnungen erstellt. Sehr konkrete Vorgaben können letztendlich aus der entsprechenden Norm, der Reihe EN 13501, entnommen werden.

> **⚠ Hinweis**
>
> Es liegt derzeit die DIN EN 13501-1:2017-08 – Entwurfsfassung mit dem Titel „Klassifizierung von Bauprodukten und Bauarten zu ihrem Brandverhalten von Bauprodukten" vor.

---

[1] Muster-Richtlinie über brandschutztechnische Anforderungen an Lüftungsanlagen (Muster-Lüftungsanlagen-Richtlinie – M-LüAR), Stand 29.09.2005, zuletzt geändert durch Beschluss der Fachkommission Bauaufsicht vom 11.12.2015.

Lüftungsleitungen

Teil 2 Baulicher Brandschutz

Die am 01.07.2013 vollständig in Kraft getretene Bauproduktenverordnung (Construction Products Regulation-CPR) legt Bedingungen für das Inverkehrbringen von Bauprodukten oder ihrer Bereitstellung auf dem Markt fest. Dazu gehören europäisch harmonisierte Regeln, die die Leistungen von Bauprodukten angeben in Bezug auf ihre wesentlichen Merkmale. Des Weiteren regelt sie die Verwendung der CE-Kennzeichnung für diese Bauprodukte. Ziel der Verordnung ist eine Vereinheitlichung der Anforderungen an Bauprodukte in der EU.

Am 11.12.2015 wurde durch die Fachkommission Bauaufsicht der im Arbeitskreis Technische Bauaufsicht erarbeitete neue Entwurf der Muster-Richtlinie über brandschutztechnische Anforderungen an Lüftungsanlagen (M-LüAR) beschlossen. Diese Muster-Richtlinie gilt für den Brandschutz von Lüftungsanlagen die nach § 41 Musterbauordnung (MBO) errichtet werden. Sie soll eine einheitliche Basis für die Richtlinien der einzelnen Bundesländer schaffen und dient als Vorlage für die zu aktualisierenden Richtlinien des jeweiligen Landes.

Die DIN EN 54-27:2015-05 konkretisiert die Vorgaben für Lüftungsleitungen. Lüftungsleitungen sind ein wesentlicher Bestandteil moderner Gebäude in allen Bereichen und versorgen die Räume mit Luft oder Klima bzw. führen Abluft ab. Durch die Durchgängigkeit und Öffnungen in alle Räume werden diese Leitungen allerdings im Brandfall genauso dafür sorgen, dass sich der hochtoxische Brandrauch ebenso schnell und mit tödlicher Wirkung in einem Gebäude ausbreiten kann.

Lüftungsleitungen

Teil 2 Baulicher Brandschutz

Brandschutztechnische Grundanforderungen an Lüftungsanlagen

Die brandschutztechnische Grundanforderung an Lüftungsleitungen ist, dass sie, entweder alleine oder aber auch i. V. m. weiteren geprüften Bauteilen, die Übertragung von Feuer und Rauch in andere Geschosse oder Brandabschnitte verhindern.

Daher beschreibt diese Norm alle Festlegungen für vorgenannte Aufgaben von Lüftungsleitungen. Nicht geregelt sind:

- Festlegungen zur Prüfung von Installationsschächten und -kanälen
- Hinweise auf Anforderungen und Prüfungen von Brandschutzklappen in Lüftungsleitungen

Zusätzliche wichtige Normen

Es sind die Anforderungen aus nachfolgenden weiteren Normen und Richtlinien in der jeweils aktuellen Fassung zu beachten:

- DIN 4102-1:1998-05: Brandverhalten von Baustoffen und Bauteilen; Baustoffe; Begriffe, Anforderungen und Prüfungen

- DIN 4102-2:1977-09: Brandverhalten von Baustoffen und Bauteilen; Bauteile; Begriffe, Anforderungen und Prüfungen
- DIN 4102-4:2016-05: Klassifizierte Baustoffe, Bauteile etc.
- DIN EN 13501: Normenreihe zur Klassifizierung von Bauprodukten und Bauarten zu ihrem Brandverhalten
- Muster-Lüftungsanlagen-Richtlinie (M-LüAR)
- EN 54-27:2015-05: Rauchmelder für die Überwachung von Lüftungsleitungen
- EU-Bauproduktenverordnung zur Festlegung harmonisierter Bedingungen für die Vermarktung von Bauprodukten

Festgelegte Begriffe

In DIN 4102-4:2016-05 sind in Abschnitt 11 zu folgenden Sonderbauteilen weitere Angaben, auf die hiermit verwiesen wird:

- Feuerwiderstandsklassen von Lüftungsleitungen
- Installationsschächte und -kanäle sowie Leitungen in Installationsschächten und -kanälen

Als Feuerwiderstandsdauer bezeichnet man die in Minuten gemessene Zeit, während der ein Bauteil von Lüftungsleitungen die in einem definierten Prüfungsverfahren gestellten Anforderungen erfüllt. Entsprechend den in diesem Prüfverfahren erreichten Zeiten werden die Bauteile der Lüftungsleitungen in Feuerwiderstandsklassen eingeteilt.

Absperrvorrichtungen gegen Brandübertragung in Lüftungsleitungen (Bandschutzklappen) müssen, ebenso wie die Lüftungsleitungen selbst, alleine oder i. V. m. anderen Bauteilen die Übertragung von Feuer und Rauch verhindern. Also müssen auch diese entsprechend geprüft und klassifiziert werden.

Einstufung in die Feuerwiderstandsklassen

Die Klassifizierung bzw. Einordnung in Feuerwiderstandsklassen kann auf zwei Wegen geschehen. Der erste Weg erfolgt über die Durchführung von Brandversuchen, wobei mindestens zwei Bauteile beprobt werden müssen und das ungünstigste Ergebnis zur Einstufung und Erstellung eines Prüfzeugnisses genutzt wird.

Der zweite Weg ist über eine Einstufung aus der DIN 4102-4 (Unterabschnitt 8.5 Feuerwiderstandsklassen für Lüftungsleitungen) möglich.

Für alle vorgenannten Bauteile gelten zur genannten Klassifizierung weitere, der DIN 4102-4:2016-05 zu entnehmende, wichtige Bauausführungsvorschriften. Nur bei Beachtung dieser zusätzlichen Gegebenheiten, die in der entsprechenden DIN nachzulesen sind, können die vorgenannten Werte als erreicht angesehen werden.

Lüftungsleitungen

Teil 2 Baulicher Brandschutz

Der Brandversuch bei Lüftungsleitungen

Sicherlich ist die genaue Kenntnis der Prüfungsbedingungen zunächst nur für den Hersteller wichtig, schließlich möchte er ein zugelassenes und marktfähiges Produkt herstellen und verkaufen. Um aber die Hintergründe zu erläutern, welche Qualitätsmerkmale Lüftungsleitungen aufweisen müssen, wird im Folgenden näher beschrieben, wie Lüftungsleitungen getestet werden.

Für die Durchführung des Brandversuchs ist ein Prüfstand zu nutzen, dessen Ausstattung entsprechend vorgegeben ist. Er muss aus einem Brandraum, durch den das zu prüfende Bauteil geführt wird, und zwei angrenzenden Beobachtungsräumen bestehen. Die Probekörper werden bei Beanspruchung von außen, von innen und von innen und außen gleichzeitig geprüft. Hierbei muss der Probekörper alle Bauteile, die für das Brandverhalten von Bedeutung sind, enthalten. Zu den wichtigen Bauteilen gehören auch die Verbindungen und Befestigungen. Zur Ausstattung des Prüfstands gehören zwei Ventilatoren. Ein Ventilator muss eine Brandgasgeschwindigkeit von 3 m/s erzeugen können. Der zweite Ventilator muss in der Lage sein, einen Unterdruck von mindestens 20 Pa im Beobachtungsraum zu erzeugen.

Der Brandversuch gibt Aufschluss darüber, ob die Probekörper folgende Anforderungen erfüllen bzw. ab welcher Zeit sie versagen:

- Standsicherheit innerhalb und außerhalb des Brandraums. Für mehrschalige Lüftungsleitungen gilt die Forderung als erfüllt, wenn eine Schale in standsicherem Zustand verbleibt.
- Es darf kein Feuer in die Beobachtungsräume eindringen.
- Es darf kein Rauch in die Beobachtungsräume eindringen.
- Die Lüftungsleitungen dürfen sich außerhalb des Brandraums auf der Außenseite im Mittel um nicht mehr als 140 K und an keiner Stelle um mehr als 180 K über die Ausgangstemperatur erwärmen.
- An den Außenseiten von Zungen darf die Temperaturerhöhung im Mittel 300 K nicht überschreiten.
- Gase, die planmäßig in die Beobachtungsräume eindringen können, dürfen nicht mehr als 180 K über der Anfangstemperatur liegen.
- Innere Schalen mehrschaliger Lüftungsleitungen, die aus brennbaren Baustoffen bestehen und im Brandraum keine Öffnungen haben, dürfen sich nicht entzünden.

Die Probekörper dürfen, falls die Lüftungsleitungen durch Wände geführt werden, beim Brandversuch keine größeren Kräfte als 1 kN in die Prüfwände eintragen. Dies gilt einschließlich der Kompensatoren.

Für die Durchführung des Brandversuchs müssen die beiden Ventilatoren folgende Einstellungen und Laufzeiten haben:

Lüftungsleitungen

Teil 2 Baulicher Brandschutz

Ventilator 1 muss eine mittlere Strömungsgeschwindigkeit von 3 m/s ermöglichen.

Ventilator 2 muss im zugeordneten Beobachtungsraum einen Unterdruck von 20 Pa erzeugen können. Sind beide Ventilatoren entsprechend eingestellt, beginnt die Beflammung des Probekörpers im Brandraum.

Soweit sich außerhalb des Brandraums Öffnungen in den Probekörpern befinden, die die Beobachtung der Dichtheit erschweren könnten, sind diese zu verschließen, damit der Ventilator 2 den geforderten Unterdruck auch erzeugen kann. Wichtig bei der Durchführung des Versuchs sind auch Regelungen in der DIN 4102-2. In dieser DIN finden sich weitere Bestimmungen zur Versuchsdurchführung.

Im Rahmen der Prüfung ist der Brandraum so zu beflammen, dass der Probekörper über die ganze Länge vom Feuer beaufschlagt wird.

Die Versuche sollen Erkenntnisse bringen über:

- die Standsicherheit
- den Raumabschluss
- Rissbildungen
- den Rauchaustritt in die Beobachtungsräume
- Verschiebungen der Probekörper an den Wanddurchtrittsstellen

Waagerechte Leitungen bringen ggf. Kräfte in die unverschieblich anzuordnende Prüfwand ein. Diese Kräfte sind in senkrechter Kraftwirkung zu messen und entsprechend zu bewerten.

Bezüglich der durchgeführten Prüfung und deren Ergebnisse ist ein Prüfzeugnis zu erstellen. Wie dies zu geschehen hat, ist in der DIN 4102-2:1977-09 beschrieben.

Der Brandversuch bei Brandschutzklappen

Die Prüfung der Absperrvorrichtung bezieht sich auf den Probekörper selbst sowie einen angeschlossenen Krümmer. Der Krümmer muss einen Winkel von 90° aufweisen. Beim Einbau der Absperrvorrichtung in Wände muss der Krümmer nach unten zeigen.

Zur Art und Weise des Einbaus von Absperrvorrichtungen sind grundsätzlich die Herstellerangaben zu beachten. Es versteht sich von selbst, dass, wenn man praxisgerechte Prüfungsergebnisse haben möchte, der Einbau auch praxisgerecht erfolgen muss. Zu Beginn des Brandversuchs sind die Absperrvorrichtungen geöffnet. Wie bei den Lüftungsleitungen auch, sind weitere Bedingungen des Versuchsablaufs der DIN 4102-2:1977-09 zu entnehmen.

Es sind jeweils zwei Probekörper dem Brandversuch zu unterziehen. Jeder Probekörper wird einmal, allerdings von unterschiedlichen Seiten, mit Flammen beaufschlagt. Absperrvorrichtungen können in den unterschiedlichsten Kombinationen eingebaut werden.

Beispielsweise:

- in Wänden
- in Decken
- zum waagerechten Einbau außerhalb von Wänden und Decken
- zum senkrechten Einbau außerhalb von Wänden und Decken
- als Absperrvorrichtungen, ohne mit Bauteilen versehen zu sein

Es versteht sich von selbst, dass die Absperrvorrichtungen dann auch für jeden geplanten Einsatzzweck geprüft sein müssen.

Ziel des Prüfverfahrens ist es, festzustellen, ob im Verlauf des Testverfahrens an der Absperrvorrichtung wesentliche Beschädigungen auftreten, ob die Dichtigkeit oder weitere wichtige brandschutztechnische Eigenschaften geschädigt werden. Grundforderung ist, dass Absperrvorrichtungen leicht, sicher und dicht abschließen.

Klassifizierung von Bauprodukten und Bauarten zu ihrem Brandverhalten (DIN EN 13501)

Die Reihe der DIN EN 13501 ist das europäische Pendant zur nationalen Klassifizierung von Baustoffen nach der Reihe der DIN 4102. Mit der Normenreihe der DIN EN 13501 werden neue europäische Baustoffklassen (Euroklassen) eingeführt. Sie gilt derzeit gleichberechtigt neben der Normenreihe der DIN 4102.

 Hinweis

Die DIN EN 13501 "Klassifizierung von Bauprodukten und Bauarten zu ihrem Brandverhalten - Teil 1: Klassifizierung mit den Ergebnissen aus den Prüfungen zum Brandverhalten von Bauprodukten" liegt seit August 2017 als neuer Entwurf vor.

Rauchmelder für die Überwachung von Lüftungsleitungen (DIN EN 54-27)

In der jeweils aktuellen Fassung der DIN EN 54-27:2015-05 wird der Einbau und Einsatz von Rauchmeldern zur Überwachung von Lüftungsanlagen beschrieben. Diese haben die Aufgabe, die Luft innerhalb der Lüftungsleitungen hinsichtlich möglicher Brand- oder Rauchgase zu überwachen. Ihre Aufgabe wird hier zum einen durch die Nutzungsluft selbst, aber auch durch Schwingungen, mechanische Beanspruchungen und oft nicht bemerkte Alterung durch das geschlossene System erschwert. Daher stellt diese Norm entsprechende Anforderungen an die Leistungsfähigkeit solcher Melder.

Muster-Richtlinie über brandschutztechnische Anforderungen an Lüftungsanlagen (Muster-Lüftungsanlagen-Richtlinie (M-LüAR))

zuletzt geändert durch Beschluss der Fachkommission Bauaufsicht vom 11.12.2015

Diese seit 2005 bestehende Musterrichtlinie beschreibt die Anforderungen an den Brandschutz in Lüftungsanlagen, an die Anforderungen nach Bauordnung gestellt werden. Darunter fallen auch Klimaanlagen, Warmluftleitungen, Abluftanlagen aus Küchen etc. Nicht in den Geltungsbereich dieser Richtlinie fallen Anlagen zum Transport von Stoffen, wie Späneabsaugungen oder Rohrpostanlagen.

Zu den Anlagen gehören alle Bauteile, auch alle von Luft durchströmten Bauteilen, wie Lüftungsrohre, -formstücke, -schächte und -kanäle, Schalldämpfer, Ventilatoren, Luftaufbereitungseinrichtungen, Brandschutzklappen und andere Absperrvorrichtungen gegen die Übertragung von Feuer und Rauch und Absperrvorrichtungen gegen Rauchübertragung (Rauchschutzklappen) sowie ihre Verbindungen, Befestigungen, Dämmschichten, brandschutztechnischen Ummantelungen, Dampfsperren, Folien, Beschichtungen und Bekleidungen.

Lüftungsleitungen

Teil 2 Baulicher Brandschutz

Die Richtlinie arbeitet bereits mit den Klassifizierungen der Normenreihe der DIN EN 13501, sodass die Nutzung dieser Richtlinie die Kenntnisse der neuen Bezeichnungen bzw. ggf. die Umsetzung vorhandener Bauteile mit alter Bezeichnung erfordert. Weitere Anforderungen sind:

- Installation
- Ausgänge (Mündungen) von Leitungen ins Freie
- Zuluft- und Umluftanlagen
- Durchführung durch raumabschließende Bauteile
- Lüftungszentralen
- Abluftanlagen in Küchen oder Feuerstätten
- Absperreinrichtungen/Brandschutzklappen

Geändert wurden in der Neufassung insbesondere:

Abschnitt 4: „Anforderungen an den Feuerwiderstand von Luftleitungen und Absperrvorrichtungen von Lüftungsanlagen"

Der Unterabschnitt 4.2 enthält z. B. zusätzliche Anforderungen an Brandschutzklappen. Geändert wurden die Vorgaben für die Feuerwiderstandsfähigkeit von Lüftungsleitungen und Absperrvorrichtungen von Lüftungsanlagen sowie die Richtlinien für Lüftungsleitungen mit erhöhter Brand-, Explosions- oder Verschmutzungsgefahr und chemischer Kontamination. Im Gegensatz zur Liste II der Technischen Baubestimmungen, in denen eine Funktionsprüfung innerhalb von sechs Monaten bzw. nach zwei erfolgreichen Prüfintervallen jährlich zu erfolgen hat, lässt die M-LüAR nun einen maximalen Prüfanstand von sechs Jahren zu. Der Betreiber muss, wie schon in vielen anderen Bereichen, eine

Gefährdungsbeurteilung erstellen und festlegen, inwieweit solche längeren Fristen, auch wenn sie von Herstellern übernommen werden, für seinen Bereich machbar sind.

Abschnitt 7 „Lüftungsanlagen für besondere Nutzung"

Im Unterabschnitt 7.1 wurden neue Festlegungen für die Be- und Entlüftung von Wohnungen sowie abgeschlossenen Nutzungseinheiten bis max. 200 m² eingefügt. Hier werden Absperrvorrichtungen beschrieben, bei denen es sich weder um übliche Brandschutzklappen nach DIN EN 15650:2010-09 noch um Absperrvorrichtungen nach DIN 18017-3:2009-09 handelt. Die Absperrvorrichtungen dürfen im geöffneten Zustand den Leitungsquerschnitt der Hauptleitung nicht verengen. Der Querschnitt der luftführenden Hauptleitung ist auf 0,2 m² (ca. DN 500) beschränkt, eine Überprüfung der Absperrvorrichtungen hat in mindestens zweijährigem Abstand zu erfolgen.

> **Hinweis**
>
> Die DIN EN 15650 "Lüftung von Gebäuden - Brandschutzklappen" liegt seit Mai 2017 als neuer Entwurf vor. Dieser gilt für Brandschutzklappen, die zusammen mit raumabschließenden Bauteilen zur Aufrechterhaltung von Brandabschnitten verwendet werden. Das Dokument legt Anforderungen fest und verweist auf Prüfverfahren für Brandschutzklappen, die zum Einbau in raumlufttechnische Anlagen in Gebäuden vorgesehen sind.

Unterabschnitt 7.2 „Lüftungsanlagen mit Ventilatoren für die Lüftung von Bädern und Toilettenräumen (Bad-/WC-Lüftungsanlagen)"

Die hier genannten Absperrelemente dürfen für die Entlüftung von Bädern und Toilettenräumen innerhalb des Anwendungsbereichs der DIN 18017-3:2009-09 verwendet werden. Zusätzlich ist auch der Einbau in Zuluft-Leitungen möglich, wenn diese Leitungen nur der unmittelbaren Belüftung der entlüfteten Bäder- und Toiletten dienen.

Kapitel 7.3 beschreibt die Lüftung von nichtgewerblichen Küchen (Wohnungsküchen), für welche Absperrelemente nach Abschnitt 7.1 verwendet werden dürfen. Die Verwendung von Absperrelementen nach 7.2 ist möglich, wenn hierüber nur Bäder und Toilettenräume entlüftet werden.

Schlösser und Beschläge (DIN EN 179, DIN EN 1125, ELTVTR)

Notausgangsverschluss nach DIN EN 179
Paniktürverschluss nach DIN EN 1125
Elektrische Verriegelungssysteme

Die Arbeitsstättenverordnung (ArbStättV) fordert in ihrem Anhang unter 2.3 (2): Türen im Verlauf von Fluchtwegen oder Türen von Notausgängen müssen sich von innen ohne besondere Hilfsmittel jederzeit leicht öffnen lassen, solange sich Beschäftigte in der Arbeitsstätte befinden.

Damit sind alle Türen gemeint, die sich im Bereich von Flucht- und Rettungswegen befinden. Leicht zu öffnen bedeutet z. B., dass eine geringe Kraft zum Öffnen der Tür ausreicht, die Öffnungseinrichtung verletzungsfrei und in gut zugänglicher Höhe angebracht, eindeutig erkennbar und die Betätigungsart zum Öffnen der Tür bekannt ist. Außerdem muss die Tür z. B. ohne Schlüssel zu öffnen sein. Hier lautet der Leitsatz: „Mit einem einzigen Griff muss die Tür in voller Breite geöffnet werden können."

Schlüssel in Schlüsselkästen werfen jedoch erhebliche sicherheitstechnische Probleme auf.

Erfahrungen haben gezeigt, dass in der Praxis Fälle eintreten, die ein leichtes Öffnen der Türen mit Schlüsseln in Schlüsselkästen unmöglich machen oder erschweren, weil

- der Schlüssel aus dem Schlüsselkasten entfernt oder ausgetauscht ist,
- der Schlagstift am Schlüsselkasten oder ein anderes Hilfsmittel zum Einschlagen der Glasscheibe nicht vorhanden ist,
- das Einschlagen der Glasscheibe und das Entnehmen des Schlüssels zu viel Zeit erfordern,
- der Schlüsselkasten nicht leicht zu erkennen und zu erreichen ist, weil Gegenstände davor abgestellt sind,
- der Schlüssel zu Boden fällt und dadurch sich das Öffnen der Tür verzögert,
- im Fall einer Panik der Schlüssel nicht aufzufinden ist.

Aufgrund dieser Bedenken werden Schlüsselkästen bei Notausgängen grundsätzlich für unzulässig gehalten (laut OVG-NW, Urteil vom 03.12.1991, 4a 1766/90; BVerwG Beschluss vom 17.06.1992, B5592, OVG Münster).

Schlüsselkästen an Fluchtwegtüren sind somit generell nicht zulässig, elektrische Verschlüsse (numerisch zwei Handgriffe) ggf. schon.

Je nach Art und Nutzung des Gebäudes regeln die betreffenden Landesbauordnungen und Sonderbauverordnungen die jeweilige Notwendigkeit, Anzahl, Anordnung und Ausführung von Flucht- und Rettungswegtüren.

Schlösser und Beschläge

Teil 2 Baulicher Brandschutz

Auf eine Aufzählung der gültigen Verordnungen und Richtlinien wird bewusst verzichtet, um die Aussagen allgemein zu halten.

Sämtliche Flucht- und Rettungswegtüren müssen so ausgebildet werden, dass einerseits die Personen im Gebäude gefahrlos das Gebäude verlassen können, und zum anderen muss der Feuerwehr die Möglichkeit gegeben werden, über diese Türen ins Gebäude zu gelangen.

Welche Türen als Flucht- und Rettungswegtüren definiert werden, ist in den meisten Fällen der Baugenehmigung, dem Brandschutzkonzept oder den Flucht- und Rettungswegplänen zu entnehmen. Fehlen diese Angaben, sind eigenständig Fluchtwegkonzepte in Abstimmung mit den zuständigen Behörden vorzunehmen.

Da versicherungstechnisch und betriebsbedingt die Außentüren von Gebäuden meistens abgeschlossen sein müssen, um unbefugtes Eindringen zu vermeiden, sind fast zwingend Panikschlösser in Außentüren vorzusehen. Eine Tür gilt als verschlossen bzw. verriegelt, wenn die Falle im Schließblech gehalten wird und der Schlossriegel mindestens 20 mm ausgefahren ist. Durch den Einsatz von Panikschlössern wird ein unbefugtes Eindringen vermieden. Die Türen können ohne Weiteres verschlossen werden. Durch den Panikbeschlag (Funktion von innen) werden durch Betätigung des Innendrückers die Falle und der ausgefahrene Riegel zurückgezogen. Ein Schlüssel zum Öffnen der Tür ist nicht notwendig.

Panikbeschläge eignen sich somit hervorragend zum Sichern von Außentüren im Zuge von Flucht- und Rettungswegen.

Der gewaltlose Zutritt für die Feuerwehr kann nur durch Hinterlegung von Gebäudeschlüsseln in sog. Feuerwehrschlüsseldepots (FSD) sichergestellt werden.

 Hinweis

Für bestehende Gebäude gilt der Bestandsschutz (Ausnahme: Gefahr wird als „erheblich" eingestuft). Eine Anwendung der DIN ist erst bei wesentlicher Änderung von Beschlägen oder Schlössern erforderlich.

Rechtliche Einordnung

Die DIN EN 1125 (Stand 2008-04) sowie die DIN EN 179 (Stand 2008-04) sind jeweils als harmonisierte Normen in der hEN-Liste (harmonisierte europäische Normen) des DIBt veröffentlicht. Demzufolge sind die beiden Normen für alle unter deren Anwendungsbereich fallende Bauprodukte zwingend umzusetzen. Bauprodukte nach DIN EN 1125 oder DIN EN 179 müssen eine CE-Kennzeichnung aufweisen.

> **Hinweis**
>
> Sowohl für die DIN EN 179 als auch für die DIN EN 1125 liegen Entwürfe von 01/2017 vor. In der DIN EN 179 sollen u. a. Dichtkräfte zur Klassifizierung der Dauerhaftigkeit eingeführt werden. Des Weiteren wird die Definition für den Anwendungsbereich einer Tür geändert, und es werden Sicherheitsanforderungen hinzugefügt.
>
> In der DIN EN 1125 werden u. a. eine neue Stange vom Typ C und ein zusätzlicher Grad für die Freigabekraft eingeführt, außerdem kommen neue Sicherheitsgrade sowie ein Piktogramm zur Erkennung des Gangflügels hinzu.

Wann eine Tür mit einem Panikverschluss (z. B. eine Panikstange nach DIN EN 1125) oder einem Notausgangsverschluss (z. B. mit Drücker nach DIN EN 179) ausgestattet werden muss, ist im Rahmen der sicherheitstechnischen Konzeption des Gebäudes festzulegen (z. B. im Rahmen des Brandschutzkonzepts). Eine Hilfestellung zur Auswahl der Verschlüsse von Fluchttüren gibt der jeweilige informative Anhang E der beiden Normen.

Nachfolgend wird erläutert, welche DIN wo anzuwenden ist.

Notausgangsverschluss DIN EN 179

An allen Notausgängen, an denen nicht mit Paniksituationen zu rechnen ist.

Hier gilt:

Personen im Gebäude sind mit den Ausgängen und deren Beschlägen vertraut. Besucher müssen über die Ausgänge und die Handhabung der Beschläge informiert werden.

Zugelassene Systeme: Türdrücker, Drückergriffe (Stoßplatten) und andere Beschlagselemente, die für die Verwendung in Notausgängen ausgelegt sind

 Hinweis

Beschläge und Schlösser müssen immer zusammen geprüft und zertifiziert sein.

Paniktürverschlüsse DIN EN 1125

An allen Notausgängen, an denen Paniksituationen entstehen können.

Hier gilt:

Personen im Gebäude sind mit den Ausgängen und deren Beschlägen nicht vertraut.

Zugelassene Systeme: waagerechte, möglichst breite (nicht weniger als 60 % der Tür) Griff-, Drehdruck- oder Druckstangen (Antipanikstangen)

Panikstangen und Schlösser müssen immer zusammen geprüft und zertifiziert sein.

Im Grenz- und Zweifelsfall sollte immer der Paniktürverschluss gewählt werden.

Maßnahmen von Türverriegelungen zur Sicherung gegen unbefugten Durchgang.

In der Praxis sind häufig folgende Sicherungen von Türen anzutreffen:

A) Schlüsselkästen
Schlüsselkästen mit Glasscheiben, mit innen liegendem Schlüssel und Schlagstift oder Schlaghammer sind nicht zulässig und müssen im Bestand umgehend demontiert werden (kein Bestandsschutz!).

Hier ist der Leitsatz „Mit einem einzigen Griff muss die Tür in voller Breite geöffnet werden können" nicht gegeben.

B) Türkontakt

Bild 56: Elektrischer Türkontakt (Quelle: ASSA ABLOY)

Elektrische Türkontakte zur internen oder externen Alarmierung sind zulässig, sofern dadurch keine weitere Beeinträchtigung an den Notausgangstüren entsteht.

C) Panikschlösser

Bild 57: Panikschloss (Quelle: ASSA ABLOY)

In Verbindung mit Türdrücker, Drückergriff (Stoßplatten) und sonstigen Beschlagselementen, die für die Verwendung in Notausgängen ausgelegt sind, sind Panikschlösser zulässig.

Unterschied von normalen Panikschlössern zu selbstverriegelnden Schlössern:

Bei normalen Panikschlössern wird bei Betätigung des Drückers die Tür entriegelt und bleibt entriegelt. Eine erneute Verriegelung erfolgt nur mit einer weiteren Schließung über einen berechtigten Schlüssel.

Bei selbstverriegelnden Panikschlössern wird beim Öffnen der Tür über den Drücker dieser eingezogen und eine Feder gespannt. Beim Schließen der Tür wird über die Steuerfalle der Riegel wieder mechanisch ins Schließblech gefahren. Zusätzlich wird die Falle verriegelt. Die Tür ist wieder verriegelt.

D) Panikstangen

Bild 58: Panikstange, alarmgesichert (Quelle: Gesellschaft für Sicherheitstechnik mbH)

Schlösser und Beschläge

Teil 2 Baulicher Brandschutz

Beim Betätigen von Panikstangen werden wie beim Panikschloss Falle und Riegel automatisch zurückgezogen.

E) Paniktreibriegel innen liegend – außen liegend

Paniktreibriegel werden bei zweiflügeligen Türen eingesetzt. Durch Betätigung des Drehhebels werden gleichzeitig die Falle und der Riegel zurückgezogen, und die so ausgestatteten Türen können mit einem Griff geöffnet werden.

Innen liegende Paniktreibriegel im Falz sind für zweiflügelige Türen nicht zulässig, sofern die volle Türbreite als Rettungsweg erforderlich ist, da sich diese Türen nicht mit einem einzigen Griff öffnen lassen.

Bild 59: Paniktreibriegel (Quelle: DGUV Information 208-010/BGI 606)

Schlösser und Beschläge

Teil 2 Baulicher Brandschutz

F) Türwächter

Bild 60: EH-Türwächter (Quelle: Gesellschaft für Sicherheitstechnik mbH)

Türwächter verhindern die Betätigung des Türgriffs und geben bei Betätigung ein akustisches Signal vor Ort ab. Dabei muss der Türwächter jedoch zur Seite entriegelt werden (neuere Modelle auch nach unten). Da einige Türwächter in Bestandsgebäuden über diesen zusätzlichen Handgriff entriegelt werden müssen, **ist auch hier der Leitsatz** „Mit einem einzigen Griff muss die Tür in voller Breite geöffnet werden können" **nicht gegeben**, wird aber i. d. R. akzeptiert (vergleichbar dem Taster neben der Tür bei elektromotorisch versperrten Türen). Das Bild oben zeigt einen modernen Türwächter, der nach unten (eine Bewegung) gedrückt wird.

Diese Art von Türwächtern wurde bislang im Handel immer noch weiter vertrieben. Zwischenzeitlich wurde eine neue Generation von Türwächtern entwickelt. Diese Türwächter werden vertikal entriegelt. **Hier ist der Leitsatz** „Mit einem einzigen Griff muss die Tür in voller Breite geöffnet werden können" **somit gegeben**.

G) Fluchttürhauben

Bild 61: Fluchttürhaube (Quelle: Gesellschaft für Sicherheitstechnik mbH)

Fluchttürhauben sind durchsichtige, unzerbrechliche Abdeckungen über Türgriff oder Türknauf. Die Haube muss im Notfall durch einen Schlag mit der Hand von ihrer Befestigung an der Tür getrennt werden. Das Wegschlagen der Haube verursacht keine Verletzungen und geht einfach und schnell. **Hier ist der Leitsatz** „Mit einem einzigen Griff muss die Tür in voller Breite geöffnet werden können" jedoch **auch nicht gegeben**, wird aber i. d. R. akzeptiert.

H) Elektrische Verriegelungssysteme

Die elektrischen Verriegelungssysteme unterliegen der Richtlinie über elektrische Verriegelungssysteme von Türen in Rettungswegen (ELTVTR). Hier werden die Türen zu den üblichen mechanischen Schlössern und Beschlägen über elektrische Verriegelungen zugehalten, die bei Stromausfall und bei Betätigung entriegeln. Bei Ausfall der Stromversorgung wird die Türverriegelung automatisch freigeschaltet (Ruhestromprinzip).

Ein nicht autorisiertes Öffnen der Tür (über einen erforderlichen beleuchteten Hand-Nottaster) löst eine optische und/oder akustische Warneinrichtung aus.

Die Nottaste muss in jedem Fall eine Freigabe der Tür bewirken. Die Verriegelung wird dabei aufgehoben. Ein Wiederverriegeln ist nur mit einem Schlüssel möglich.

Die Abdeckung der Nottaste muss mit einer maximalen Kraft von 80 N (ca. 8 kg) ohne Hilfsmittel und Verletzungsgefahr betätigt werden können (nach DIN 67510).

Die Nottaste muss mit einer sog. lang nachleuchtenden Kennzeichnung (nach DIN und ASR) ausgerüstet werden.

Schlösser und Beschläge

Teil 2 Baulicher Brandschutz

Bild 62: Kennzeichnung Nottaster (Quelle: Gesellschaft für Sicherheitstechnik mbH)

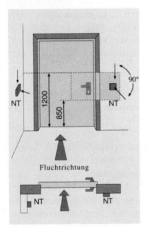

Bild 63: Anbringung Nottaste (Quelle: DGUV Information 208-010/ BGI 606)

Die Betätigungseinrichtung der Nottaste muss in einem Bereich von 0 bis 90° zur Fluchtrichtung und von 0 bis 90° zum Fußboden liegen. Die Höhe über dem Fußboden darf maximal 1,05 m über dem Fußboden angebracht werden und muss für Behinderte und Kinder ebenfalls erreichbar sein. Empfohlen wird deshalb eine Höhe von 0,85 m. Diese Höhe ist auch für Rollstuhlfahrer noch erreichbar.

Elektrische Verriegelungssysteme können auch über Brandmeldezentralen, sonstige Gefahrenmeldeanlagen, Feuerlöschanlagen oder über eine dezentrale Freischaltung durch eine ständig besetzte Stelle (Anlage i. d. R. ohne Nottaster) freigeschaltet werden. Hierbei ist jedoch immer eine **externe Energieversorgung** vorzusehen.

Bei einer Freischaltung durch eine ständig besetzte Stelle fehlt meist die Not-Auf-Funktion über Nottaster. In diesen Fällen müssen Sonderlösungen mit der zuständigen Behörde abgestimmt werden. Meist wird verlangt, dass die Türen über Kamera oder Spiegel einsehbar sind.

Autorisierte Personen können über Schlüsselschalter ebenfalls die Tür entriegeln, ohne dass ein optisches oder akustisches Signal abgegeben wird.

Elektrische Verriegelungssysteme müssen einen Eignungsnachweis einer anerkannten Prüfstelle aufweisen (Prüfzeugnis).

Vor der ersten Inbetriebnahme der Türen mit elektrischen Verriegelungssystemen ist die Übereinstimmung mit dem Eignungsnachweis durch eine Bescheinigung des Herstellers zu bestätigen, und durch einen Sachkundigen ist die elektrische Verriegelung auf ordnungsgemäßen Einbau und ordnungsgemäße Funktion zu überprüfen.

Elektrische Verriegelungssysteme müssen mindestens einmal jährlich von einem Sachkundigen geprüft werden. Der Sachkundige muss über die wiederkehrende Prüfung eine Bescheinigung ausstellen und dem Betreiber übergeben, die der Betreiber der Bauaufsichtsbehörde auf Verlangen vorzulegen hat.

Für die Prüfung sind erforderlich:

- Beschreibung der Bau- und Funktionsweise
- Konstruktions- und Zusammenstellungszeichnungen
- Angaben zur elektrischen Ausrüstung mit Anschlussplan, Stromlaufplan und Zusammenstellung der elektrischen Betriebsmittel und die Herstellerangaben der elektrischen Kenndaten
- Einbauanleitung
- Betriebsanleitung

Der Betreiber/Unternehmer hat die Personen im Gebäude über die Funktion der vorhandenen Türverschlüsse und deren Betätigung im Rahmen seiner allgemeinen Unterweisungspflicht mit zu unterweisen.

Der Betreiber/Unternehmer hat darüber hinaus dafür Sorge zu tragen, dass sämtliche Verschlüsse für Türen von Notausgängen regelmäßig geprüft werden. Hierbei ist festzustellen, ob sich die Türen jederzeit leicht öffnen, solange sich Personen im Gebäude befinden.

Grundkomponenten elektrischer Verriegelungssysteme

Grundelemente elektrischer Verriegelungssysteme sind:

- elektrisches Verriegelungssystem (Fluchttüröffner, Haftmagnet oder Flächenhaftmagnet)
- manuelle Notentriegelung (Nottaster), Ausnahme bei Freischaltung über eine zentrale, ständig besetzte Stelle (kein Nottaster)
- mechanische Verriegelung (Panikschloss)
- Steuerung
- Stromversorgung

Elektrische Verriegelungssysteme sind fast immer auch mit Zutrittskontrollen kombinierbar.

Mitunter ist es erforderlich, beidseitig der Tür angeordnete Schlüsselschalter mit oder ohne Nottaster vorzusehen, z. B. bei Außentüren, um der Feuerwehr den Zutritt ins Gebäude zu ermöglichen.

Schlösser und Beschläge

Teil 2 Baulicher Brandschutz

Bild 64: GFS-Feuchttürterminal mit Blitzleuchte (Quelle: Gesellschaft für Sicherheitstechnik mbH)

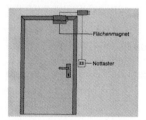

Bild 65: Elektromagnetische Verriegelung durch Flächenmagneten (Quelle: DGUV Information 208-010/BGI 606)

Verglasungen im Brandschutz (DIN 4102-13)

Einleitung

Moderne Gebäude und Arbeitsstätten verlangen aus verschiedenen Gründen lichtdurchlässige Bauteile. Somit stellt sich aber beim Einbau solcher Verglasungen in brandschutztechnisch geregelte Bauprodukte wie Außenwände sehr schnell die Frage nach der Beständigkeit im Brandfall. Somit sind für Verglasungen definierte Feuerwiderstandsklassen, die sich aus den jeweiligen Bauvorschriften der Landesbauordnungen ergeben, auch durch die Brandschutzverglasungen einzuhalten.

Die Bauteile, in denen Verglasungen häufig zum Einsatz kommen, sofern für diese eine Feuerwiderstandsdauer vorgeschrieben ist, sind meist Flurwände, Trennwände, Außenwände, Brandwände, Deckenbereiche und Dachbereiche mit einer erforderlichen Feuerwiderstandsdauer.

Im Brandschutzkonzept sind jeweils die Bauteile aufgeführt, für die eine Feuerwiderstandsdauer erforderlich ist. Sofern kein Brandschutzkonzept vorhanden ist, hilft meist nur ein Einblick in die gültigen Rechtsvorschriften, die jedoch mittlerweile sehr umfangreich geworden sind, oder aber der Gang zu einem Brandschutzsachverständigen. Bei Unklarheiten sollte in jedem Fall auf brandschutzsachverständige Personen zurückgegriffen werden.

Somit stellt sich zuerst die Frage: Wurde oder ist in Bauteilen, in denen eine Feuerwiderstandsdauer vorgeschrieben ist, eine Verglasung geplant? Wenn ja, ist diese auch entsprechend der erforderlichen Feuerwiderstandsdauer auszuführen.

Bei den Brandschutzverglasungsarten wird häufig von den Bezeichnungen F- oder G-Verglasung gesprochen, wobei bei diesen Verglasungsarten gravierende Unterschiede bestehen.

Baurechtlich sind notwendige feuerhemmende oder feuerbeständige Verglasungen generell immer F-Verglasungsarten (F30 bis F120).

Im Gegensatz zu „F-Verglasungsarten" sind „G-Verglasungsarten" als brandschutztechnische Sonderbauteile zu betrachten, die jedoch baurechtlich nicht durch eine gesonderte Benennung erfasst sind. Das bedeutet in der Praxis, dass „G-Verglasungsarten" nicht an Stellen eingebaut werden dürfen, für die eine feuerhemmende oder feuerbeständige Ausführung vorgeschrieben ist.

Über die Zulässigkeit einer „G-Verglasungsart" entscheidet die zuständige Bauaufsichtsbehörde im Einzelfall und stellt bauaufsichtlich immer eine genehmigungspflichtige Abweichung dar.

Generell ist bei der Frage, ob eine „G-Verglasung" eingebaut werden kann, eine Betrachtung der auftretenden Wärmestrahlung erforderlich. „F-Verglasungsarten" sind in der Lage, den Raumabschluss über einen definierten Zeitraum

(F30 = 30 Minuten bzw. F90 = 90 Minuten) zu gewährleisten und dabei die bei einem Brand auftretende Wärmestrahlung auf der dem Brand abgewandten Seite zurückzuhalten. Bei den „G-Verglasungsarten" wird die auftretende Wärmestrahlung durch die Verglasung nur behindert, jedoch weitergeleitet. Insofern können „G-Verglasungsarten" nur dort eingesetzt werden, wo keine Bedenken wegen der Wärmestrahlung bestehen.

Zur Verdeutlichung: Bei einem Brand besteht allein durch die Wärmestrahlung das Risiko, entfernte brennbare Materialen zu entzünden. Ordnet man z. B. in Fluren „G-Verglasungen" im Wandbereich an, könnten eventuell bei einer Person, die an dieser „G-Verglasung" entlangschreitet, allein durch die auftretende Wärmestrahlung z. B. Kleidungsstücke entzündet werden. Im Vergleich: Bei einer „F-Verglasung" wird z. B. ein Wattebausch auf der bei dem Brand abgewandten Seite nicht entzündet.

Die zweite Frage lautet häufig: Reicht es aus, nur das Glas in einer entsprechenden Feuerwiderstandsdauer herzustellen, ohne auf die tragende Konstruktion zu achten?

Hier hilft ein Blick in die DIN 4102-13:1990-05. Dort wird besonders darauf hingewiesen, dass neben dem lichtdurchlässigen Element (Glas) das Brandverhalten der tragenden Konstruktion, der Halterungs- und Befestigungssysteme und Dichtungsmaßnahmen eine ausschlaggebende Bedeutung für die Feuerwiderstandsdauer der Brandschutzverglasung darstellt.

Verglasungen im Brandschutz
Teil 2 Baulicher Brandschutz

Nach der Europäischen Norm DIN EN 13501-2:2016-12 Klassifizierung von Bauprodukten und Bauarten zu ihrem Brandverhalten erfolgt die Klassifizierung von Brandschutzverglasungen ebenfalls durch Feuerwiderstandsklassen. Allerdings werden die Brandschutzverglasungen nicht mehr als eigenständige feuerhemmende oder feuerbeständige Bauteile angesehen, sondern als teil- oder gesamtverglaste Wände oder Decken. Somit fallen sie laut dieser Norn unter die Klassen E (anstelle G), EI (anstelle F) und zusätzlich EW. Der Buchstabe E steht für Raumabschluss, EI für einen Raumabschluss mit thermischer Isolation und EW für einen Raumabschluss mit reduzierter Hitzestrahlung.

Definition einer Brandschutzverglasung nach DIN 4102-13:1990-05: „Brandschutzverglasungen sind Bauteile mit einem oder mehreren lichtdurchlässigen Elementen, die in einem Rahmen sowie mit Halterungen und vom Hersteller vorgeschriebenen Dichtungen und Befestigungsmitteln eingebaut sind und die Anforderungen nach Abschnitt 6 erfüllen. Die Gesamtheit dieser Konstruktionselemente einschließlich aller vorgegebenen Maße und Maßtoleranzen stellen Brandschutzverglasungen dar."

Auch hier gilt: Eine Brandschutzverglasung ist immer nur so gut wie das schwächste Glied in der Kette.

Zur praktischen Hilfestellung auszugsweise einige Informationen aus der DIN 4102-13:1990-05.

Feuerwiderstandsdauer	Feuerwiderstandsklasse	
in Minuten	F-Verglasung	G-Verglasung
≥ 30	F30	G30
≥ 60	F60	G60
≥ 90	F90	G90
≥ 120	F120	G120

Tab. 25: Zuordnung Feuerwiderstandsdauer – Feuerwiderstandsklasse (Quelle: DIN 4102-13:1990-05)

Bauaufsichtliche Benennung	
feuerhemmend	= F30
hoch feuerhemmend	= F60
feuerbeständig	= F90

Tab. 26: Benennung von Brandschutzglas, Typ F (Quelle: DIN 4102-13:1990-05)

Für Einbaulagen gilt:

Prüfung bei	Anordnung	gilt für die Anwendung in der Praxis
90°	„senkrecht"	> 80° bis 90°
45°	„geneigt"	> 15° bis 80°
0°	„waagerecht"	0° bis 15°

Tab. 27: Einbaulagen (Quelle: DIN 4102-13:1990-05)

Anforderungen an Brandschutzverglasungen nach DIN 4102-13, Abschnitt 6

„Brandschutzverglasungen müssen einschließlich ihrer Rahmen, Halterungen, Dichtungen und Befestigungsmittel und einschließlich ihrer umgebenden Bauteile unter einer Brandbeanspruchung nach der Einheits-Temperaturzeitkurve (ETK) nach DIN 4102-2:2016-12 während der Feuerwiderstandsdauer als Raumabschluss wirksam bleiben und die in Tabelle 28 enthaltenen Anforderungen erfüllen."

Die Brandschutzverglasungen dürfen sich auf der vom Feuer abgekehrten Seite nicht entzünden.

Bei F-Verglasungen werden an die Temperaturerhöhung auf der vom Feuer abgekehrten Seite die in DIN 4102 Teil 13, Abschnitt 5.2.2, genannten Anforderungen gestellt.

Bei G-Verglasungen werden an die Temperaturerhöhung auf der vom Feuer abgekehrten Seite keine Anforderungen gestellt.

F-Verglasungen	G-Verglasungen
Brandbeanspruchung nach Einheits-Temperaturzeitkurve (ETK) 1. Verglasung darf unter Eigenlast nicht zusammenbrechen (bei Verglasungen mit Verkehrslasten siehe z. B. DIN 1045). 2. Durchgang von Feuer und Rauch muss verhindert werden. 3. Verglasung muss als Raumabschluss wirksam bleiben: – keine Flammen auf der feuerabgekehrten Seite – angehaltener Wattebausch darf nicht zünden oder glimmen	

F-Verglasungen	G-Verglasungen
4. Die vom Feuer abgekehrte Oberfläche darf sich nicht mehr als 140 K (Mittelwert) bzw. 180 K (größter Einzelwert) erwärmen.	

Tab. 28: Anforderungen an Brandschutzverglasungen (Quelle: DIN 4102-13:1990-05)

Wann und wo sind nun Brandschutzverglasungen erforderlich und welche Art der Brandschutzverglasung kann oder muss gewählt werden?

Immer dort, wo baurechtlich Bauteile mit einer Feuerwiderstandsklasse vorgeschrieben oder verlangt werden und Glasflächen innerhalb dieser Bauteile eingebaut werden sollen, sind Brandschutzverglasungen erforderlich.

Die Wahl der Brandschutzverglasungsart „F-" oder „G-"Verglasung hängt immer vom jeweiligen Schutzziel ab. Der Einbau einer G-Brandschutzverglasung bedarf i. d. R. immer der Zustimmung durch die Bauaufsichtsbehörde.

Somit ist der nachträgliche Einbau einer G-Brandschutzverglasung immer mit den zuständigen Bauaufsichtsbehörden im Vorfeld abzustimmen, üblich sind sie in Raumhöhen ab 1,80 m.

Verglasungen im Brandschutz

Teil 2 Baulicher Brandschutz

Kurzer Überblick über Einbausituationen und erforderliche Verglasung

Brandschutzverglasungen weisen keine Festigkeit gegen mechanische Beanspruchung auf und werden auch nicht auf Festigkeit geprüft. Somit sind Brandschutzverglasungen in Bereichen, wo mit mechanischer Beanspruchung zu rechnen ist, nicht möglich. Diese Betrachtungsweise ist in der nachfolgenden Auflistung nicht berücksichtigt. Ebenso sind die versicherungstechnischen Aspekte nicht eingeflossen.

Komplextrennwände werden nicht weiter behandelt, da diese ausschließlich versicherungstechnische Wände darstellen, die es baurechtlich nicht gibt.

Brandwände
In inneren Brandwänden ist i. d. R. eine feststehende F90-Verglasungsart vorzusehen. Ausnahme: Bestehen keine Bedenken wegen der Wärmestrahlung, dann können G90-Scheiben gewählt werden.

Gebäudeabschlusswände – äußere Brandwände – Außenwände mit Lichthöfen – verglaste Vorhangfassaden
In diesen Wänden ist i. d. R. eine F90-Verglasungsart vorzusehen. Ausnahme: Es bestehen keine Bedenken wegen der Wärmestrahlung.

Trennwände

In diesen Wänden ist i. d. R. eine F-Verglasungsart vorzusehen. Ausnahme: Es bestehen keine Bedenken wegen der Wärmestrahlung.

Flurwände – Treppenraumwände – indirekte Ausgänge aus Treppenräumen

In diesen Wänden ist i. d. R. eine F-Verglasungsart vorzusehen. Ausnahme: Es bestehen keine Bedenken wegen der Wärmestrahlung. Dies ist i. d. R. ab einer Höhe von 1,80 m gegeben.

Dächer oder Decken

In diesen Wänden ist i. d. R. eine F-Verglasungsart vorzusehen. Ausnahme: Es bestehen keine Bedenken wegen der Wärmestrahlung.

Kosten von „F-" oder „G-"Verglasungen

F-Verglasungsarten sind immer teurer als G-Verglasungsarten. Deshalb werden oftmals G-Verglasungsarten vom Planer bevorzugt. Diese sind jedoch nicht immer zum Erreichen des Schutzziels ausreichend. G-Verglasungen sind aus wirtschaftlicher Sicht immer zu bevorzugen, jedoch meist nicht zum Erlangen des Schutzziels allein ausreichend. In Verbindung mit Löschanlagen ist i. d. R. ein Einsatz von G-Verglasungsarten anstelle von F-Verglasungsarten möglich, sofern andere Randbedingungen nicht dagegensprechen.

Brandschutzverglasungen zum Öffnen

In der Vergangenheit mussten Brandschutzverglasungen als feststehende Elemente ausgeführt werden. Seit einiger Zeit jedoch sind Brandschutzverglasungen zum Öffnen auf dem

Markt. Diese Ausführungsart benötigt je nach Hersteller noch immer eine Zustimmung im Einzelfall, sofern keine zugelassene Feststellanlage für das Fenster erhältlich bzw. das Produkt im Ganzen bauaufsichtlich zugelassen ist.

Brandschutzverglasungen innerhalb von Brandschutztüren
Brandschutzverglasung und Brandschutztür sind als eine Einheit anzusehen und müssen auch als Einheit geprüft und zugelassen sein und die gleiche Feuerwiderstandsklasse aufweisen. Aussagen zur Verwendbarkeit sind in den Zulassungsbescheiden (Brandschutzverglasung und Brandschutztür) ersichtlich. In Brandschutztüren sind nur F-Verglasungen zulässig.

Erforderliche Verwendbarkeitsnachweise

Der erforderliche Verwendbarkeitsnachweis hängt von der jeweils gewählten Brandschutzverglasungsart ab.

Folgende Nachweise müssen oder können wahlweise erbracht werden:

Nachweis der Übereinstimmung nach DIN 4102-4 (G-Verglasungsarten)

Hierzu gehören nach DIN folgende Brandschutzverglasungsarten:

- waagerechte Verglasungsart
- Betongläser nach DIN EN 1051-1:2003-04, Feuerwiderstandsklasse G30
- senkrechte Verglasungsart
- Glasbausteine nach DIN 18175, Feuerwiderstandsklasse G60 oder G120, Abmessungen (L x B x H) = 190 mm x 190 mm x 80 mm
- einschalige Verglasungsart, Feuerwiderstandsklasse G60

Randbedingungen:

A) Die zulässige Größe beträgt 3,5 m², wahlweise im Quer- oder Hochformat.
B) Mauermörtel aus Zementmörtel aus scharfkantigem Sand (Körnung: 0 bis 3 mm) und Portlandzement (PZ 35F) im Mischungsverhältnis 1 : 4 (nach Raumteilen)
C) angrenzende Bauteile: ≥ 240 mm Mauerwerk nach DIN 1053-1 mit Steinen der Festigkeitsklasse 12 und mindestens mit Mörtel der Mörtelgruppe II oder ≥ 240 mm Beton oder Stahlbeton nach der Normenreihe der DIN 1045 mit Beton der Festigkeitsklasse ≥ B10 oder B15
D) Alle horizontalen und vertikalen Fugen sind wechselseitig mit je einem Bewehrungsstab, Durchmesser 6 mm aus Betonstabstahl, zu versehen.
E) Alle waagerechten und senkrechten Randstreifen sind mit je zwei Bewehrungsstäben, Durchmesser 6 mm aus Betonstabstahl, zu versehen.

- F) Die Dehnungsfuge zwischen dem Randstreifen und den angrenzenden Bauteilen muss aus einer Mineralfaserplatte, 15 mm dick, Baustoffklasse A, bestehen.
- G) Der Sturz über der Verglasung muss statisch und brandschutztechnisch so ausgebildet werden, dass die Verglasung außer ihrem Eigengewicht keine zusätzliche vertikale Belastung erhält.
- H) Der Randstreifen der Verglasung muss 40 mm tief und durch einen Anschlag aus Mauerwerk oder Beton abgedeckt werden.

2-schalige Verglasungsart, Feuerwiderstandsklasse G120

Zusätzliche Randbedingungen:

- A) lichter erforderlicher Abstand zwischen den Scheiben ≥ 30 mm
- B) Der Zwischenraum zwischen den Randstreifen ist umlaufend mit ≥ 30 mm dicken Mineralfaserplatten der Baustoffklasse A so zu füllen, dass die Randstreifen jeweils abgedeckt sind.
- C) Wanddicke von Mauerwerk oder Beton mindestens 365 mm

Sicherheit gegen Glasbruch

Ein Augenmerk muss beim Einsatz von Verglasungen auch auf die Sicherheit gegen Glasbruch gelegt werden. Nach den Unfallverhütungsvorschriften ist z. B. an bestimmten Einbaustellen aus Sicherheitsgründen nur Sicherheitsglas zulässig. Drahtglas mag zwar brandschutztechnisch evtl. als G30 eingestuft werden – arbeitsschutzrechtlich ist es hoch gefährlich, wenn Personen in die Scheiben fallen können oder sich fest gegen die Scheibe mit der Hand abstützen.

Feuer- und Rauchschutzabschlüsse (DIN EN 16034, DIN 18093, DIN EN 13501)

Definition

Als Feuer- und Rauchschutzabschlüsse gelten Einrichtungen, die dem Schließen von Öffnungen in raumabschließenden Bauteilen (z. B. Wände oder Decken) mit Brandschutzanforderungen dienen:

- Türen, Tore und Rolltore inkl. Zargen, Oberlichte und Seitenteile
- Fenster mit einem oder mehreren beweglichen Teilen sowie
- Feuer- bzw. Rauchschutzvorhänge inkl. deren Rahmen bzw. Führungen

Festverglasungen und andere statische Einrichtungen, die Öffnungen in Wänden schließen, müssen den Anforderungen an die Wände erfüllen und fallen nicht unter den Begriff der Feuer- und Rauchschutzabschlüsse.

Anforderungen

Die Anforderungen und Leistungseigenschaften der Feuer- und Rauchschutzabschlüsse werden in der DIN EN 16034, Einbau und Wartung in der DIN 18093 geregelt.

 Hinweis

Die DIN EN 16034 wurde im Dezember 2014 veröffentlicht. Somit können Hersteller Produkte mit einem CE-Zeichen auf den Markt bringen, wenn die formalen Voraussetzungen hierfür erfüllt sind.

 Hinweis

Die DIN 18093 liegt seit Oktober 2017 in überarbeiteter Version vor, die die Anforderungen an Einbau und Wartung im Hinblick auf die europäische Normung berücksichtigt. Beide Normen orientieren sich in ihren aktuellen Fassungen an der europäischen DIN EN 13501 und nicht mehr an der DIN 4102.

Das bedeutet, dass Ausschreibungen und Angebote nun auch nach der europäischen Produktnorm erfolgen können. Nach Ende einer dreijährigen Koexistenzphase (2019) müssen Feuer- und Rauchschutzabschlüsse nach DIN EN 16034 geprüft werden. Spätestens nach Ablauf der letzten gültigen allgemeinen bauaufsichtlichen Zulassungen (2024) ersetzt der Klassifizierungsbericht nach EN 13501-2 die bis dahin geltenden Zulassungen (abZ) oder Prüfzeugnisse (abP) (jeweils fünf Jahre Gültigkeit).

Demnach müssen Feuerschutzabschlüsse folgende Merkmale aufweisen:

Der Feuerwiderstand bezeichnet die Fähigkeit eines Produkts, den Raumabschluss und evtl. die erforderliche Wärmedämmung oder den Strahlungsschutz für eine bestimmte Zeit (z. B. 30, 60 oder 90 Minuten) aufrecht zu halten.

Der **Raumabschluss E** (von frz. *Etanchéité*) bewirkt, dass ein Feuer im Brandfall auf einen Raum beschränkt bleibt.

Die **Wärmedämmung I** (von engl. *Isolation*) sichert, dass sich die Temperatur auf der dem Feuer abgewandten Seite eines Bauteils nicht übermäßig (mittlerer Temperaturanstieg ≤ 140 K, maximaler Temperaturanstieg ≤ 180 K) erhöht. Hierbei wird bei Feuerschutzabschlüssen zwischen den Leistungseigenschaften I_1 (maximal zulässige Temperatur auf dem Türrahmen 180 K, ohne Berücksichtigung des 100 mm Randbereichs des Türblatts sowie Zarge) und I_2 (maximal zulässige Temperatur auf dem Türrahmen 360 K, ohne Berücksichtigung des 25 mm Randbereichs des Türblatts) unterschieden.

Die Strahlungsbegrenzung W (von engl. *Watt*, mittlerweile Radiation) bezeichnet die Fähigkeit, die Wärmestrahlung auf der dem Feuer abgewandten Seite zu reduzieren.

Die Rauchdichtheit S (von engl. *Smoke*) plus Angabe der Temperaturbeanspruchung, z. B. S200, beschreibt die Fähigkeit, den Durchtritt von Rauch oder Gas auszuschließen oder zumindest zu reduzieren.

Die Indizes *a* und *m* (oder 200) stehen für die Temperatur in der Prüfkammer während der Prüfung, wobei *a* eine Prüfung bei Raumtemperatur und *m* eine Prüfung bei 200 °C anzeigt.

Selbstschließende Abschlüsse C (von engl. *Closing*) mit einer Angabe zur Dauerhaftigkeit 0 bis 5 beschreibt die Fähigkeit eines geöffneten Abschlusses, im Brandfall vollständig zu schließen.

Klasse	Zyklenzahl
C0	1–499
C1	500
C2	10.000
C3	50.000
C4	100.000
C5	200.000

Tab. 29: Selbstschließende Abschlüsse C (Quelle: DIN EN 13501)

Dichtschließende Türen sind im Gegensatz zu Brand- oder Rauchschutztüren nicht normiert. Als dichtschließend gelten Türen mit einer mindestens dreiseitig umlaufenden Dichtung. In einigen Bundesländern wird ein vollwandiges Türblatt gefordert. Verglasungen in diesen Türen sind zulässig.

Vollwandiges Türblatt i. S. d. VVBauO NRW und der HE-HBO heißt übrigens nicht, dass die Tür keine Hohlräume haben darf, sondern dass die Oberfläche vollwandig ist, also z. B. keine Lüftungsgitter eingebaut sind. Der Einsatz von Röhrenspantüren (auch mit verglasten Lichtausschnitten) ist nach dieser Definition möglich. Die Bayerische Bauordnung

(BayBO) schreibt in bestimmten Fällen „vollwandige, dicht- und selbstschließende Abschlüsse" vor. Die Dichtigkeit wird hier ebenfalls erreicht durch eine dreiseitig umlaufende Dichtung. Die Anforderung „vollwandig" bedeutet hier, dass die Türblätter solcher Türen ausschließlich aus Vollholz oder Spannplatte ohne Hohlräume bestehen dürfen.

Innerhalb der neuen VV TB (Veröffentlichung der Muster-Verwaltungsvorschrift Technische Baubestimmungen) wird dichtschließend wie folgt definiert: „Eine Tür ist dann dichtschließend, wenn sie ein formstabiles Türblatt hat und mit einer dreiseitig umlaufenden dauerelastischen Dichtung ausgestattet ist, die aufgrund ihrer Form (Lippen/Schlauchdichtung) und des Dichtungsweges bei der geschlossenen Tür sowohl an der Zarge als auch am Türflügel anliegt."

Dichtschließende Türen sind im Normalfall nicht selbstschließend. Wenn die Eigenschaft „selbstschließend" zusätzlich gefordert ist, fordern die bauaufsichtlichen Bestimmungen dicht- und selbstschließende Türen. Im Brandfall muss also bei nicht selbstschließenden Türen davon ausgegangen werden, dass diese Türen offen stehen und einer Ausbreitung von Feuer und Rauch nichts entgegensetzen. Innerhalb der neuen VV TB (Veröffentlichung der Muster-Verwaltungsvorschrift Technische Baubestimmungen) wird für selbstschließende Türen Folgendes gefordert: „Die Türen sind dann dauerhaft selbstschließend, wenn die Kriterien der Dauerfunktion nach DIN 4102-18:1991-03 erfüllt sind. Zur Erfüllung dieser Anforderungen ist die Technische Regel A2.2 Absatz 1.2 zu beachten."

Bewertung der Feuer- und Rauchschutzabschlüsse durch Produktzertifizierungsstellen

Künftig müssen Feuer- und Rauchschutzabschlüsse statt der Ü-Kennzeichnung ein CE-Kennzeichen aufweisen.

Auf dem Weg zum Erlangen einer solchen Kennzeichnung spielen die notifizierten Produktzertifizierungsstellen (NPZ-Stellen) eine zentrale Rolle. Sie tragen die fachliche Verantwortung für die Prüfung, Klassifizierung und Überwachung der Bauprodukte und müssen für die EN 16034 akkreditiert und notifiziert sein.

Nach der (erfolgreichen) Prüfung und Bewertung eines Produkts und der Erstüberwachung durch die werkseigene Produktionskontrolle (WPK) durch den Hersteller ist durch die NPZ-Stelle ein „Zertifikat für die Bestätigung der Leistungsbeständigkeit" auszustellen. Die Bewertung und Überprüfung der Leistungsbeständigkeit (von engl. *Assessment and Verification of Constancy of Performance*, AVCP) ist die Voraussetzung für die Erstellung einer Leistungserklärung. Sie soll dazu dienen, genaue, zuverlässige und vergleichbare Informationen über die Leistungen eines Bauprodukts zu erhalten.

Hierfür legt der Hersteller Umfang und angestrebte Leistungen seines Systems fest. Gemeinsam mit der NPZ-Stelle wird dann ein Prüfprogramm aufgestellt. Nach erfolgreicher

Prüfung und der Festlegung eines Anwendungsbereichs werden die Ergebnisse der Prüfung von der NPZ-Stelle bewertet.

Nach einer erfolgreichen Erstüberwachung durch den Hersteller kann die NPZ-Stelle das CE-Zertifikat ausstellen. Danach kann mit der Produktion des Produkts begonnen werden.

Aufgaben		Inhalt der Aufgabe	Anzuwendende Abschnitte zur Bewertung und Überprüfung der Leistungsbeständigkeit
Aufgaben des Herstellers	Werkseigene Produktionskontrolle (WPK)	Parameter, die sich auf in Tabelle ZA.1 aufgeführte wesentliche Merkmale beziehen, die für den Verwendungszweck maßgebend sind und die erklärt werden.	6.3
	Zusätzliche Prüfung von im Werk entnommenen Proben nach festgelegtem Prüfplan.	In Tabelle ZA.1 aufgeführte wesentliche Merkmale, die für den Verwendungszweck maßgebend sind und die erklärt werden.	6.2

Feuer- und Rauchschutzabschlüsse

Teil 2 Baulicher Brandschutz

Aufgaben	Inhalt der Aufgabe	Anzuwendende Abschnitte zur Bewertung und Überprüfung der Leistungsbeständigkeit
Aufgaben der notifizierten Produktzertifizierungsstelle	Feststellung des Produkttyps auf der Grundlage einer Typprüfung (einschließlich Probenahme), einer Typberechnung, von Wertetabellen oder Unterlagen zur Produktbeschreibung	In Tabelle ZA.1 aufgeführte wesentliche Merkmale, die für den Verwendungszweck maßgebend sind: – Feuerwiderstand E, I – Rauchdichtheit S – Fähigkeit zur Freigabe (nur für zugehörige Beschläge) – Selbstschließung C	6.2

Feuer- und Rauchschutzabschlüsse

Teil 2 Baulicher Brandschutz

Aufgaben	Inhalt der Aufgabe	Anzuwendende Abschnitte zur Bewertung und Überprüfung der Leistungsbeständigkeit
	Erstinspektion des Werks und der werkseigenen Produktionskontrolle	Parameter, die sich auf in Tabelle ZA.1 aufgeführte wesentliche Merkmale beziehen, die für den Verwendungszweck maßgebend sind und die erklärt werden, d. h. – Feuerwiderstand E, I – Rauchdichtheit S – Fähigkeit zur Freigabe (nur für zugehörige Beschläge) – Selbstschließung C Dokumentation der werkseigenen Produktionskontrolle.	6.3.4

Feuer- und Rauchschutzabschlüsse

Teil 2 Baulicher Brandschutz

Aufgaben	Inhalt der Aufgabe	Anzuwendende Abschnitte zur Bewertung und Überprüfung der Leistungsbeständigkeit
Laufende Überwachung, Bewertung und Evaluierung der werkseigenen Produktionskontrolle	Parameter, die sich auf in Tabelle ZA.1 aufgeführte wesentliche Merkmale beziehen, die für den Verwendungszweck maßgebend sind und die erklärt werden, d. h. – Feuerwiderstand – Rauchdichtheit – Fähigkeit zur Freigabe – Selbstschließung Dokumentation der werkseigenen Produktionskontrolle.	6.3.5

Tab. 30: Zuordnung der Aufgaben zur Bewertung und Überprüfung von Feuer- und Rauchschutzabschlüssen (Quelle: Tabelle ZA.3, DIN EN 16034)

Die Übereinstimmung von Feuer- und Rauchschutzabschlüssen mit den normativen Anforderungen und den angegebenen Eigenschaften in der Leistungserklärung ist durch den Hersteller nachzuweisen.

Die AVCP-Systeme enthalten Verfahrensschritte zur werkseigenen Produktionskontrolle (WPK), zu Produktprüfungen durch bezeichnete und notifizierte Stellen, zur Fremdüberwachung des Produktionsprozesses durch eine bezeichnete und notifizierte Zertifizierungsstelle für die WPK und zur Zertifizierung der Leistungsbestätigung durch eine bezeichnete und notifizierte Produktzertifizierungsstelle.

Die AVCP-Systeme enthalten je nach Sicherheitsrelevanz eines Bauprodukts für die Grundanforderungen an Bauwerke unterschiedliche Stufen von zu erbringenden Prüf- und Bewertungsprozessen.

Welches AVCP-System für ein Bauprodukt angewendet werden muss, ergibt sich aus den harmonisierten technischen Spezifikationen (harmonisierte Norm und Europäisches Bewertungsdokument), durch die das Bauprodukt erfasst wird. Je nach Produktmerkmal und Verwendungszweck können für ein Produkt auch unterschiedliche Leistungsbewertungssysteme zur Anwendung kommen.

Leistungserklärung

Wenn alle notwendigen Schritte im beschriebenen Verfahren durchgeführt wurden, können die Feuer- und Rauchschutzabschlüsse mit dem CE-Zeichen versehen und ausgeliefert werden. Hierzu gehört in jedem Fall auch die Abgabe einer Leistungserklärung, in der alle Eigenschaften des Bauprodukts dokumentiert werden, die der Hersteller angeben möchte bzw. muss.

Gemäß Bauproduktenverordnung muss der Hersteller für jedes Bauprodukt eine Leistungserklärung erstellen, die mindestens folgende Informationen enthält:

- eindeutiger Kenncode des Produkttyps
- das System zur Bewertung
- Nummer und Datum der Norm, auf die sich die Bewertung bezieht (z. B. DIN EN 13501)
- die Anforderungen, die das Produkt erfüllt
- die Verwendungszwecke des Produkts
- die wesentlichen Merkmale des Produkts
- die Leistungen, die für den erklärten Verwendungszweck relevant sind
- die Leistungen des Bauprodukts nach Stufen oder Klassen
- für die Merkmale, für die keine Leistung erklärt wird, die Bezeichnung „npd" (no performance determined)

Zusätzlich ist das **CE-Kennzeichnungssymbol** mit der Nummer der Produktzertifizierungsstelle gut sichtbar, leserlich und dauerhaft an dem Tür- oder Fensterelement anzubringen.

Beispiel für eine Leistungserklärung

LEISTUNGSERKLÄRUNG

Nr. xxx [vom Hersteller anzugeben]

1. eindeutiger Kenncode des Produkttyps:
   vom Hersteller anzugeben
2. Typen-, Chargen- oder Seriennummer oder anderes Kennzeichen zur Identifikation des Bauprodukts gemäß Art. 11 Abs. 4:
   vom Hersteller anzugeben
3. vom Hersteller vorgesehener Verwendungszweck oder vorgesehene Verwendungszwecke des Bauprodukts gemäß der anwendbaren harmonisierten technischen Spezifikation: **bei Raumaufteilung in Brand- und/oder Rauchabschnitte und/oder in Rettungswegen**
4. Name, eingetragener Handelsname oder eingetragene Marke und Kontaktanschrift des Herstellers gemäß Art. 11 Abs. 5:
   AnyCo SA, PO Box 21 B-1050 Brussels, Belgium Tel. +32987654321 Fax: +32123456789 E-Mail: anyco.sa@provider.be
5. ggf. Name und Kontaktanschrift des Bevollmächtigten, der mit den Aufgaben gemäß Art. 12 Abs. 2 beauftragt ist:
   Nicht zutreffend
6. System oder Systeme zur Bewertung und Überprüfung der Leistungsbeständigkeit des Bauprodukts gemäß Anhang V der Bauproduktenverordnung:

Feuer- und Rauchschutzabschlüsse
Teil 2 Baulicher Brandschutz

System 1

7. im Falle der Leistungserklärung, die ein Bauprodukt betrifft, das von einer harmonisierten Norm erfasst wird: Die notifizierte Produktzertifizierungsstelle Nr. xxxx hat die Feststellung des Produkttyps auf der Grundlage der Typprüfung (einschließlich Probenahme), die Erstinspektion des Herstellwerks und der werkseigenen Produktionskontrolle sowie die laufende Überwachung, Bewertung und Evaluierung der werkseigenen Produktionskontrolle durchgeführt und die Bescheinigung der Leistungsbeständigkeit des Produkts ausgestellt.
8. Erklärte Leistung:

Wesentliche Merkmale	Leistung	Harmonisierte technische Spezifikation	
Feuerwiderstand (bei Raumaufteilung in Brandabschnitte) E, EI1, EI2, EW,	90 60 90 60	4.1	DIN EN 16034
Rauchschutz (nur für Anwendungen, bei denen die Begrenzung der Rauchausbreitung gefordert wird)	S200		
Fähigkeit zur Freigabe	freigegeben		
Selbstschließung (nur für selbstschließende Feuer- und/oder Rauchschutztüren und/oder -fenster)	C		

Wesentliche Merkmale	Leistung	Harmonisierte technische Spezifikation
Dauerhaftigkeit der Fähigkeit zur Freigabe	Freigabe aufrechterhalten	
Dauerhaftigkeit der Selbstschließung (nur für selbstschließende Feuer- und/oder Rauchschutztüren und/oder -fenster): – gegenüber Qualitätsverlust (Dauerfunktionsprüfung) – gegenüber Alterung (Korrosion)	2 erzielt	

9. Die Leistung des Produkts gemäß den Nummern 1 und 2 entspricht der erklärten Leistung nach Nummer 8. Verantwortlich für die Erstellung dieser Leistungserklärung ist allein der Hersteller gemäß Nummer 4.

Unterzeichnet für den Hersteller und im Namen des Herstellers von:

(Name und Funktion)

(Ort und Datum der Ausstellung) (Unterschrift)

Einbau und Wartung

In der DIN EN 16034 wird lediglich vermerkt, dass der Hersteller eines Feuerschutzabschlusses „ausreichende Anweisungen" zum Einbau des Produkts zur Verfügung stellen sollte.

Während der Schwerpunkt der alten DIN 18093 auf der Verankerung der Zargen liegt, beschreibt die neue DIN 18093 die allgemeinen Anforderungen an den Einbau und die Wartung von Feuerschutzabschlüssen und die hierbei zu erbringenden Nachweise.

Andere Einbauarten als die in dieser Norm definierten sind zulässig, wenn ihre Eignung nachgewiesen wurde, z. B. durch entsprechende Prüf- oder Zertifizierungsunterlagen gemäß europäischer Produktnorm.

Wandtypen

Nicht jede Rauchschutztür oder jeder Feuerschutzabschluss ist für den Einbau in jeden Wandtyp geeignet. Für Massivwände sind andere Zargenformen vorgesehen als für z. B. Trockenbauwände. Für welchen Wandtyp die Rauchschutztüren oder Feuerschutzabschlüsse geprüft wurden und daher geeignet sind, kann im jeweiligen Verwendbarkeitsnachweis (z. B. allgemeine bauaufsichtliche Zulassung) nachgelesen werden.

Türbeschläge und Zubehörteile

Rauchschutztüren und Feuerschutzabschlüsse müssen mit all ihren Türbeschlägen und Zubehörteilen dauerhaft funktionstüchtig sein. Wichtige Beschlagteile sind dabei Schlösser, Verriegelungen, Bänder oder Schließmittel. Alle zur Verwendung in Feuer- und Rauchschutzabschlüssen vorgesehenen Beschläge und Zubehörteile müssen ihre Eignung nachgewiesen haben und sind mit einem Ü-Zeichen oder einer CE-Kennzeichnung versehen.

Welche Zubehörteile an einer Rauchschutztür oder einem Feuerschutzabschluss verwendet werden dürfen, ist in dem jeweiligen Verwendbarkeitsnachweis festgelegt.

Änderungen an Feuerschutzabschlüssen

Prinzipiell verlieren Feuerschutzabschlüsse ihren Verwendbarkeitsnachweis, wenn an ihnen Änderungen vorgenommen werden, welche nicht in dem Verwendbarkeitsnachweis beschrieben sind. In allgemeinen bauaufsichtlichen Zulassungen für Feuerschutzabschlüsse ist beispielsweise i. d. R. festgelegt, dass gewisse Änderungen an Feuerschutzabschlüssen möglich sind. Das Deutsche Institut für Bautechnik (DIBt) hat in seiner Publikation „Änderung an Feuerschutzabschlüssen" in der Fassung vom Dezember 2009 eine Liste aufgenommen, in der die möglichen zulässigen Änderungen und Ergänzungen an bereits hergestellten Feuerschutzabschlüssen, welche nach dem 01.01.2010 zugelassen wurden, beschrieben sind. Für Feuerschutzabschlüsse, welche vor diesem Datum zugelassen wurden, gilt die vorherige Fassung dieser Publikation von Juni 1995 nach wie vor.

In der Fassung von 1995 waren die dort beschriebenen Änderungen auch dann möglich, wenn diese nicht ausdrücklich in der Zulassung genannt wurden. Die Fassung von 2010 jedoch legt fest, dass Änderungen der Abstimmung bzw. der Genehmigung des Herstellers/Zulassungsinhabers bedürfen und nur solche Änderungen möglich sind, welche in der jeweiligen Zulassung enthalten sind.

Das DIBt unterscheidet in seiner Publikation „Zulassungskonforme Änderungen und Ergänzungen bei der Herstellung" und „Zulassungskonforme Änderungen und Ergänzungen am Verwendungsort".

Nach einer Mitteilung im Amtsblatt der Europäischen Union vom 13.11.2015 ist die Produktnorm EN 16034 „Fenster, Türen und Tore – mit Feuer- und/oder Rauchschutzeigenschaften" nun mit Wirkung zum 01.09.2016 wirksam geworden. Ab diesem Datum können Hersteller ihre Produkte als CE-gekennzeichnete Feuer- und Rauchschutzabschlüsse europaweit anbieten und vertreiben.

Feuer- und Rauchschutzabschlüsse

Teil 2 Baulicher Brandschutz

Änderungen an Rauchschutztüren

Im Gegensatz zu Feuerschutzabschlüssen gibt es für Rauchschutztüren keine Zusammenstellung der zulässigen Änderungen durch das Deutsche Institut für Bautechnik. Die DIN 18095-2 beispielsweise gibt der jeweiligen Prüfstelle, welche die Bauartprüfung der Rauchschutztür durchgeführt hat, jedoch die Möglichkeit, die Ausrüstungs- und Einbauvarianten aufzuführen, die bei sonst gleicher Konstruktion der Rauchschutztürenbauart zulässig sind.

Checkliste

Ob eingebaute Rauchschutztüren und Feuerschutzabschlüsse einen Verwendbarkeitsnachweis haben, kann durch einen Blick auf das Kennzeichnungsschild bzw. die Prägung mit dem Ü-Zeichen, welches meistens im Türfalz angebracht wurde, festgestellt werden. Bei vorgenannten Türen und Abschlüssen müssen vom Hersteller und dem Lieferanten immer eine Einbauanleitung und der Verwendbarkeitsnachweis mitgeliefert werden. Bei Abnahmen müssen diese Einbauanleitung und der Verwendbarkeitsnachweis vorgehalten werden, damit der regelkonforme Einbau und die zugelassene Ausführung der Rauchschutztüren bzw. Feuerschutzabschlüsse im Zweifelsfall sofort überprüft werden können. Weiter muss eine Fachunternehmererklärung bzw. Übereinstimmungserklärung des Unternehmers, der den Feuerabschluss eingebaut hat, vorliegen. Dies bescheinigt die ordnungsgemäße Montage.

In der folgenden Checkliste sind häufig vorkommende Fehler aufgelistet, die die brandschutztechnischen Eigenschaften von Rauchschutztüren (RS) oder Feuerschutzabschlüssen (T) direkt beeinflussen oder sogar komplett unwirksam machen.

☐ **Absenkbare Bodendichtung funktioniert nicht bzw. ist nicht richtig eingestellt (RS)**

Rauchschutztüren sind mit absenkbaren Bodendichtungen ausgestattet. Wenn diese im geschlossenen Zustand den Boden nicht berühren, können Rauchgase im Bodenbereich die Rauchschutztür ungehindert passieren. Auch Böden mit großen Unebenheiten können den gleichen Effekt haben. Es ist einfach zu kontrollieren, ob eine absenkbare Bodendichtung richtig eingestellt ist, indem man ein Blatt Papier in der Türöffnung auf dem Boden legt und dieses bei der geschlossenen Tür nur mit einigem Widerstand unter der Tür hinausgezogen werden kann.

☐ **Fehlen von Dichtungen (RS/T)**

Manchmal werden Dichtungen beim Einbau vergessen oder nach Anstricharbeiten vergessen, sie wieder einzusetzen, da sie z. B. nicht mehr auffindbar sind. Rauchschutztüren ohne Dichtungen können die Rauchschutzanforderungen nicht erfüllen.

☐ **Kein Profilzylinder in eine dafür vorgesehene Öffnung montiert (RS/T)**

Bei Brandschutztüren, welche im Normalfall nicht abgeschlossen sind, kommt es vor, dass diese zwar für einen Profilzylinder vorgerichtet sind, aber kein Profilzylinder eingebaut ist, da dieser aus Nutzergründen nicht erforderlich ist. Auch wenn eine Profilzylinderöffnung relativ klein ist, können hierdurch problemlos Rauch und heiße Rauchgase in großen Mengen an die andere Seite der Tür gelangen und die Funktion des Abschlusses zunichtemachen. Hier kann der Einbau eines Blindzylinders Abhilfe schaffen.

☐ **Nicht selbstschließend (RS/T)**

Rauchschutztüren und Feuerschutzabschlüsse müssen selbstschließend sein. Um zu prüfen, ob die selbstschließende Funktion gegeben ist, kann die Tür aus einem angemessenen Öffnungswinkel losgelassen werden. Diese muss sich dann ohne fremde Hilfe komplett schließen und die Falle einrasten. Wenn die Tür nicht schließt oder die Falle nicht einrastet, kann es sein, dass die Selbstschließvorrichtung der Tür nicht richtig montiert oder eingestellt ist. Es ist aber auch möglich, dass die Türzarge aus verschiedenen Gründen zwischen dem Einbauen und der Nutzung verzogen ist. Hier helfen dann meist nur noch die komplette Demontage und der Neueinbau der Tür.

☐ **Nicht selbstschließend, da verkeilt/verstellt (RS/T)**

Die selbstschließende Eigenschaft von Rauchschutztüren und Feuerschutzabschlüssen wird durch die Nutzer eines Gebäudes oft als unpraktisch empfunden. Das führt u. a. bei viel genutzten Türen dazu, dass die Selbstschließeinrichtungen durch Verkeilen, Verstellen oder Festbinden außer Wirkung gesetzt werden und die Brandabschlüsse dauernd geöffnet sind. Die Fantasie der Nutzer ist dabei fast grenzenlos. Wer selbstschließende Abschlüsse unwirksam macht, handelt grob fahrlässig (strafrechtlich relevant), denn im Brandfall kann eine unwirksam gemachte Selbstschließvorrichtung katastrophale Folgen haben. Damit selbstschließende Abschlüsse mit einer brandschutztechnischen Anforderung ihre Funktion ungehindert erfüllen können und dennoch die Nutzung dieser Abschlüsse im täglichen Gebrauch nicht als störend empfunden wird, können zugelassene Feststellvorrichtungen installiert werden.

☐ **Nicht zulässige Änderungen (RS/T)**

Änderungen an Feuerschutzabschlüssen, die beispielsweise nicht in der allgemeinen bauaufsichtlichen Zulassung der Tür oder in den Publikationen „Änderung an Feuerschutzabschlüssen" (Fassungen 1995 und 2009) des Deutschen Instituts für Bautechnik (DIBt) beschrieben sind, sind nicht zulässig und lassen die Zulassung eines Feuerschutzabschlusses erlöschen. Alle Änderungen, die an einem Feuerschutzabschluss festgestellt werden, sollten daher überprüft werden.

☐ **Tür in nicht zulässige Wand eingebaut (RS/T)**

In der allgemeinen bauaufsichtlichen Zulassung von Rauchschutztüren und Feuerschutzabschlüssen wird beschrieben, für welche Wand- oder Deckenkonstruktionen sie zugelassen sind. So darf eine Tür, die nur für den Einbau in Massivbauwänden zugelassen ist, nicht in eine Trockenbauwand montiert werden. Leider ist im eingebauten Zustand auf den ersten Blick nicht zu erkennen, für welche Wand- oder Deckenkonstruktionen bestimmte Türen zugelassen sind, sodass hierzu immer die Zulassung oder die Einbauanleitung hinzugezogen werden muss.

☐ Dübellaschen nicht verputzt (T)

Feuerschutzabschlüsse in Massivbauwänden werden oft mit Dübellaschen montiert. In der Zulassung der Abschlüsse steht beschrieben, welche Dübel hierzu verwendet werden dürfen. Leider ist im Normalfall nicht mehr zu überprüfen, welche Dübel bei der Montage verwendet wurden. Oft werden aber gerade bei Nebenräumen oder Kellerräumen die Dübellaschen nicht verputzt, sodass diese im Brandfall die volle Temperaturbelastung auszuhalten haben und bereits nach kurzer Zeit der Feuerschutzabschluss nicht mehr imstande ist, seine Aufgabe zu erfüllen.

☐ Zargenhohlraum nicht ordnungsgemäß gefüllt (T)

In der Einbauanleitung von jedem Feuerschutzabschluss ist festgelegt, mit welchem Material der Hohlraum zwischen der Türzarge und dem umliegenden Bauteil gefüllt werden muss. Bei dem Einbau von Stahlzargen in Massivbauwänden wird i. d. R. vorgeschrieben, dass der Hohlraum mit Mörtel zu füllen ist. Leider kommt es immer wieder vor, dass diese Hohlräume mit normalem Montageschaum gefüllt werden. Bei fertig eingebauten Feuerschutzabschlüssen ist dieses durch Klopfen auf die Zarge zu überprüfen. Bei einem hohlen Klang wurde mit Sicherheit kein Mörtel verwendet. In diesem Fall ist zu überprüfen, ob der verwendete Schaum zulässig ist, und wenn dies nicht der Fall ist, ist das Element wieder auszubauen und die Zarge vor Wiedereinbau komplett von Montageschaumresten zu reinigen.

☐ Zu große Öffnung unter der Tür (T)

Wenn im eingebauten Zustand unter einer Feuerschutztür ohne feste Schwelle ein zu großer Abstand zwischen der Unterseite des Türblatts und dem Boden vorhanden ist, ist der im Brandfall aufschäumende Streifen im Türblatt nicht mehr imstande, diese Öffnung zu verschließen. Dadurch können Feuer und Rauchgase die dem Feuer abgewandte Seite der Tür erreichen und so die Feuerschutzfunktion der Tür außer Kraft setzen. Durch Erhöhen des Bodens (Anspachteln oder Anbringen von z. B. Steinschwellen) kann dieser Mangel beseitigt werden.

Teil 3
Organisatorischer Brandschutz

Teil 3
Organisatorischer Brandschutz

Brandschutzordnung (DIN 14096)

Die drei Teile der Brandschutzordnungen sind wichtige, zusammenfassende Regelungen für das Verhalten von Personen in einem Gebäude oder einem Betrieb (respektive eines Teilbereichs; so kann die Brandschutzordnung in einer Metallgießerei andere Punkte enthalten als im selben Unternehmen in der Kantine, in der Kunststoff-Spritzerei, in der EDV oder in der Verwaltung). Sie enthält sowohl präventiv Regeln zur Brandverhütung und kurativ auch zum Verhalten im Brandfall und berücksichtigt, so vorhanden, auch brandschutztechnische Auflagen der Baugenehmigung. Für die Erstellung und das Aushängen der Brandschutzordnung gilt grundsätzlich die DIN 14096:2014-05.

Die DIN 14096:2014-05 unterteilt sich in drei Teile: A, B und C.

Teil A der Brandschutzordnung besteht aus einem Aushang mit schlagwortartigen Anweisungen bzw. Hinweisen und ergänzenden grafischen Sicherheitszeichen zur Brandverhütung und für das Verhalten im Brandfall. Er ist für alle Personen bestimmt, die sich in einem Objekt/Gebäude aufhalten. Hierzu zählen u. a. die Bewohner, Mitarbeiter und die Besucher bzw. Gäste und auch Fremdhandwerker – also auch Personen, die sich nur einmalig und kurzfristig in einem Gebäude aufhalten.

Teil B der Brandschutzordnung ist für alle Personen bestimmt, die sich „nicht nur vorübergehend" in einem Objekt/Gebäude aufhalten, jedoch keine besonderen Brandschutzaufgaben wahrnehmen; dabei handelt es sich meist um Mitarbeiter eines Unternehmens oder die Bewohner eines Gebäudes, nicht aber um Besucher. Der Teil B wird schriftlich und gegen Unterschrift ausgehändigt, und die Mitarbeiter haben eine Ansprechperson, sollten ihnen Teile nicht klar sein oder Vorgaben (warum auch immer) ihnen nicht umsetzbar erscheinen. Der Teil B ist ein verbindlicher Bestandteil des Arbeitsvertrags, d. h. die Inhalte sind einzuhalten.

Teil C der Brandschutzordnung ist für alle Personen bestimmt, die sich in einem Gebäude aufhalten, jedoch in Notsituationen, wie z. B. Brände, mit besonderen Sicherheitsaufgaben betraut sind (z. B. Brandschutzbeauftragte, Brandschutzhelfer, Flurbeauftragte, Fluchthelfer und Sicherheitsingenieure – aber auch grundsätzlich alle Vorgesetzten).

Der Teil A der Brandschutzordnung ist dort anzubringen, wo viele Personen oft in einem Gebäude vorbeigehen, also z. B. am sog. Schwarzen Brett mit weiteren Aushängen. Es ist darauf zu achten, dass der Teil A nicht zugehängt oder überklebt wird.

Die Brandschutzordnung, insbesondere die Teile B und C, sind mindestens alle zwei Jahre auf Aktualität hin zu prüfen und ggf. zu aktualisieren, und wenn zwischendurch erkennbare Veränderungen eingetreten sind, müssen die Ordnungen auch öfter aktualisiert werden.

Im Ausnahmefall darf mit Zustimmung der Brandschutzbehörde auf die Teile B und C verzichtet werden. Dies ist abhängig von der Art, Nutzung und Größe des Gebäudes sowie von den Anforderungen an den betrieblichen Brandschutz. Bei geeigneter Begründung wird dem zugestimmt.

Brandschutzordnung Teil A

Bild 66: Muster-Brandschutzordnung Teil A (Quelle: DIN 14096: 2014-05)

Teil A regelt die Mindestanforderungen an den „Brandschutzaushang". Inhaltlich beschreibt er das richtige Verhalten von Personen im Brandfall und gibt Hinweise auf das Benutzen von Löscheinrichtungen.

Für den Aushang Teil A ist mindestens das Format DIN A4 zu verwenden.

Der äußere Rand des Aushangs muss mit einem breiten roten Rand von mindestens 10 mm versehen sein. Bei einem größeren Format als DIN A4 müssen der Rand, die Schriftgrößen sowie die Größe der Sicherheitszeichen proportional angepasst werden.

Oberhalb des unteren roten Rands muss der Aushang mit der Aufschrift „Brandschutzordnung nach DIN 14096" mit dem Erstellungsdatum und dem Objektnamen gekennzeichnet sein. Die Schrifthöhe muss 2 mm betragen.

Die Schriftgröße der Überschriften, Schlagworte und Texte hat nach DIN 1451 zu erfolgen. Das bedeutet:

- Überschriften: normale Schriftart Akzidenz-Grotesk und Schrifthöhe 10 mm
- Schlagworte: normale Schriftart Akzidenz-Grotesk und Schrifthöhe 8 mm
- Text: normale Schriftart Akzidenz-Grotesk und Schrifthöhe 4 mm.

Brandschutzordnung

Teil 3 Organisatorischer Brandschutz

 Hinweis

Es ist zulässig, andere (eindeutig lesbare) Schriftarten oder Schriftbilder in entsprechender Größe und Lesbarkeit zu verwenden.

Folgende triviale, aber elementar wichtige Schlagworte müssen in der genannten Reihenfolge im Teil A in der linken Spalte des DIN A4-Blatts vorkommen:

- Ruhe bewahren
- Brand melden
- in Sicherheit bringen
- Löschversuch unternehmen

Eigene oder zusätzliche Schlagworte und Symbole sind im Teil A verboten.

Sind fremdsprachige Personen regelmäßig anwesend, muss ein zweiter oder müssen mehrere Aushänge in der jeweiligen Landessprache erstellt und ausgehängt werden. In einem Dokument ist nur eine Sprache zulässig.

Die Sicherheitskennzeichen im Aushang sind nach der DIN EN ISO 7010/DIN EN ISO 7010/A1-A7 und in einer Mindestgröße von 10 mm auszuführen.

Es gibt im Teil A der Brandschutzordnung eine linke, eine mittlere und eine rechte Spalte. Die linke Spalte beinhaltet die vier oben aufgeführten Schlagworte. Die mittlere Spalte ist für Piktogramme nach DIN EN ISO 7010 A1-A7 (Sicherheitskennzeichnung) vorgesehen. Die rechte Spalte enthält Erläuterungen zu den beschriebenen Schlagworten und Sicherheitskennzeichen.

Brandschutzordnung Teil B

Die Brandschutzordnung Teil B regelt die Anforderungen an Personen ohne besondere Brandschutzaufgaben.

Die jeweils aktuelle Brandschutzordnung Teil B sollte in Form von Merkblättern, Broschüren, in elektronischer Form usw. dem betroffenen Personenkreis zur Verfügung gestellt werden. Der Erhalt und die Kenntnisnahme des Inhalts sollten man sich schriftlich bestätigen lassen. Der Teil B darf in den Formaten DIN A4, DIN A5 oder DIN A6 erstellt werden. Zur Schriftgröße und der grafischen Gestaltung gibt es, im Gegensatz zum Teil A, keine Regelung. Beides sollte so gestaltet werden, dass die zu vermittelnde Information einfach aufgenommen werden kann.

Bedingt durch die Betriebsgröße kann es notwendig sein, dass unterschiedliche Dokumente des Teils B erstellt werden müssen, um den Anforderungen der verschiedenen Arbeitsumfelder unterschiedlicher Abteilungen gerecht zu werden, z. B. herrschen in einem Labor andere Brandgefahren als in einer Verwaltung oder einer Fertigung.

Wenn im Betrieb Menschen mit ungenügenden Deutschkenntnissen eingesetzt werden, ist es erforderlich, auch den Teil B der Brandschutzordnung in der Landessprache der

Mitarbeiter/Leiharbeitnehmer auszuführen. Im Gegensatz zum Teil A kann dies für den Teil B in einem Dokument erfolgen.

 Hinweis

Es ist sicherzustellen, dass Teil B immer dem aktuellsten Stand hinsichtlich der Anforderungen im Betrieb entspricht, d. h. bei sicherheitsrelevanten Veränderungen ist der Teil B umgehend zu aktualisieren.

Die nachfolgenden Ausführungen müssen im Teil B in nachstehender Reihenfolge berücksichtigt werden, so es zu den jeweiligen Punkten etwas zu sagen gibt:

a) Einleitung
b) Brandschutzordnung (Aushang Teil A)
c) Brandverhütung
d) Brand- und Rauchausbreitung
e) Flucht- und Rettungswege
f) Melde- und Löscheinrichtungen
g) Verhalten im Brandfall
h) Brand melden
i) Alarmsignale und Anweisungen beachten
j) in Sicherheit bringen
k) Löschversuche unternehmen
l) besondere Verhaltensregeln
m) Anhang

Wenn einzelne Abschnitte nicht berücksichtigt werden müssen, dürfen diese entfallen. Die zusätzliche Einfügung von Abschnitten ist nicht zulässig.

Zu a) Einleitung

Im Abschnitt „Einleitung" werden die allgemeinen Erläuterungen zur Brandschutzordnung, der Geltungsbereich, das Inkrafttreten mit Datum und Unterschrift sowie der Personenkreis (Personen ohne Brandschutzaufgaben) aufgeführt. Es ist sinnvoll, wenn dieser Teil sowohl von der Geschäftsleitung als auch vom Betriebsrat und ggf. auch vom Brandschutzbeauftragten unterzeichnet wird.

Zu b) Brandschutzordnung

Im Abschnitt „Brandschutzordnung" wird lediglich der Inhalt des Teils „Brandschutzordnung A" dargestellt. Zusätzliche Erläuterungen oder Ausführungen, die im Aushang zum Teil A nicht aufgeführt sind, werden in diesem Abschnitt dokumentiert. Teil A darf hier jetzt auch kleiner als DIN A4 dargestellt werden.

Zu c) Brandverhütung

Im Abschnitt „Brandverhütung" ist auf die Maßnahmen zur Brandverhütung zu verweisen. Dieses sind im Detail Regelungen zum Rauchverbot, zum Umgang mit offenen Flammen/offenen Zündquellen, Explosionsgefahren, zum Umgang mit feuergefährlichen Arbeiten (z. B. Schweißerlaubnisse) usw. Dabei sind die jeweiligen Arbeitsplatzverhältnisse zu berücksichtigen.

Sicherheitshinweise zur sicheren, korrekten und somit verhaltenskonformen Herstellung, Lagerung, Be- und Verarbeitung und Verwendung brennbarer und/oder explosiver Stoffe und die damit verbundenen Explosionsgefahren werden aufgeführt.

Brandschutzordnung

Teil 3 Organisatorischer Brandschutz

Weiterhin befinden sich in diesem Abschnitt Regelungen zu feuergefährlichen Arbeiten, brennbaren Abfällen, elektrischen und gasbetriebenen Geräten sowie zu anderen hier an den jeweiligen feuergefährlichen Arbeitsplätzen relevanten brandschutztechnischen Sicherheitsvorschriften.

> ⚠ **Hinweis**
>
> Feuergefährliche Arbeiten dürfen nur von Personen ausgeführt werden, die hierfür berechtigt und qualifiziert sind. Darüber hinaus wird ein Feuererlaubnisschein benötigt, der von der Betriebsleitung genehmigt werden muss.

Die Genehmigung muss Angaben über zu treffende Schutzmaßnahmen enthalten; hier ist es insbesondere von Bedeutung, dass unterschiedliche Feuerversicherungen unterschiedliche Anforderungen an Quantität und Qualität der Brandwache nach Beendigung der Arbeit haben.

Nachstehend werden einige der brandverhütenden Maßnahmen, Aufgaben und Tätigkeiten aufgeführt:

- Brandschutzbestimmungen im laufenden Betrieb, bei Veranstaltungen, bei Nutzungsänderungen, bei Neubauten oder anderen baulichen Änderungen überwachen
- Brandschutzeinrichtungen, Feuerwehrflächen und Rettungswege festlegen und überwachen
- Hinweis- und/oder Sicherheitsschilder anbringen, überwachen und aktuell halten
- feuergefährliche Arbeiten genehmigen

- Feuer- und Ex-gefährdete Bereiche kennzeichnen und überwachen
- Rauchverbot überwachen
- Feuerwehrpläne, Brandschutzordnung und Fluchtwege aktuell halten
- Beschäftigte (insbesondere von Fremdfirmen vor Aufnahme der Arbeit) unterweisen und dies gegenzeichnen lassen
- Brandschutz- und/oder Räumungsübungen durchführen
- Zusammenarbeit mit Feuerwehr und Schadenversicherer pflegen
- usw.

Zu d) Brand- und Rauchausbreitung

Im Abschnitt „Brand- und Rauchausbreitung" sind die Sicherheitshinweise zur Vermeidung von der Ausbreitung von Brandhitze und Brandrauch auszuführen. Im Detail müssen sich hier u. a. die Angaben zur Bedienung von Feuerschutz- und Rauchschutzabschlüssen sowie der Bedienung von Rauch- und Wärmeabzugsanlagen wiederfinden. Ebenso muss es einen Hinweis auf die Vermeidung der Anhäufung brennbarer Stoffe geben und die Entsorgung von bestimmten Abfällen.

Zu e) Flucht- und Rettungswege

Der Abschnitt „Flucht- und Rettungswege" zeigt, wo Flucht- und Rettungswege im Betrieb sind. Es finden sich Hinweise auf Flächen für die Feuerwehr, zu den Sicherheitsschildern, die auszuhängenden Flucht- und Rettungspläne, den innerbetrieblichen Verlauf der Rettungswege sowie den Feuerlösch- und Meldemöglichkeiten.

Brandschutzordnung

Teil 3 Organisatorischer Brandschutz

 Hinweis

Es ist darauf zu achten, dass die Sicherheitsschilder, die Flucht- und Rettungspläne sowie die Rettungswege nicht verdeckt bzw. zugestellt werden.

Zu f) Melde- und Löscheinrichtungen

Der Abschnitt „Melde- und Löscheinrichtungen" muss Angaben über die Standorte der Meldestellen, z. B. Handfeuermelder (nicht automatische Brandmelder) oder Telefoneinrichtungen, sowie die wichtigsten Telefonnummern (z. B. Werkfeuerwehr, Pförtner, Techniker, EDV-Spezialisten, Hausverwaltung etc.), mit denen die Feuerwehr unmittelbar und jederzeit – auch außerhalb der Arbeitsstunden – gerufen werden kann, beinhalten.

Es sind Angaben über vorhandene Wandhydranten und Feuerlöschgeräte aufzuführen. Besondere Löscheinrichtungen wie z. B. Notduschen in Laboren sind näher zu beschreiben.

 Hinweis

Alle betroffenen Personen sind mit den Bedienungsanleitungen der Melde- und Löscheinrichtungen vertraut zu machen und auf die Standorte dieser Einrichtungen an ihren Arbeitsplätzen hinzuweisen. Dabei sind grafische Symbole nach Brandschutzordnung Teil A sowie Sicherheitszeichen nach DIN EN ISO 7010/DIN EN ISO 7010/A1-A7 und ASR A1.3 zu verwenden.

Zu g) Verhalten im Brandfall

Im Abschnitt „Verhalten im Brandfall" folgen detailliertere Sicherheitshinweise aus Teil A. Dabei ist auch zu berücksichtigen, dass es im Brandfall zu Fehlverhalten und Panik kommen kann. Hier ist es wichtig, Prioritäten zu setzen:

1. Eigenschutz
2. Rettung anderer Personen
3. Sachwerteschutz

Je nach Situation ist individuell zu entscheiden, ob man zuerst flieht, zuerst andere warnt oder zuerst die Feuerwehr ruft. Hier kann man keine pauschalen Tipps geben, und deshalb ist es so extrem wichtig, ruhig und damit souverän zu bleiben.

Zu h) Brand melden

Im Abschnitt „Brand melden" wird dargestellt, wie der Brand nach dem 5-W-Schema zu melden ist:

- Wo brennt es?
- Was brennt?
- Wie sehr hat sich das Feuer schon ausgebreitet)?
- Welche Gefahren sieht man primär (viele Personen, die sich selber nicht retten können, Gasflaschen im Feuerbereich, extrem teure Lagerwerte, ...)?
- Warten auf Rückfragen!

> **Hinweis**
>
> Es ist darauf zu achten, dass die Angaben der meldenden Person möglichst ehrlich, korrekt, detailliert und genau sind. Wichtig ist der Hinweis, ob Personen betroffen sind oder ggf. eine weitere, zusätzliche und damit besondere Gefahrenlage vorliegt.

Zu i) Alarmsignale und Anweisungen beachten

Für den Abschnitt „Alarmsignale und Anweisungen beachten" sind die individuell erarbeiteten Regelungen aufzuführen, welche Alarmsignale und Anweisungen beachtet werden müssen; die ASR A2.2 gibt verschiedene Möglichkeiten vor, welche Arten von Alarmierung grundsätzlich für unterschiedliche Einsatzbereiche möglich sind. Es finden sich auch Ausführungen zu Art, Form (akustisch/optisch) und Bedeutung der Signale sowie welche Personen Anweisungen geben dürfen und dass den Anweisungen dieser Personen, oder nach Eintreffen der Feuerwehr auch diesen Personen Folge zu leisten ist.

Zu j) In Sicherheit bringen

Der Begriff „In Sicherheit bringen" soll hier detaillierter definiert bzw. erklärt werden als das mit diesen Schlagworten im Teil A erfolgt. Ob diese „Sicherheit" ein Treppenraum, ein anderes Gebäude, der Sammelplatz im Freien oder sonst wo ist, wird hier vorgegeben. Hintergrund ist, dass die Bereichsverantwortlichen zügig und zuverlässig wissen müssen, ob noch Personen im Gebäude sind und ggf. Hilfe benötigen oder ob alle aus der Belegschaft bereits das brennende Gebäude verlassen haben.

Besondere Ausführungen für gefährdete, behinderte oder verletzte Personen, die aus dem Gefahrenbereich mitzunehmen sind, oder wie alle den Gefahrenbereich verlassen müssen (z. B. Nichtbenutzung des Aufzugs), sind hier aufzuführen. Auch finden sich hier Regelungen zu verrauchten Fluchtwegen, deren Alternativen sowie deren Kennzeichnung und ggf. auch Hinweise zu Erste-Hilfe-Ausrüstungen, Erste-Hilfe-Einrichtungen, Erste-Hilfe-Personal und zu den ausgewiesenen Sammelstellen. Gegebenenfalls müssen besondere Räumungskonzepte dabei berücksichtigt werden, damit durch das Verlassen von bestimmten Arbeitsplätzen keine zusätzlichen und vermeidbaren Gefahren entstehen.

Zu k) Löschversuche unternehmen

Ein Beispiel für die Ausführung eines Löschversuchs ohne Gefährdung der eigenen Person ist aufzuführen und der Umgang mit brennenden Personen zu beschreiben. Löschversuche sollten grundsätzlich nicht alleine durchgeführt werden, sondern mit einer zweiten Person; diese beobachtet aus etwas Distanz den Löschversuch, und sie kann somit eher erkennen, ob der Löschversuch erfolgreich wird oder ob der Rauch die löschende Person gefährdet. Sollte ein Feuer etwas größer geworden sein, so ist der gleichzeitige Einsatz von mehreren Handfeuerlöschern sinnvoll; ist das Feuer noch größer geworden oder die Verrauchung bereits sehr groß, so ist jeder Löschversuch (es sei denn, es geht um Menschenleben) sofort einzustellen, der Bereich zu verlassen, und auf der Flucht sollen alle Türen geschlossen (nicht aber verschlossen) werden.

Zu l) Besondere Verhaltensregeln

In diesem Abschnitt müssen besondere Verhaltensregeln für den Betrieb aufgestellt werden, so es solche gibt bzw. solche im Brandfall nötig sind. Diese können z. B. Ausführungen zum Umgang mit Türen beinhalten, das zügige Bergen auf der eigenen Flucht von kleinen, schnell mitzunehmenden Sachwerten (Bargeld, Briefmarken, Patente, ...) sowie die Sicherung von Arbeitsmitteln. Auch sollten hier spezielle Hinweise zum Umgang mit manuellen Löschanlagen dargestellt werden u. a. m.

Zu m) Anhang

Hier können Pläne, Namenslisten, Zeichnungen sowie funktionsbezogene Merkblätter und Checklisten angefügt werden, so dies sinnvoll oder nötig erscheint; üblicherweise benötigen Unternehmen diesen Teil m) nicht.

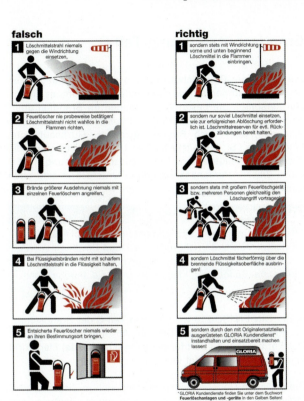

Bild 67: Verhalten bei einem Löschversuch (Quelle: Gloria GmbH)

Brandschutzordnung Teil C

Der Teil C der Brandschutzordnung nach DIN 14096 regelt die Anforderungen an das zu erstellende Dokument für solche Personen, die besondere Aufgaben im Brandfall übertragen bekommen haben; das sind immer die vorgesetzten Personen, aber auch Brandschutzhelfer, Flurbeauftragte, Fluchthelfer, Sicherheitsfachkräfte und natürlich auch die Brandschutzbeauftragten. Die Brandschutzordnung Teil C muss diesem Personenkreis gegen Unterschrift und auch Einweisung in Papierform übergeben werden.

 Hinweis

Es ist zu empfehlen, sich von jeder Person, die Teil C zur persönlichen Unterrichtung erhält, den Empfang schriftlich bestätigen zu lassen, und auch in einer kurzen Schulung die Bedeutung, den Sinn und die Inhalte vorzustellen.

In der DIN EN ISO 216 wird für den Teil C der Brandschutzordnung ein Format von DIN A4, A5 oder A6 empfohlen. Das Format DIN A3 darf für beigefügte (gefaltete) Pläne und Zeichnungen verwendet werden.

Die örtlichen Gegebenheiten müssen sich in diesem Teil C individuell wiederfinden, d. h. von einer Zentrale aus erstellte Brandschutzordnungen (Teil C) müssen je Bereich, Gebäude und Niederlassung individualisiert werden.

Zu Schriftgröße und grafischer Gestaltung gibt es keine Vorgaben, auch kann man eigene Symbole, Fotos usw. einfügen; allerdings gilt, dass verwendete grafische Symbole und Sicherheitszeichen anderen offiziell geltenden Regelwerken (z. B. der ASR A1.3) nicht entgegenstehen dürfen.

Bei großen Unternehmen mit vielen und völlig unterschiedlichen Bereichen, Arbeitsverfahren und Gefährdungen kann es notwendig sein, dass unterschiedliche Dokumente des Teils C erstellt werden müssen, um den sicherheitstechnischen Anforderungen für den Brandfall gerecht zu werden. Sollte es auch Personen geben, für die der Teil C Gültigkeit hat, die unsere Sprache nicht oder nicht ausreichend beherrschen, dann muss auch dieser Teil in den entsprechenden Sprachen erstellt werden.

> **⚠ Hinweis**
>
> Es ist sicherzustellen, dass der Teil C der Brandschutzordnung immer dem aktuellen Stand der betrieblichen Anforderungen entspricht, und das bedeutet, dass man bei erkennbaren Veränderungen eben auch innerhalb der Zwei-Jahres-Prüfpflicht ggf. aktiv werden muss.

Die im Nachfolgenden aufgeführten Bereiche müssen in Teil C berücksichtigt werden. Wenn einzelne Abschnitte nicht zutreffend bzw. ohne Bedeutung sind, dürfen diese logischerweise entfallen. Zusätzliche Abschnitte einzufügen indes ist unzulässig.

a) Einleitung
b) Brandverhütung

c) Meldung und Alarmierungsablauf
d) Sicherheitsmaßnahmen für Personen, Tiere, Umwelt und Sachwerte
e) Löschmaßnahmen
f) Vorbereitung für den Einsatz der Feuerwehr
g) Nachsorge
h) Anhang

Zu a) Einleitung

Dieser Abschnitt enthält allgemeine Ausführungen zur Brandschutzordnung, zum Geltungsbereich, zur Inkraftsetzung mit Datum und Unterschrift sowie zum mit besonderen Brandschutzaufgaben betrauten Personenkreis. Es wird hier insbesondere darauf verwiesen, dass die diesen Teil C erhaltene Person im Brandfall besondere Aufgaben und auch Verantwortungen hat. Diese Person muss i. S. d. Unternehmens und der Rettung von Menschen aktiv werden.

Zu b) Brandverhütung

Nun beschäftigt sich der Teil C ja mit Personen, die im Brandfall besondere Aufgaben haben; insofern hat (sonst würde es ja nicht brennen) die Brandverhütung offenbar nicht funktioniert. Aber man kann jetzt noch überlegt, intelligent und souverän Maßnahmen treffen, um das Feuer kleinzuhalten, an der Ausbreitung zu hindern – das gelingt dann, wenn man sich vorab überlegt, wo es überall brennen kann und welche individuellen Maßnahmen man treffen kann, soll oder muss. Stellt man diese Überlegungen erst im Brandfall an, ist es oft zu spät, weil man – ob man das nun will oder nicht – doch nervös oder ggf. sogar im Schock oder in Panik ist. Von Personen, die in Notsituationen besondere Aufgaben haben, wird jedoch erwartet, dass sie gerade jetzt überlegt auftreten und korrekt, also richtig handeln.

Zu c) Meldung und Alarmierungsablauf

In diesem Abschnitt ist festgelegt, wie die Alarmierung an Feuerwehr, Selbsthilfekräfte, Rettungsdienst, Polizei, ggf. an betriebseigenen Arzt, Unfallstation oder Krankentransport zu erfolgen hat (z. B. direkt oder durch den Pförtner oder die Telefonzentrale); weiter findet sich hier, wie der Hausalarm (z. B. nach Alarmstufen) auszulösen ist, wie bestimmte Personen (z. B. Geschäftsleitung, Sicherheitsingenieure, Brandschutzbeauftragte oder deren Stellvertreter) zügig informiert werden können und wer nach einem Brand oder auch einem Fehlalarm die Verantwortung zur Alarmaufhebung und zur Wiederaufnahme des Normalbetriebs übernimmt. Für die interne und externe Kommunikation sind hierfür bestimmte Personen zu benennen und zu veröffentlichen. Somit wird sichergestellt, dass nur ausgewählte Personen die Kommunikation ausführen und dass relevante Personen umgehend informiert werden.

Zu d) Sicherheitsmaßnahmen für Personen, Tiere, Umwelt und Sachwerte

Im Abschnitt „Sicherheitsmaßnahmen für Personen, Tiere, Umwelt und Sachwerte" ist zu regeln, wie mit ortsunkundigen Personen verfahren wird und von wem behinderte oder verletzte Personen betreut und in Sicherheit gebracht werden. Darüber hinaus sind, so vorhanden, auch besondere Schutzmaßnahmen für Tiere aufzuführen (Versuchslabor, Tierarztpraxis, Bauernhof, Tierpark, Zoo, ...). Um im Brandfall und auch durch einen Löscheinsatz keine unnötige Gefährdung oder Verseuchung der Natur zu erzielen, sind hier ggf., so nötig, weitere Maßnahmen aufzuführen, die von den Personen einzuleiten sind, die der Brandschutzordnung C unterliegen.

Auch ist in diesem Teil darzustellen, wie eine Räumung (auch in Teilbereichen) durchgeführt und überprüft wird. Entscheidend ist auch die Information, wer eine Betriebsunterbrechung anordnen darf (also somit auch die Räumung der Produktionsbereiche) und wie ggf. noch besondere Sachwerte geborgen werden können – ohne Gefährdung von Personen.

Des Weiteren sollen Vorgehensweisen dargestellt werden, wie besondere technische Einrichtungen (z. B. Ersatzstromversorgung, mechanische Rauchabzugsanlagen) in Betrieb genommen bzw. wie besondere technische Einrichtungen (z. B. Versorgungsleitungen, Förderanlagen, Lackieranlagen, besondere Produktionsanlagen, Abfüllanlagen, elektrische Anlagen, Photovoltaikanlagen, Heizungsanlagen, Lüftungsanlagen, Server) außer Betrieb oder anderswie in einen sicheren Betriebszustand gesetzt werden können, wenn die Bereiche fluchtartig geräumt werden müssen.

Zu e) Löschmaßnahmen

Der Abschnitt „Löschmaßnahmen" muss die Regelungen aller Maßnahmen für die Selbsthilfekräfte beinhalten, die von der dem Teil C zugedachten Person angewiesen sind. Hierzu zählen insbesondere die Organisation (z. B. Treffpunkt, Ausrüstung, Leitung) sowie der Umgang mit nichtautomatischen Löschanlagen, Wandhydranten (Typ S oder F), fahrbaren Feuerlöschern und auch das manuelle Auslösen von möglicherweise vorhandenen Löschwasserrückhaltevorrichtungen.

Zu f) Vorbereitung für den Einsatz der Feuerwehr

Wenn die Feuerwehr vor Ort ist, muss die Einsatzleitung umgehend eingewiesen und informiert werden; nur dann kann ein optimal schneller und effektiver sowie auch schadenminimierender Löscheinsatz erfolgen, bei dem keine Personen unnötig gefährdet werden. Vorbereitend müssen Maßnahmen für den Einsatz der Feuerwehr geregelt werden, um dieser einen uneingeschränkten Einsatz zu gewährleisten. Hierzu zählt insbesondere, den Zugang zur Brandstelle und deren Umgebung freizumachen bis zum Eintreffen der Feuerwehr (ohne Gefährdung von Personen) sowie die Flächen für die Feuerwehr und die Entnahmestellen für die Löschwasserversorgung freizuhalten (was eigentlich ohnehin ständig sein müsste!). Des Weiteren zählt die Aufstellung von Lotsen dazu und ggf. auch die Bereitstellung von Personen, die bestimmte technische Fragen beantworten können.

 Hinweis

Es müssen geeignete Personen benannt werden, die als Ansprechpartner für die Feuerwehr dienen (Gefahren, Verfahrenstechnik, Gas, Strom, ...), und Pläne (z. B. Feuerwehr- oder Evakuierungspläne), Schlüssel und sonstiges notwendiges Informationsmaterial bereitstellen sowie Zugänge/Zufahrten ermöglichen.

Zu g) Nachsorge

Im Abschnitt „Nachsorge" ist im Detail zu regeln, wie nach einem Schadenereignis die benutzten und ggf. jetzt uneffektiven Brandschutzeinrichtungen wiederhergestellt und deren Einsatzbereitschaft sichergestellt werden sollen. Hierzu zählen auch Teilbereiche.

Auch sollte eine genaue Regelung der Sicherstellung der Brandstelle und deren Nachbereitung dargestellt werden. Hierzu zählt insbesondere, welche Unternehmen für eine Brandschadensanierung kontaktiert werden; die zuständige Feuerversicherung kann hier im Vorfeld behilflich sein.

Zu h) Anhang

Hier können Pläne, Zeichnungen sowie funktionsbezogene Merkblätter und Checklisten angefügt werden; aber es kann auch Sinn ergeben, Namenslisten beizufügen, um am Sammelplatz zügig festzustellen, ob noch Personen fehlen.

Brandschutzordnung
Teil 3 Organisatorischer Brandschutz

Muster Alarmplan

Alarmplan
Alarmierung im Brandfall

	Name	Telefon
Feuerwehr		112
Brandschutzbeauftragter		
Geschäftsführung		
Vertreter		
Fachkraft für Arbeitssicherheit		
Lotse für öffentliche Feuerwehr		
Wichtige Rufnummern		
– INTERN –		
Hausinspektion		
Telefonzentrale		
Pförtner		
Betriebsarzt		
– EXTERN –		
Polizei		
Rettungsleitstelle		
Technisches Hilfswerk		
Gaswerk (Störungsdienst)		
Wasserwerk (Störungsdienst)		
Elektrizitätswerk (Störungsdienst)		

Räumungsalarm
Alarmierungsmittel: _____
Alarmzeichen: _____

Anordnung zur Räumung erfolgt nur durch Geschäftsführung, Betriebsleitung, Brandschutzbeauftragten oder Feuerwehr!

Bild 68: Muster Alarmplan (Quelle: FORUM VERLAG HERKERT GMBH)

Feuerwehrpläne für bauliche Anlagen (DIN 14095)

Einleitung

Feuerwehreinsatzpläne sind für Feuerwehren (freiwillige Wehren, Berufsfeuerwehren, Werk- oder Betriebsfeuerwehr) für den Einsatzfall (d. h. Brandfall); sie sind nicht für andere Personen bestimmt oder für andere Situationen.

Feuerwehrpläne sind lediglich dann zu erstellen, wenn sie behördlich gefordert bzw. angeordnet sind; dies ist meist dann der Fall, wenn mit besonders gefährlichen Mitteln (feste, flüssige oder gasförmige Stoffe) in größeren Mengen umgegangen wird und eine besondere Gefahr für Menschen (z. B. die Feuerwehrleute) oder die Umwelt im Brandfall existiert.

Es kann aber auch dann ein Einsatzplan für die Feuerwehr gefordert werden, wenn besonders gefährdende Abfälle, wie z. B. Magnesiumspäne, in größeren Mengen entstehen: Würde die Feuerwehr nämlich von „normalen" Brandlasten ausgehen, würde sie dort mit Wasser löschen, was bei Magnesiumspänen zu ggf. tödlichen Explosionen führt. Um solche Personengefährdungen zu vermeiden, enthalten die Einsatzpläne für die Feuerwehr Hinweise auf besondere

Gefahren, auf Geometrien der Gebäude, auf Gasschieber, Löschwassereinspeisungen und sonstige Informationen, die für die Taktik der Einsatzleitung von großer Bedeutung sind.

Der Betreiber ist verantwortlich für die Richtigkeit und Aktualität der Feuerwehrpläne, denn der Einsatzleiter geht im Brandfall davon aus, dass die Pläne korrekt sind. Wenn sich also verfahrenstechnische, logistische oder andere Dinge im Unternehmen ändern, dann kann es sein, dass auch die Feuerwehrpläne geändert – sprich aktualisiert – werden müssen. Dabei ist der Betreiber im Zugzwang, d. h. er muss auf die für ihn zuständige Feuerwehr zugehen, um ihr einen aktuellen Satz an Plänen zu übergeben. Es kann sein, dass – vor allem im ländlichen Bereich – mehrere Feuerwehren diese Pläne erhalten müssen.

Feuerwehrpläne dienen – wie es der Name schon sagt – der Einsatzvorbereitung und Einsatzbewältigung durch die Feuerwehr. Diese nutzen die Feuerwehrpläne, um sich mit deren Hilfe vor Ort im Brandfall auch ohne persönliche Unterstützung des Betreibers schnell zu orientieren und um sich rasch in die betrieblichen Gegebenheiten einfinden zu können; man darf nicht erwarten, dass jeder Feuerwehrmann jedes Unternehmen in seinem Einsatzbereich kennt, und diese fehlenden Informationen kann man dann schnell den Feuerwehrplänen entnehmen. Somit wird die Durchführung der erforderlichen Abwehrmaßnahmen erheblich erleichtert.

Feuerwehrpläne sind immer auf einem aktuellen Stand zu halten und mindestens einmal im Jahr dahingehend zu prüfen – und zwar vom Unternehmer bzw. von einer von ihm beauftragten Person; sollte sich innerhalb eines Jahres in einem Unternehmen mehrfach etwas Relevantes verändern, dann muss man die Pläne verständlicherweise auch mehrfach im Jahr anpassen, und zwar möglichst zügig.

Die Ausführung der Feuerwehrpläne ist in der DIN 14095 in der aktuell gültigen Fassung genormt und vorgegeben. Hierdurch wird erreicht, dass die Inhalte der Feuerwehrpläne deutschlandweit gleich sind und sich alle ausgebildeten Einsatzleiter schnell und verwechslungssicher in den Aufbau des gerade brennenden Unternehmens einarbeiten können. Feuerwehreinsatzpläne enthalten alle für den Einsatz der Feuerwehr relevanten Informationen über Gefährdungen ebenso wie über relevante brandschutztechnische Sicherheitseinrichtungen. Nicht zu den Inhalten von Feuerwehrplänen gehören:

- Selbsthilfeeinrichtungen
- Wandhydranten TYP „S" nach DIN 14461-1 für betriebliche Selbsthilfekräfte
- tragbare Feuerlöscher
- Löschdecken
- Brandschutzklappen
- Brandmelder
- Kennzeichnung von Rettungswegen
- Brandschutzordnung
- ggf. weitere Punkte, die hier nicht erwähnt und im Brandfall nicht relevant für die Löschkräfte sind

Vorgenannte Inhalte sind Bestandteile von Flucht- und Rettungsplänen für die innerbetriebliche Gefahrenabwehr. Bei einem größeren Löscheinsatz ist jedoch davon auszugehen, dass die Belegschaft längst die Gefahrenbereiche verlassen hat und die Feuerwehr nun den Löscheinsatz starten kann.

Für das korrekte und konkrete Erstellen der Feuerwehrpläne gelten weitere Normen bzw. Vorgaben, die wesentlichen lauten:

- DIN 5381: Kennfarben
- DIN 14011: Begriffe aus dem Feuerwehrwesen
- DIN 14034-6: Graphische Symbole für das Feuerwehrwesen – Teil 6: Bauliche Einrichtungen, respektive auch DIN EN ISO 7010, Graphische Symbole – Sicherheitsfarben und Sicherheitszeichen – registrierte Sicherheitszeichen
- DIN 14090: Flächen für die Feuerwehr auf Grundstücken (das sind Fahrflächen, Bewegungsflächen und Stellflächen für die Drehleiter, so nötig)
- DIN 14461-1: Feuerlösch-Schlauchanschlusseinrichtungen – Teil 1: Wandhydrant mit formstabilem Schlauch
- DIN EN ISO 216: Schreibpapier und bestimmte Gruppen von Drucksachen – Endformate – A- und B-Reihen
- DIN ISO 5455 Technische Zeichnungen – Maßstäbe
- DGUV Vorschrift 1 (Unfallverhütungsvorschrift „Sicherheits- und Gesundheitsschutzkennzeichnung am Arbeitsplatz)
- ASR A1.3 (Sicherheits- und Gesundheitskennzeichnung)
- RAL-Kennfarbenkarte RAL-F 14
- Farbregister RAL 840-HR
- Farbregister RAL digital 840-HR

Bestandteile des Feuerwehrplans und dessen Inhalte

Die relevanten Bestandteile des Feuerwehrplans sind:

- allgemeine Objektinformationen, die für die Einsatzleitung von Bedeutung sein könnte
- Übersichtsplan über das Gelände bzw. das/die Gebäude
- Geschosspläne für alle brandschutzrelevanten Bereiche
- Sonderpläne, so nötig
- ggf. ergänzende textliche Erläuterungen

Allgemeine Objektinformationen

Sie enthalten in kurzer, eindeutiger textlicher Form allgemein wichtige und jetzt für den Löscheinsatz relevante Informationen in einer Übersicht. Diese sind im Wesentlichen:

- Bezeichnung des Objekts mit Anschrift, Ansprechpartnern und deren Telefonnummern
- Inhaltsverzeichnis
- aktueller Planstand
- weitere Angaben von betrieblichen Besonderheiten, die beim Löschen beachtet werden müssen

Übersichtspläne

Ein Übersichtsplan soll beispielsweise enthalten:

- Lage der Gebäude sowie Anlagen- und Lagerflächen auf dem Grundstück
- zugehörige Betriebsbezeichnungen
- Gebäudenutzung(en)

- Anzahl der Geschosse oberhalb und ggf. auch unterhalb der Erdgleiche
- Löschwasserentnahmestellen
- weitere Angaben von betrieblichen Besonderheiten, z. B. Gasschieber, Löschwasserrückhaltebecken, Brandlöschanlagen mit gasförmigen Löschmitteln, ...

In den Übersichtsplan sind u. a. Blitzleuchten der Brandmeldeanlage (BMA), die Hauptabsperreinrichtungen für Wasser, Gas und Strom, Einspeisemöglichkeiten in trockene Steigleitungen für Löschmittel und Löschanlagen sowie freiliegende Rohrleitungen und Rohrbrücken einzutragen.

Neben den üblichen Angaben, wie Lage der Gebäude (mit betriebsüblichen Bezeichnungen) und Lagerflächen, angrenzende Straßen (mit Namen) und Darstellung der Nachbarschaft, sind noch die Feuerwehrzufahrten, Aufstell- und Bewegungsflächen nach DIN 14090, festgelegte Sammelstellen sowie die Löschwasserentnahmemöglichkeiten darzustellen; das kann auch ein zugänglicher Bach bzw. Fluss sein.

Die Feuerwehr muss im Übersichtsplan die Lage von Brandmeldezentrale, Feuerwehrbedienfeld und Anzeigentableau, Schlüsseldepot und Freischaltelement erkennen.

Besondere Gefahren, wie z. B. Transformatoren, Hochspannungen, gefährliche Abfälle, mit Wasser gefährlich reagierende Stoffe, Explosivstoffe, Übergabestationen und elektrische Freileitungen, sind ebenfalls darzustellen, ggf. auch weitere Punkte, die jetzt nicht aufgeführt wurden.

Neben befahrbaren Flächen für die Feuerwehrfahrzeuge *(Achtung, heute 16 t, früher 8 t!)* sind auch noch die nicht befahrbaren Flächen einzutragen. Es ist darauf zu achten, dass man die Trennung – auch bzw. gerade bei Schneefall – noch eindeutig erkennen kann. Werden für ein Objekt aufgrund der geringen Größe nur Übersichtspläne erstellt, müssen diese die notwendigen Angaben der Geschosspläne mit enthalten.

Geschosspläne
Diese müssen folgende Informationen enthalten:

- Bezeichnung der dargestellten Geschosse
- Bezeichnung der Raumnutzung(en)
- Brandwände, feuerbeständige Wände und sonstige raumabschließende Teile
- Zugänge und Ausgänge
- besondere Angriffs- und Rettungswege
- weitere Angaben nach betrieblichen Besonderheiten

Weiterhin müssen Feuer- und Rauchschutzabschlüsse (i. d. R. Türen und Tore), Treppenräume (mit Angabe der erreichbaren Geschosse), Feuerwehraufzüge und Bedienstellen von brandschutz- und betriebstechnischen Anlagen (z. B. die Auslösung der Entrauchungsanlagen, ggf. auch die der Zuluftöffnungen) dargestellt werden.

Zudem müssen die Pläne auch alle Angaben zu Steigleitungen und Löschanlagen (ortsfest und teilbeweglich), Absperreinrichtungen für Gas, Wasser, Strom sowie Förderanlagen enthalten.

Warnhinweise auf Räume mit haustechnischen Anlagen, Druckgasbehältern, gefährlichen Stoffen (mit Angaben der Art und Menge) müssen ebenso in den Plänen enthalten sein, damit die Feuerwehrleute bei einem Löscheinsatz nicht unnötig und unvorhersehbar gefährdet werden.

Sonderpläne
Sonderpläne können sein:

- Umgebungspläne
- Detailpläne
- Abwasserpläne

Ein Umgebungsplan kann bei größeren zusammenhängenden Liegenschaften mit großer Flächenausdehnung erforderlich werden. Dieser soll dann nur die Haupt- und Nebenzufahrten und die Bezeichnung der Gebäudeteile enthalten. Alle weiteren für die Feuerwehr relevanten Informationen sollen auf den Übersichtsplänen erscheinen; im Zweifelsfall sollen die Ersteller der Pläne die zuständige Feuerwehr befragen, ob bestimmte Dinge und wenn „ja", wie, einzuzeichnen sind.

Detailpläne (zur besseren Darstellung von Details) können als Anlage zu den Geschossplänen erstellt werden (z. B. Ausschnitte oder Horizontal-/Vertikalschnitte). Die genaue Lage muss dann in einem Übersichtspiktogramm dargestellt werden.

Abwasserpläne müssen bei den Gebäuden erstellt werden, bei denen durch eine baurechtliche Forderung eine Löschwasserrückhaltung erforderlich ist. Dazu müssen alle hierfür wesentlichen Angaben und Einrichtungen enthalten sein.

Ergänzende textliche Erläuterungen

Ergänzend kann es erforderlich sein, dass weitere Erläuterungen in Textform beigefügt werden müssen. Diese müssen im Format DIN A4 erstellt werden. Ergänzende textliche Erläuterungen können z. B. sein:

- Nummer der Brandmeldeanlage
- Angaben über den Betreiber der Anlage
- Personalbestand und Arbeitszeiten
- Hinweise auf besondere betriebliche Anlagen
- Löschanlagen und Löscheinrichtungen
- wichtige technische Besonderheiten
- weitere Angaben nach betrieblichen Besonderheiten

Weiterhin können eventuell Angaben zur Firmenspezifikation und Nutzung, Kurzinfos zu Gebäudekonstruktion (z. B. fehlende Feuerwiderstandsdauer von tragenden Stahlteilen; Gewicht von Regalen; Brennbarkeit; Nagelbinder; ...), Aufzügen, Serveranlagen, besonderen Lagern, Batterieräumen, Entrauchungsanlagen oder Energieversorgung und Energieerzeugung (Netzersatzanlage, unterbrechungsfreie Stromversorgung) enthalten sein.

Format und Darstellung

Neben den Formaten DIN-A4-Hochformat oder DIN-A3-Querformat (auf DIN A4 gefaltet) ist auch für größere Anlagen die maximale Breite von 84 cm (zweimal DIN A3 quer) erlaubt. Die einzelnen Seiten müssen gegen Feuchtigkeit und Verschmutzung geschützt werden (z. B. durch Laminieren); das ist im Einsatzfall von tatsächlich großer Bedeutung, da der Einsatzleiter ggf. durch Regen oder Löschwasser feuchte Hände hat und das Papier dennoch lesen und funktionsfähig handhaben können muss.

Bei Zeichnungen ist der Maßstab so zu wählen, dass die Darstellung der Feuerwehrpläne die Seite ausfüllt. Allerdings wird gefordert, dass bei mehreren Geschossplänen alle in einem einheitlichen Maßstab abgebildet sind.

Um Entfernungen und Abstände abschätzen zu können, müssen die Pläne mit einem quadratischen Raster oder einer Maßstabsleiste versehen sein und zwar 10 m bei Geschossplänen, bei Übersichtsplänen 20 m oder 50 m. Die Rasterlinien müssen im Bereich von Gebäuden und Straßen unterbrochen werden. Welches Raster gewählt wird, sollte in Abstimmung mit der zuständigen Feuerwehr erfolgen.

Die Pläne sollen so ausgerichtet sein, dass sich die Hauptzufahrt am unteren Rand des Plans befindet; in Absprache mit der zuständigen Feuerwehr kann das jedoch auch anders gewählt werden – wenn es die Feuerwehr ausdrücklich anders wünscht. Somit ist nicht zwangsläufig der Norden oben auf dem Plan; deshalb ist die Himmelsrichtung „Norden" auf den Plänen mit einem Pfeil anzuzeigen.

Raumabschließende und tragende Wände müssen vollflächig in Schwarz dargestellt werden, Gefahrstoffe rot und deren Beschriftung ebenfalls. Die grafischen Symbole sind nach DIN 14034-6 und DGUV Vorschrift 1 zu wählen.

Brandwände sind in Übersichts- und Geschossplänen durch eine rote, breite Linie und mit Symbol nach DIN 14034-6 zu verdeutlichen und zu kennzeichnen.

Horizontale Rettungswege (z. B. Flure oder unterirdisch verlaufende Rettungstunnel) sind in Hellgrün (sog. Weißgrün), vertikale Rettungswege (z. B. Treppenräume) in Dunkelgrün (sog. Verkehrsgrün) darzustellen.

Für folgende Flächen bzw. Einrichtungen wurden konkrete RAL-Farbtöne definiert, die auch bei ungünstigen Sichtverhältnissen gut voneinander unterschieden werden können und für Feuerwehrpläne zu verwenden sind:

- Räume und Flächen mit besonderen Gefahren und Brandwände in Signalrot
- nicht befahrbare Flächen in Signalgelb
- Löschwasser (Behälter und offene Entnahmestellen) in Signalblau
- befahrbare Flächen nach DIN 14090 in Signalgrau
- horizontale Rettungswege (Flure oder Rettungstunnel) in Weißgrün
- vertikale Rettungswege (Treppenräume) in Verkehrsgrün

Farben sollten auf weißem Untergrund zu sehen sein, denn wenn sie auf farbigem Untergrund sind, kann es sein, dass man Texte oder Symbole nicht mehr schnell oder eindeutig erkennen kann.

Bezeichnung der Geschosse

Die Anzahl der Geschosse ist im Übersichtsplan mit Zahlen und Buchstaben zu kennzeichnen (Untergeschosse, Erdgeschoss, Obergeschosse und Dachgeschosse). Dabei muss die Lage zum Erdgeschoss erkennbar sein (z. B. –2+E+5+1D). Dies bedeutet, das Gebäude verfügt über:

- 2 Untergeschosse
- 1 Erdgeschoss
- 5 Obergeschosse
- 1 Dachgeschoss

Beschriftungen

Inhaltliche Angaben sind im Klartext zu schreiben, wenn möglich, sind grafische Symbole zu verwenden. Diese müssen dann als Legende auf dem Plan erklärt werden. Die Mindestgröße für die Schrift beträgt 2 mm und für Symbole 7 mm Kantenlänge.

Die Erstellung von separaten Legendenblättern ist mit der für das Unternehmen zuständigen Feuerwehr abzustimmen.

Kann ein Text nicht direkt an der hierfür bestimmten Stelle im Plan eingetragen werden, kann dieser mit einer Bezugslinie an eine Stelle außerhalb der Zeichnung verlagert werden.

Oben rechts ist für die Eintragungen (z. B. Registernummer, Seitenzahl, Datum, Ersteller, ...) ein Schriftfeld mit einem Mindestmaß von 3 cm Breite und 1 cm Höhe vorzusehen.

Ein zweites Schriftfeld mit den Maßen 8 cm Breite und 3 cm Höhe ist in der rechten unteren Ecke für die Benennung des Objekts, das Erstellungsdatum den Namen des Planerstellers sowie für Änderungsvermerke vorzusehen.

Prüfung

Feuerwehrpläne sind jährlich von einer sachkundigen Person zu prüfen. Dies ist eine interne oder externe Person, welche durch Ausbildung, Kenntnisse, Erfahrungen und Tätigkeiten die ihr übertragenen Prüfungen sachgerecht durchführen und mögliche Gefahren erkennen und beurteilen kann. Eine konstruktive Zusammenarbeit mit einem Mitglied der Feuerwehr kann sinnvoll und konstruktiv sein.

 Hinweis

Trotz der Vorgaben der DIN 14095 ist es häufig so, dass die zuständige Brandschutzbehörde noch speziellere, also zusätzliche Vorgaben zur Ausgestaltung der Feuerwehrpläne machen kann. Es ergibt insoweit durchaus Sinn, sich im Vorfeld der Erstellung von Feuerwehrplänen mit der zuständigen Brandschutzbehörde in Verbindung zu setzen, um die örtlichen Gegebenheiten abzuklären, denn beide Seiten haben das gleiche Ziel: Im Brandfall soll die Feuerwehr zügig und sicher das Feuer löschen, ohne sich vermeidbar zu gefährden und ohne einen vermeidbaren Löschmittelschaden anzurichten.

Wenn die Feuerwehrpläne nicht aktuell sind und hieraus eine vermeidbare Gefährdung für die Einsatzkräfte der Feuerwehr resultiert, hat das üblicherweise strafrechtliche (bei einer Personengefährdung, -verletzung oder gar

-tötung) und versicherungsrechtliche Folgen (bei einer vermeidbaren Schadenvergrößerung in die Richtungen Sachschaden und Betriebsunterbrechungszeit).

Flucht- und Rettungspläne (DIN ISO 23601, ASR A1.3, ASR A2.3, DIN SPEC 4844-4)

Einleitung

Flucht- und Rettungspläne sind ein wesentlicher Bestandteil der Sicherheitsausstattung eines Gebäudes und ein notwendiger Bestandteil des Sicherheitsleitsystems einer baulichen Anlage.

Sie können den Menschen in einem Gebäude dazu dienen, dass sich diese im Vorfeld über die vorhandenen Rettungswege und die sicherheitstechnischen Einrichtungen informieren und so im Gefahrenfall schnell das Gebäude verlassen können. Von daher ergibt es sich von selbst, dass sie bestimmten Vorgaben, wie beispielsweise einer guten Verständlich- und Leserlichkeit, entsprechen müssen. Flucht- und Rettungspläne sowie die Kennzeichnungen im Gebäude bilden eine Einheit, welche Menschenleben retten soll.

Rechtsgrundlagen

Grundlegende Rechtsnorm für das Erstellen der Flucht- und Rettungspläne ist das Arbeitsschutzgesetz (ArbSchG). Dieses schreibt in § 10 Abs. 1 vor, dass der Arbeitgeber entsprechend der Art der Arbeitsstätte und der Tätigkeiten sowie der Zahl der Beschäftigten die Maßnahmen zu treffen hat, die zur Ersten Hilfe, Brandbekämpfung und Evakuierung der Beschäftigten erforderlich sind.

Diese grundsätzliche Norm wird weiter konkretisiert in der Arbeitsstättenverordnung (ArbStättV). Danach gehört es zu den Pflichten des Arbeitgebers, einen Flucht- und Rettungsplan aufzustellen, wenn Lage, Ausdehnung und Art der Benutzung der Arbeitsstätte dies erfordern.

Um zu erfahren, wie man konkret Flucht- und Rettungspläne erstellt, muss man sich insbesondere die Vorgaben der zu diesem Thema zugehörigen Arbeitsstättenrichtlinien (ASR) und der DIN ISO 23601 (Sicherheitskennzeichnung – Flucht- und Rettungspläne) ansehen.

Für das Erstellen der Flucht- und Rettungspläne sind u. a. folgende zentrale Vorgaben zu beachten:

- die ASR A1.3 „Sicherheits- und Gesundheitsschutzkennzeichnung" als aus der Normenhierarchie abgeleitete Rechtsnorm zur Gestaltung der Sicherheits- und Gesundheitsschutzkennzeichnung
- die ASR A2.3 „Fluchtwege und Notausgänge, Flucht- und Rettungsplan" als aus der Normenhierarchie abgeleitete Rechtsnorm zur Gestaltung der Fluchtwege und Notausgänge sowie der Gestaltung von Flucht- und Rettungsplänen
- die DIN ISO 23601 – Sicherheitskennzeichnung – Flucht- und Rettungspläne

- die DIN SPEC 4844-4 – Sicherheitszeichen und Sicherheitsfarben – Teil 4: Leitfaden zur Anwendung von Sicherheitskennzeichnung

Die Anforderungen der DIN ISO 23601 wurden in der ASR A1.3 berücksichtigt und integriert.

Die Technischen Regeln für Arbeitsstätten (ASR) geben den aktuellen Stand der Technik wieder. Werden die in den ASR beispielhaft genannten Maßnahmen eingehalten, dann kann der Arbeitgeber die Vermutung der Einhaltung der Vorschriften der Arbeitsstättenverordnung für sich geltend machen.

Als zentrale Vorgaben werden hier die vorgenannten Arbeitsstättenrichtlinien näher beleuchtet.

Grundsätzlich sieht der Gesetzgeber in der Arbeitsstättenverordnung vor, dass immer dann ein Flucht- und Rettungsplan aufzustellen ist, wenn dies Lage, Ausdehnung und Art der Benutzung der Arbeitsstätte erforderlich machen.

Nach ASR A2.3 kann dies insbesondere der Fall sein

- bei unübersichtlicher Flucht- und Rettungswegführung (z. B. über Zwischengeschosse, durch größere Räume, gewinkelte oder von den normalen Verkehrswegen abweichende Wegführung),
- bei einem hohen Anteil an ortsunkundigen Personen (z. B. Arbeitsstätten mit Publikumsverkehr),

- in Bereichen mit einer erhöhten Gefährdung (z. B. Räume nach Punkt 5 (2) c) bis f) [brandgefährdete Räume ohne selbsttätige Feuerlöscheinrichtungen, in giftstoffgefährdeten Räumen, in explosionsgefährdeten Räumen oder in explosivstoffgefährdeten Räumen]), wenn sich aus benachbarten Arbeitsstätten Gefährdungsmöglichkeiten ergeben (z. B. durch explosions- bzw. brandgefährdete Anlagen oder Stofffreisetzung).

Anforderungen an Flucht- und Rettungspläne nach ASR A1.3 und ASR A2.3

Die Pläne müssen Angaben enthalten über:

- den Gebäudegrundriss (bei größeren baulichen Anlagen mindestens den betroffenen Teilbereich)
- den Verlauf der Flucht- und Rettungswege
- die Lage der Erste-Hilfe-Einrichtungen
- die Lage der Brandschutzeinrichtungen
- die Lage der Sammelstellen
- den Standort des Betrachters

Des Weiteren sind auch die Grundregeln für das Verhalten im Brandfall und bei Unfällen, möglichst analog DIN SPEC 4844-4 darzustellen.

Flucht- und Rettungspläne

Teil 3 Organisatorischer Brandschutz

Grundsätzlich besteht jeder Flucht- und Rettungsplan aus:

- der Umrandung mit Bezeichnung des Plans („Flucht- und Rettungsplan", ggf. in den relevanten Landessprachen)
- dem Detailplan
- den Vorgaben zu Verhaltensweisen im Brandfall
- den Vorgaben zu Verhaltensweisen bei Unfällen
- der Legende
- dem Übersichtsplan
- dem Plankopf

Flucht- und Rettungspläne sollen im Regelfall im Maßstab 1:100 erstellt werden. In Abhängigkeit von der Größe der baulichen Anlage, dem Detaillierungsgrad und des Anbringungsortes können folgende Mindestmaßstäbe angesetzt werden:

- 1:250 für große bauliche Anlagen
- 1:100 für kleine und mittlere bauliche Anlagen
- 1:350 für Pläne, die in einzelnen Räumen angebracht werden

Die Plangröße sollte grundsätzlich das Format DIN A3 nicht unterschreiten, wobei für besondere Anwendungsfälle wie in Hotel- und Klassenzimmern auch das Format DIN A4 verwendet werden kann.

Beispiel für einen Flucht- und Rettungsplan

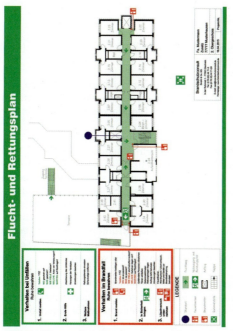

Bild 69: Muster eines Stockwerkplans (Quelle: Straub)

Im Detailplan findet man die Gesamtübersicht des Gebäudeinneren mit:

- Rettungswegen
- Notausgängen
- Erste-Hilfe-Einrichtungen
- Brandbekämpfungseinrichtungen
- Standortanzeige

Der Standort des Betrachters ist zwingend im Plan zu vermerken, damit eine Zuordnung des eigenen Standorts im Gesamtgebäude möglich ist. Die Markierung erfolgt in der Farbe Blau.

Aber auch weitere wichtige Einzelheiten im Gebäude sind hier einzufügen. Dies können beispielsweise Treppen oder Aufzüge sein, aber auch alle sonstigen sicherheitsrelevanten Bauteile. Fluchtwege sind in einem helleren Grün darzustellen als die Sicherheitsfarbe Grün nach DIN ISO 3864-1. Eine Unterscheidung von vertikalen und horizontalen Fluchtwegen ist durch unterschiedliche Grüntöne möglich, wenn beide entsprechend heller sind. Das hellste Grün sollte dann für die horizontalen Wege verwendet werden.

Ein Flucht- und Rettungsplan soll nicht nur eine Möglichkeit geben, sich räumlich zu orientieren und sicherheitstechnische Einrichtungen zu finden. Vielmehr gehört ebenso dazu, dass grundlegende Verhaltensregeln für den Gefahrenfall vorgegeben werden. Dies gilt für zwei Fälle:

Verhaltenshinweise für den Brandfall

Bild 70: Verhalten im Brandfall (Quelle: Teil A der Brandschutzordnung DIN 14096)

Flucht- und Rettungspläne

Teil 3 Organisatorischer Brandschutz

Analog wird bei den Verhaltenshinweisen bei Unfällen verfahren.

Verhalten bei Unfällen
Ruhe bewahren

1. Alarm melden

Telefon ....
Ersthelfer ....
Wo geschah es?
Was ist passiert?
Wie viele Verletzte?
Welche Arten von Verletzungen?
Warten auf Rückfragen!

2. Sofortmaßnahmen

Absicherung der Gefahrenstelle
Erste Hilfe leisten
Gefahr bekämpfen
Anweisungen beachten

Rettungsdienst: .... Tel.: ....
Arzt: .... Tel.: ....
Durchgangsarzt: .... Tel.: ....

3. In Sicherheit bringen

Gefährdete Personen mitnehmen
Gekennzeichneten Fluchtwegen folgen
Keinen Aufzug benutzen

Bild 71: *Verhalten bei Unfällen (Quelle: FORUM VERLAG HERKERT GMBH)*

Die Verhaltensvorgaben sind eindeutig und in kurzer, prägnanter Form auszugestalten. Die Schrift muss hinreichend groß in den Flucht- und Rettungsplan integriert werden (Großbuchstaben in einem DIN A3-Plan 13 mm). Die Inhalte der Verhaltensregeln müssen auch zu den örtlichen Gegebenheiten passen.

Eine Planlegende soll ermöglichen, dass der Betrachter die einzelnen Zeichen auch verstehen kann.

Legende

Standort

Feuerlöscher

Richtungsangabe

Rettungsweg
Notausgang (rechts)

Erste Hilfe

Sammelstelle

Bild 72: Planlegende (Quelle: Straub)

Bei größeren Gebäuden lässt sich oftmals nicht der gesamte Komplex auf einem Flucht- und Rettungsplan darstellen. In diesen Fällen muss eine Übersichtskizze die Lage im Gesamtkomplex verdeutlichen, die auch die Sammelstelle enthält.

Die Sammelstelle muss im Übrigen entweder im Detailplan oder im Übersichtsplan gekennzeichnet werden. Dies ist der Platz, an dem sich alle Mitarbeiterinnen und Mitarbeiter bei einer Evakuierung einfinden müssen, damit geprüft werden kann, ob die Evakuierung vollständig war.

Bild 73: E007 Sammelstelle (Quelle: ASR A1.3)

Die Hinweise auf den Plansteller, den Namen der baulichen Anlage, die Geschossbezeichnung, das Erstellungsdatum einschließlich einer Revisionsnummer sowie Betriebsbezeichnungen sind in einem Plankopf anzugeben.

Fa. XX	
Gebäude: Produktion	Erdgeschoß
Stand: 02/2016	Plan: Fa. XX02/16
Plansteller:	

Bild 74: Beispiel für einen Plankopf (Quelle: Straub)

Flucht- und Rettungspläne

Teil 3 Organisatorischer Brandschutz

Flucht- und Rettungspläne sind

- übersichtlich,
- gut lesbar,
- farbig unter Verwendung von Sicherheitsfarben und Sicherheitszeichen
- mit einem Hintergrund der Sicherheitsfarbe Weiß bzw. nachleuchtend Weiß und
- innerhalb einer baulichen Anlage in einem einheitlichen Layout

zu gestalten und aktuell zu halten.

Flucht- und Rettungspläne sind an geeigneten Stellen auszuhängen. Dies bedeutet, dass sie an den Stellen auszuhängen sind, an denen die Lage, die Ausdehnung und die Art der Nutzung der Arbeitsstätte erwarten lässt, dass die Flucht- und Rettungspläne auch gesehen und gelesen werden. Sie sind lagerichtig aufzuhängen (Objekte, die sich links vom Betrachter befinden, sind links im Plan darzustellen, dies gilt analog für Objekte rechts vom Betrachter). Die Anbringhöhe ist so zu wählen, dass der Plan gut gelesen werden kann. Dies ist i. d. R. dann der Fall, wenn sich die Planmitte in einer Höhe von 1,65 m über der Standfläche des Betrachters befindet.

Geeignete Stellen sind nach ASR A2.3 beispielsweise:

- Hauptzugänge in die Geschosse
- zentrale Bereiche, wie Kreuzungspunkte in Fluchtwegen
- Stellen, an denen sich häufiger Personen aufhalten
- vor Aufzugsanlagen

- in Pausenräumen, Klassenräumen und Hotelzimmern

Flucht- und Rettungspläne müssen bei Allgemeinbeleuchtung vertikal mit mindestens 50 lx ausgeleuchtet und auch bei Ausfall der Normalbeleuchtung erkennbar und lesbar sein. Dies kann beispielsweise durch eine entsprechende Anordnung der Sicherheitsbeleuchtung (Ausleuchtung vertikal mit mindestens 5 lx) oder durch Verwendung von nachleuchtenden Materialien gewährleistet werden (Material Klasse C nach ISO 17398).

Unterweisen und Üben

Das regelmäßige Unterweisen und Üben von Notfallsituationen ist unerlässlicher Bestandteil der Planung von Gefahrenabwehrmaßnahmen. Diese Grundforderung, welche sich wie ein roter Faden durch den gesamten Bereich der betrieblichen Gefahrenabwehr zieht, gilt auch für den Umgang mit Flucht- und Rettungsplänen. Nur das regelmäßige Üben von Evakuierungssituationen kann Sicherheit für Realfälle bringen!

Die ASR A2.3 (wie auch die ArbStättV) erhebt, bezogen auf die Unterweisung und Übung, grundsätzlich zwei Forderungen:

1. Der Arbeitgeber muss die Beschäftigten mindestens einmal im Jahr im Rahmen einer Begehung über den Inhalt der Flucht- und Rettungspläne sowie über das Verhalten im Gefahrenfall in verständlicher Form informieren.

2. Der Arbeitgeber muss auf der Grundlage der Flucht- und Rettungspläne Räumungsübungen durchführen, also prüfen, ob im Gefahrenfall eine Gebäudeevakuierung auch funktioniert.

Mit der ASR A2.3 (sowie der ArbStättV) wird damit sowohl die Informationspflicht, aber auch die Durchführung von Räumungsübungen auf der Grundlage der Flucht- und Rettungspläne verbindlich vorgeschrieben. Anhand der Übungen soll mindestens überprüft werden, ob

- die Alarmierung zu jeder Zeit unverzüglich ausgelöst werden kann,
- die Alarmierung alle Personen erreicht, die sich im Gebäude aufhalten,
- sich alle Personen, die sich im Gebäude aufhalten, über die Bedeutung der jeweiligen Alarmierung im Klaren sind,
- die Fluchtwege schnell und sicher benutzt werden können.

Insbesondere dann, wenn es sich um Arbeitsstätten handelt, bei denen die Gefährdungsbeurteilung eine besondere Gefahrenlage erkennen lässt, ist zu prüfen, ob weitergehende Anforderungen zu erfüllen sind. Dies kann beispielsweise das Aufstellen weiterer betrieblicher Alarm- und Gefahrenabwehrpläne oder auch die Erstellung von Brandschutzordnungen und Evakuierungsplänen sein. Hier hat der Arbeitgeber eine umfassende Sorge im Vorfeld eventueller Schadensereignisse zu tragen.

Prüfung und Überarbeitung

Flucht- und Rettungspläne sind in regelmäßigen Zeitabständen zu prüfen, um zu gewährleisten, dass sie gut lesbar, gut erkennbar, verständlich und aktuell sind. „Regelmäßig" sollte als einmal im Jahr interpretiert werden. Davon unabhängig muss jede Veränderung der baulichen Anlage oder Brandschutz- und Notfallmaßnahmen zu einer Überprüfung und erforderlichenfalls zu einer Überarbeitung der Flucht- und Rettungspläne führen.

Sicherheitskennzeichnung, Maße und Erkennungsweiten (ASR A1.3, DIN EN ISO 7010, DIN 4844)

Einleitung

Sicherheitszeichen müssen sprachunabhängig verstanden werden, denn nur so sind sie effektiv und können die Gesundheit oder sogar Leben retten. Ein Schriftzug wie „Notausgang" könnte von einer z. B. englischsprachigen Person missverstanden werden. Auch das früher übliche rote „F" auf weißem Grund ist nicht in allen Sprachen eindeutig als Feuerlöscher erkennbar. Mit der DIN EN ISO 7010 wurden einheitliche Piktogramme zur Kennzeichnung festgelegt, welche europaweit von allen Personen, unabhängig von ihrer Muttersprache, gedeutet werden können. Die Symbole nach der DIN EN ISO 7010 wurden im Februar 2013 in der ASR A1.3 übernommen. Seit 2014 bzw. 2015 existieren zudem die Normen DIN EN ISO 7010/A1, DIN EN ISO 7010/A2, DIN EN ISO 7010/A3, DIN EN ISO 7010/A4 und DIN EN ISO 7010/A5 und seit 2017 die DIN EN ISO 7010/A6 und die DIN EN ISO 7010/A7.

Diese Normen werden durch die Technische Regel DIN SPEC 4844-4:2014-04 „Graphische Symbole – Sicherheitsfarben und Sicherheitszeichen – Teil 4: Leitfaden zur Anwendung von Sicherheitskennzeichnung" ergänzt. Dabei handelt es sich um einen Fachbericht, der Empfehlungen und Erläuterungen zur praktischen Anwendung der Sicherheitskennzeichnung beinhaltet.

Ein Sicherheitszeichen ist ein Zeichen, das durch Kombination von geometrischer Form und Farbe sowie Bildzeichen eine bestimmte Sicherheits- und Gesundheitsschutzaussage ermöglicht.

In der DIN 4844-2 bzw. der DIN EN ISO 7010 werden folgende Kategorien für die Sicherheitszeichen definiert:

E: Rettungszeichen (engl. *Evacuation route*):
Ein Sicherheitszeichen, das den Rettungsweg oder Notausgang, den Weg zu einer Erste-Hilfe-Einrichtung oder diese Einrichtung selbst kennzeichnet.

F: Brandschutzzeichen (engl. *Fire equipment signs*):
Ein Sicherheitszeichen, das Standorte von Feuermelde- und Feuerlöscheinrichtungen kennzeichnet.

M: Gebotszeichen (engl. *Mandatory action signs*):
Ein Sicherheitszeichen, das ein bestimmtes Verhalten vorschreibt.

P: Verbotszeichen (engl. *Prohibition signs*):
Ein Sicherheitszeichen, das ein Verhalten, durch das eine Gefahr entstehen kann, untersagt.

W: Warnzeichen (engl. *Warning signs*):
Ein Sicherheitszeichen, das vor einem Risiko oder einer Gefahr warnt.

Diese Sicherheitszeichen können noch durch Zusatzzeichen ergänzt werden, deren Hauptaufgabe darin liegt, weitere Hinweise zu geben. Werden diese dann zusammen auf einem Träger aufgebracht, handelt es sich um ein Kombinationszeichen.

In diesem Kapitel werden v. a. die für den Brandschutz relevanten Sicherheitskennzeichen zur Kennzeichnung der Fluchtwege und zur Festlegung der Brandeinrichtungen (Rettungs- und Brandschutzzeichen sowie zugehörige Zusatzzeichen) erläutert.

Sicherheitszeichen – Farbe, Form und Material

Zur unmissverständlichen Erkennbarkeit von Sicherheitskennzeichnungen wurden Farben festgelegt, die eine optimale Kontrastierung bieten und bedeutende psychologische Eigenschaften haben. Die Farben von Sicherheitskennzeichnungen vermitteln Gefahr, Gebote und Verbote oder auch Gefahrlosigkeit und Hilfe.

Neben der Signalwirkung der Farbgebung unterstützen bestimmte geometrische Formen die Bedeutungen der Sicherheitskennzeichnung. Durch die Kombination von geometrischer Form und Farben, zusammen mit einem Bildzeichen, entsteht das in seiner Aussage unverwechselbare und damit eindeutige Sicherheitszeichen.

Sicherheitskennzeichnung, Maße und Erkennungsweiten

Teil 3 Organisatorischer Brandschutz

Geometrische Form	Bedeutung	Sicherheitsfarbe	Kontrastfarbe zur Sicherheitsfarbe	Farbe des grafischen Symbols	Anwendungsbeispiele
Diagonalbalken	Verbot	Rot	Weiß[a]	Schwarz	• Rauchen verboten • Kein Trinkwasser • Berühren verboten
Kreis	Gebot	Blau	Weiß[a]	Weiß[a]	• Augenschutz benutzen • Schutzkleidung benutzen • Hände waschen
Gleichseitiges Dreieck mit gerundeten Ecken	Warnung	Gelb	Schwarz	Schwarz	• Warnung vor heißer Oberfläche • Warnung vor Biogefährdung • Warnung vor elektrischer Spannung
Quadrat	Gefahrlosigkeit	Grün	Weiß[a]	Weiß[a]	• Erste Hilfe • Notausgang • Sammelstelle
Quadrat	Brandschutz	Rot	Weiß[a]	Weiß[a]	• Brandmeldetelefon • Mittel und Geräte zur Brandbekämpfung • Feuerlöscher

[a] Die Farbe Weiß schließt die Farbe für langnachleuchtende Materialien unter Tageslichtbedingungen, wie in ISO 3864-4, Ausgabe März 2011 beschrieben, ein.

Die in den Spalten 3, 4 und 5 bezeichneten Farben müssen den Spezifikationen nach ISO 3864-4, Ausgabe März 2011 entsprechen. Es ist wichtig, einen Leuchtdichtekontrast sowohl zwischen dem Sicherheitszeichen und seinem Hintergrund als auch zwischen dem Zusatzzeichen und seinem Hintergrund zu erzielen (z. B. Lichtkante).

Bild 75: Kombination von geometrischer Form und Sicherheitsfarbe und ihre Bedeutung für Sicherheitszeichen (Quelle: Tabelle 1 – ASR A1.3)

Eine Sicherheitskennzeichnung kann jedoch auch ohne explizite Sicherheitsbeschilderung sehr effektiv wirken. Zum Beispiel bei der dauerhaften Kennzeichnung von Materialien und Einrichtungen zur Brandbekämpfung in der Farbe Rot wird dies deutlich. Die Behältnisse von Wandhydranten und Löschdecken, aber auch Feuerlöscher, sind aufgrund ihrer roten Farbe sofort als Sicherheitseinrichtungen für Brand zu erkennen.

Das Material für die erforderlichen Sicherheitskennzeichen ist entsprechend ihrer Widerstandsfähigkeit gegen die Umgebungseinflüsse am Anbringungsort zu wählen. Dies gilt insbesondere dann, wenn mit chemischen Stoffen, die eine zersetzende Wirkung haben, umgegangen wird. Sicherheitszeichen können als Schilder (z. B. aus Kunststoff oder Aluminium), Aufkleber oder als aufgemalte Kennzeichnung ausgeführt werden.

Sicherheitszeichen – Abmessungen und Anbringung

Sicherheitszeichen müssen jederzeit deutlich erkennbar und dauerhaft angebracht werden. Bei der Anbringung der Schilder müssen eventuelle Hindernisse berücksichtigt werden. Dabei sollte berücksichtigt werden, dass zu hoch hängende Schilder im Brandfall in der Rauchschicht liegen und zu tief hängende durch Gegenstände oder Einbauten verdeckt werden könnten. Die Schilder sind deshalb nach Möglichkeit auf Augenhöhe zu befestigen. In langgestreckten Räumen, wie in Fluren, empfiehlt es sich, in den Raum hineinragende Rettungs- bzw. Brandschutzzeichen, die auf Erste-Hilfe-Einrichtungen bzw. Materialien/Einrichtungen zur Brandbekämpfung hinweisen, zu verwenden, um eine Erkennbarkeit auch von der Seite zu gewährleisten.

Damit die Sicherheitszeichen auch aus größeren Entfernungen gut erkennbar und lesbar sind, sollen ihre Abmessungen sowie die Schrifthöhen von Buchstaben und Zahlen auf Zusatzschildern mindestens die in Tabelle 3 der ASR A1.3 angegebenen Größen haben:

Erkennungsweite [m]	Schriftzeichen (Ziffern und Buchstaben) Schriftgröße (h) [mm]	Verbots- und Gebotszeichen Durchmesser (d) [mm]	Warnzeichen Basis (b) [mm]	Rettungs-, Brandschutz- und Zusatzzeichen Höhe (a) [mm]
0,5	2	12,5	25	12,5
1	4	25	50	25
2	8	50	100	25
3	10	100	100	25
4	14	100	200	50
5	17	200	200	50
6	20	200	200	50
7	23	200	300	50
8	27	200	300	50
9	30	200	300	100
10	34	300	300	100
11	37	300	400	100
12	40	300	400	150

Erkennungs-weite [m]	Schriftzeichen (Ziffern und Buchstaben) Schriftgröße (h) [mm]	Verbots- und Gebotszeichen Durchmesser (d) [mm]	Warnzeichen Basis (b) [mm]	Rettungs-, Brandschutz- und Zusatzzeichen Höhe (a) [mm]
13	44	400	600	150
14	47	400	600	150
15	50	400	600	150
16	54	400	600	200
17	57	600	600	200
18	60	600	600	200
19	64	600	600	200
20	67	600	600	200
21	70	600	600	200
22	74	600	600	200
23	77	600	600	200
24	80	600	600	200
25	84	900	900	300
26	87	900	900	300
27	90	900	900	300
28	94	900	900	300
29	97	900	900	300
30	100	900	900	300

Tab. 31: Vorzugsgrößen von Sicherheits-, Zusatz- und Schriftzeichen für beleuchtete Zeichen, abhängig von der Erkennungsweite (Quelle: ASR A1.3)

Bei unzureichender natürlicher Beleuchtung am Anbringungsort der Sicherheitszeichen muss die Erkennbarkeit durch künstliche Beleuchtung der Sicherheitszeichen sichergestellt werden.

Rettungs- und Brandschutzzeichen, die eine Energiequelle benötigen, müssen für den Fall, dass diese ausfällt, über eine selbsttätig einsetzende Netzstromversorgung verfügen. Ist aufgrund der zugrunde liegenden Rechtsvorschriften eine Sicherheitsbeleuchtung nicht erforderlich, muss auf Rettungswegen die Erkennbarkeit der dort notwendigen Rettungs- und Brandschutzzeichen durch Verwendung von lang nachleuchtenden Materialien auch bei Ausfall der Allgemeinbeleuchtung für eine bestimmte Zeit erhalten bleiben.

Die Erkennbarkeit der Zeichen bleibt ausreichend lang erhalten, wenn Eigenschaften und Qualität der lang nachleuchtenden Materialien den Anforderungen der DIN 67510-4 „Langnachleuchtende Pigmente und Produkte; lang nachleuchtende Produkte für Sicherheitsmarkierungen und -kennzeichnungen" entsprechen.

Als Lichtquelle zur Anregung der lang nachleuchtenden Materialien eignen sich vorzugsweise LED, Leuchtstofflampen oder Quecksilberdampfhochdrucklampen. Nicht geeignet sind Lampen mit überwiegendem Rotanteil und Natriumdampflampen.

Um einen besseren Leuchtdichtekontrast zwischen dem Sicherheitszeichen und dem Hintergrund zu erreichen, können Lichtkanten eingesetzt werden. Diese sind dann mit der Breite von 2,5 % der Breite des Zeichens auszuführen.

Bei der Anbringung von Sicherheitszeichen ist darauf zu achten, dass die Anbringung von zu vielen Schildern auf engem Raum vermieden wird. Dies kann dazu führen, dass

Schilder durch optische Überreizung übersehen werden. Auch soll darauf geachtet werden, dass Sicherheitskennzeichnungen ausreichend vorhanden sind, logisch und dauerhaft sowie lagerichtig gemäß den Darstellungen in den jeweiligen Regelwerken platziert werden und funktionsfähig sind. Die Sicherheitskennzeichnungen müssen regelmäßig gereinigt und ggf. ersetzt werden, damit sie ihre Funktionseigenschaften wahren können.

Sollen neue Gebäude mit Sicherheitszeichen ausgestattet werden, so sind die aktuell gültigen Symbole nach DIN ISO 23601, DIN EN ISO 7010 bzw. aktueller Fassung der ASR A1.3 zu verwenden. Bei bestehenden baulichen Anlagen und Einrichtungen ist eine Vermischung von alten und neuen Symbolen zu vermeiden.

Rettungszeichen

Rettungswege sind deutlich geführte und gekennzeichnete Wege zur Flucht von Personen sowie zur Rettung gefährdeter oder verletzter Personen. Damit die Führung solcher Rettungswege für jedermann erkennbar wird, werden Rettungszeichen verwendet.

Sicherheitskennzeichnung, Maße und Erkennungsweiten

Teil 3 Organisatorischer Brandschutz

Bedeutung	DIN 4844-3, BGV A8, alte ASR A1.3 ALT	DIN ISO 23601, DIN EN ISO 7010, neue ASR A1.3 NEU
Rettungsweg/Notausgang (links) (nur i. V. m. einem Richtungspfeil als Zusatzzeichen)		
Rettungsweg/Notausgang (rechts) (nur i. V. m. einem Richtungspfeil als Zusatzzeichen)		
Erste Hilfe		
Notruftelefon		
Sammelstelle		

Sicherheitskennzeichnung, Maße und Erkennungsweiten

Teil 3 Organisatorischer Brandschutz

Bedeutung	DIN 4844-3, BGV A8, alte ASR A1.3 ALT	DIN ISO 23601, DIN EN ISO 7010, neue ASR A1.3 NEU
Arzt/Ärztin		
Automatisierter Externer Defibrillator (AED)		
Augenspüleinrichtung		
Notdusche		
Krankentrage		

493

Sicherheitskennzeichnung, Maße und Erkennungsweiten

Teil 3 Organisatorischer Brandschutz

Bedeutung	DIN 4844-3, BGV A8, alte ASR A1.3 ALT	DIN ISO 23601, DIN EN ISO 7010, neue ASR A1.3 NEU
Notausstieg mit Fluchtleiter		
Rettungsausstieg		
Öffentliche Rettungsausrüstung		
Notausstieg		
Fluchtweg		

Bedeutung	DIN 4844-3, BGV A8, alte ASR A1.3 ALT	DIN ISO 23601, DIN EN ISO 7010, neue ASR A1.3 NEU
Öffnung durch Rechtsdrehung		
Öffnung durch Linksdrehung		
Notausgangsvorrichtung, die nach Zerschlagen einer Scheibe zu erreichen ist		

Tab. 32: Gegenüberstellung Rettungszeichen alt/neu (Quelle: DIN 4844-3, BGV A8, ASR A1.3, DIN ISO 23601, DIN EN ISO 7010)

⚠ Hinweis

Zusätzlich existiert noch je ein Symbol für die Kennzeichnung von Fluchtleitern (Symbol) und für die Kennzeichnung von Rettungsstühlen nach DIN EN ISO 7010/A5.

Sicherheitskennzeichnung, Maße und Erkennungsweiten

Teil 3 Organisatorischer Brandschutz

Brandschutzzeichen

Brandschutzzeichen sind Sicherheitszeichen, die den Standort von Feuermelde- und Feuerlöscheinrichtungen und/oder den Weg zu diesen kennzeichnen.

Bedeutung	DIN 4844-3, BGV A8, alte ASR A1.3 ALT	DIN ISO 23601, DIN EN ISO 7010, neue ASR A1.3 NEU
Feuerlöscher		
Löschschlauch		
Feuerleiter		

Bedeutung	DIN 4844-3, BGV A8, alte ASR A1.3 ALT	DIN ISO 23601, DIN EN ISO 7010, neue ASR A1.3 NEU
Mittel und Geräte zur Brandbekämpfung		
Brandmelder (manuell)		
Brandmeldetelefon		

Tab. 33: Gegenüberstellung Brandschutzzeichen alt/neu (Quelle: DIN 4844.3, BGV A8, ASR A1.3, DIN ISO 23601, DIN EN ISO 7010)

Zusatzzeichen

Manchmal ist es erforderlich, ein Sicherheitszeichen weiter zu spezifizieren, insbesondere, um die Richtung zu kennzeichnen. In diesem Fall müssen Zusatzzeichen verwendet werden. Zusatzzeichen dürfen nur zusammen mit einem Sicherheitszeichen angewendet werden und müssen direkt unter bzw. neben diesem angebracht sein. Textinformationen müssen im Bedarfsfall mehrsprachig ausgeführt werden.

Wenn ein Zusatzzeichen unter einem Sicherheitszeichen angebracht wird, muss die Breite mit der Breite des Sicherheitszeichens übereinstimmen. Die Höhe ist in diesem Fall abhängig von der Schriftgröße und der Menge an Informationen, welche auf dem Zusatzzeichen untergebracht werden müssen.

Wenn ein Zusatzzeichen rechts neben dem Sicherheitszeichen angebracht wird, muss die Höhe mit der Höhe des Sicherheitszeichens übereinstimmen. Hier ist die Breite des Zusatzzeichens abhängig von der Schriftgröße und der Menge an Informationen, welche auf dem Zusatzzeichen untergebracht werden müssen.

Bedeutung	DIN 4844-3, BGV A8, alte ASR A1.3 ALT	DIN ISO 23601, DIN EN ISO 7010, neue ASR A1.3 NEU
Richtungspfeil Rettungszeichen (nur i. V. m. Rettungszeichen)	→ (dunkelgrün)	→ (grün)
Richtungspfeil Rettungszeichen (nur i. V. m. Rettungszeichen)	↘ (dunkelgrün)	↘ (grün)
Richtungspfeil Brandschutzzeichen (nur i. V. m. Brandschutzzeichen)	→ (dunkelrot)	→ (rot)
Richtungspfeil Brandschutzzeichen (nur i. V. m. Brandschutzzeichen)	↘ (dunkelrot)	↘ (rot)

Tab. 34: Gegenüberstellung Zusatzzeichen alt/neu (Quelle: DIN 4844-3, BGV A8, ASR A1.3, DIN ISO 23601, DIN EN ISO 7010)

Sicherheitskennzeichnung, Maße und Erkennungsweiten

Teil 3 Organisatorischer Brandschutz

Kombinationszeichen

Verbots-, Warn-, Gebots-, Rettungs- und Brandschutzzeichen können auch mit einem Zusatzzeichen zusammen auf einem Träger als Kombinationszeichen ausgeführt werden. In der Regel handelt es sich dabei um Richtungsangaben. Nachfolgend sind gebräuchliche Kombinationen mit Rettungszeichen dargestellt:

Bedeutung vom Betrachter aus gesehen	Rettungsweg/Notausgang mit Kombinationszeichen
abwärts gehen nach rechts	
aufwärts gehen nach rechts oder eine freie Fläche nach schräg rechts überqueren	
abwärts gehen nach links	

Sicherheitskennzeichnung, Maße und Erkennungsweiten

Teil 3 Organisatorischer Brandschutz

Bedeutung vom Betrachter aus gesehen	Rettungsweg/Notausgang mit Kombinationszeichen
aufwärts gehen nach links oder eine freie Fläche nach schräg links überqueren	
geradeaus gehen oder geradeaus und durch eine Tür gehen (wenn das Zeichen über einer Tür angebracht ist) oder aufwärts gehen	
nach rechts gehen	
nach links gehen	
abwärts gehen	

Tab. 35: Kombination von Rettungszeichen und Richtungsangabe (Quelle: ASR A1.3)

Grafische Symbole für das Feuerwehrwesen (DIN 14034-6)

Im April 2016 wurde die DIN 14034-6 neu aufgelegt und ersetzte die bisherige Fassung von 2013. Unter anderem wurden folgende relevante Änderungen in die derzeit aktuelle Norm eingearbeitet:

- Die grafischen Symbole mit Feuerwiderstandsangaben wurden neu gestaltet und sind jetzt praxisgerechter und raumsparender.
- Bei einer Kombination von Feuer- und Rauchschutzabschlüssen darf der Buchstabe „S" (für Rauch, engl. *smoke*) ergänzt werden.
- Das Symbol „Anleiterstelle" (lfd. Nr. 23 nach DIN 14034-6) ist jetzt quadratisch mit schmalerer Leiter.
- Das Symbol „Information für die Feuerwehr" (lfd. Nr. 23 nach DIN 14034-6) ist jetzt quadratisch.
- Das Symbol „ELA-Einsprechstelle" (lfd. Nr. 38 nach DIN 14034-6) ist neu aufgenommen worden.

Die DIN 14034-6 legt grafische Symbole für bauliche Einrichtungen auf Grundstücken oder in Gebäuden oder baulichen Anlagen zur Anwendung im Feuerwehrwesen fest. Die grafischen Symbole sind z. B. bei der Erstellung von Feuerwehrplänen oder Feuerwehr-Einsatzplänen zu verwenden. Darüber hinaus sind grafische Symbole für registrierte Sicherheitszeichen in der DIN EN ISO 7010 enthalten.

Grafische Symbole für das Feuerwehrwesen

Teil 3 Organisatorischer Brandschutz

Für die systematische Unterscheidung der grafischen Symbole nach Bereichen müssen die Rahmenformen und -farben nach folgender Tabelle verwendet werden.

Bereich	Rahmenform[a]	Rahmenfarbe[b]	Grundfarbe[b]	Symbolfarbe[b]
Vorbeugender baulicher Brandschutz		Rot	Weiß	Schwarz
Löscheinrichtungen Löschmittelversorgung Löschmittelbevorratung Umweltschutz		Blau	Weiß	wahlweise Blau oder Schwarz
Schmutzwasser		Braun	Weiß	Braun[c]
Sonstige Zeichen		Schwarz[d]	Weiß[e]	Schwarz[f]

503

Grafische Symbole für das Feuerwehrwesen

Teil 3 Organisatorischer Brandschutz

Bereich	Rahmenform[a]	Rahmenfarbe[b]	Grundfarbe[b]	Symbolfarbe[b]

[a] Ausführung als Quadrat oder Rechteck
[b] Empfehlungen für Kennfarben siehe nachfolgende Tabelle
[c] Ausgenommen farbkombinierte Symbole „Löschwasserrückhaltung" (lfd. Nr. 75 nach DIN 14034-6) und „Verschluss/Abdeckung Oberflächenwasser-Einlauf" (lfd. Nr. 76 nach DIN 14034-6)
[d] „Gebäudeeingang", „Hauptzufahrt" und „Nebenzufahrt" (lfd. Nr. 82 bis 84 nach DIN 14034-6) ohne Rahmen
[e] Ausgenommen „Hinweis auf Gashaupthahn" (lfd. Nr. 78 nach DIN 14034-6) und „Hinweis auf Wassershaupthahn" (lfd. Nr. 79 nach DIN 14034-6)
[f] Ausgenommen „Hinweis auf Wassershaupthahn" (lfd. Nr. 79 nach DIN 14034-6), „nicht mit Wasser löschen" (lfd. Nr. 81 nach DIN 14034-6) sowie „Hauptzufahrt" und „Nebenzufahrt" (lfd. Nr. 83 und 84 nach DIN 14034-6)

Tab. 36: Einteilung der Symbol-, Grund- und Rahmenfarben nach Bereichen (Quelle: DIN 14034-6)

Für Aufsichtfarben gelten die auf der Grundlage von DIN 5381 bzw. der RAL-Kennfarbenkarte RAL-F 14 ausgewählten Mittenfarben, die auch bei ungünstigen Beleuchtungsverhältnissen gut unterschieden werden können und für grafische Symbole nach dieser Norm vorzugsweise verwendet werden sollten.

Kennfarbe	Bezeichnung nach DIN 5381	Bezeichnung nach RAL-F 14
Schwarz	Kennfarbe DIN 5381 – Schwarz	RAL 9004 Signalschwarz
Weiß	Kennfarbe DIN 5381 – Weiß	RAL 9003 Signalweiß
Rot	Kennfarbe DIN 5381 – Rot	RAL 3001 Signalrot
Blau	Kennfarbe DIN 5381 – Blau	RAL 5005 Signalblau
Braun	Kennfarbe DIN 5381 – Braun	RAL 8002 Signalbraun
Grün	Kennfarbe DIN 5381 – Grün	RAL 6032 Signalgrün
Gelb	Kennfarbe DIN 5381 – Gelb	RAL 1003 Signalgelb

Tab. 37: Kennfarben zur vorzugsweisen Verwendung bei grafischen Symbolen (Quelle: DIN 5381, RAL-F 14)

Nachstehend sind die derzeit geltenden Symbole dargestellt. Es wird darauf hingewiesen, dass es hier zu Veränderungen kommen kann. Deshalb empfiehlt es sich, sollte man

Grafische Symbole für das Feuerwehrwesen

Teil 3 Organisatorischer Brandschutz

die Symbole für das Erstellen von Feuerwehrplänen benötigen, zu überprüfen, ob eine neuere Fassung der Norm verfügbar ist.

Außerdem kann jede Brandschutzbehörde noch eigene Auslegungsregeln bei der Erstellung von Feuerwehrplänen vorgeben. Von daher wird dringend empfohlen, sich im Vorfeld der Erstellung von Feuerwehrplänen mit der zuständigen Brandschutzbehörde in Verbindung zu setzen, um Detailfragen zu klären.

Symbole für das Feuerwehrwesen

(Quelle DIN 14034-6; auf diese bezieht sich auch die Nummerierung):

Brandschutzklappe [a, b] (lfd. Nr. 1)

Brandschutzrollladen [a, b] (lfd. Nr. 2)

Feuerschutzvorhang [c] (lfd. Nr. 3)

Feuerwehr-Aufzug (lfd. Nr. 4)

Rauch- und Wärmeabzugseinrichtung (lfd. Nr. 5)

Rauch- und Wärmeabzugseinrichtung, Bedienstelle (lfd. Nr. 6)

Zuluftöffnung, manuell, für Rauch- und Wärmeabzugseinrichtung (lfd. Nr. 7)

mechanische Entrauchung (lfd. Nr. 8)

mechanische Entrauchung, Bedienstelle (lfd. Nr. 9)

Grafische Symbole für das Feuerwehrwesen

Teil 3 Organisatorischer Brandschutz

Brandwand [a, b] (lfd. Nr. 10)

Komplextrennwand (lfd. Nr. 11)

Geschossdecke (lfd. Nr. 12)

Geschossdecke mit Durchbruch (lfd. Nr. 13)

Gebäude mit weicher Bedachtung (lfd. Nr. 14)

Feuerschutztür [a, b] (lfd. Nr. 15)

Feuerschutzschiebetor [a, b] (lfd. Nr. 16)

Rauchschutztür [b] (lfd. Nr. 17)

Treppenraum; mit brandschutztechnisch bemessener baulicher Abtrennung, erreichbare Geschosse (lfd. Nr. 18)

Grafische Symbole für das Feuerwehrwesen

Teil 3 Organisatorischer Brandschutz

Treppenraum; mit brandschutztechnisch bemessener baulicher Abtrennung, erreichbare Geschosse, mit Treppenraumbezeichnung (Beispiel: Treppenraum 4) (lfd. Nr. 19)

Treppe oder Treppenraum; ohne brandschutztechnisch bemessene bauliche Abtrennung, erreichbare Geschosse (lfd. Nr. 20)

Treppe oder Treppenraum; ohne brandschutztechnisch bemessene bauliche Abtrennung, erreichbare Geschosse mit Treppenraumbezeichnung (Beispiel: Treppenraum B) (lfd. Nr. 21)

Sicherheitstreppenraum; erreichbare Geschosse mit Treppenraumbezeichnung (Beispiel: Treppenraum T 1) (lfd. Nr. 22)

Anleiterstelle (lfd. Nr. 23)

Fluchttunnel (lfd. Nr. 24)

Information für die Feuerwehr (lfd. Nr. 25)

Feuerwehrschließung [d] (lfd. Nr. 26)

Brandmelderzentrale (lfd. Nr. 27)

Grafische Symbole für das Feuerwehrwesen

Teil 3 Organisatorischer Brandschutz

Übertragungseinrichtung
(lfd. Nr. 28)

Feuerwehr-Anzeigetableau
(lfd. Nr. 29)

Feuerwehr-Schlüsseldepot
(lfd. Nr. 30)

Feuerwehr-Bedienfeld
(lfd. Nr. 31)

Feuerwehr-Gebäudefunkbedienfeld
(lfd. Nr. 32)

Blitzleuchte
(lfd. Nr. 33)

Hauptschalter
(lfd. Nr. 34)

Freischalteelement
(lfd. Nr. 35)

Feuerwehr-Stromversorgung
(lfd. Nr. 36)

Grafische Symbole für das Feuerwehrwesen
Teil 3 Organisatorischer Brandschutz

Erdungseinrichtung
(lfd. Nr. 37)

Löschwasserteiche
(lfd. Nr. 38)

Löschwasserbrunnen
(lfd. Nr. 39)

Löschwasserbehälter,
überirdische
(lfd. Nr. 40)

Löschwasserbehälter,
unterirdische
(lfd. Nr. 41)

Saugstelle für Löschmittel
(lfd. Nr. 42)

Wasser-
Staueinrichtung, vorbereitet
(lfd. Nr. 43)

Oberflächenwasser-
Schacht
(lfd. Nr. 44)

Oberflächenwasser-
Einlauf
(lfd. Nr. 45)

Grafische Symbole für das Feuerwehrwesen

Teil 3 Organisatorischer Brandschutz

Löschwasser-Sauganschluss, Unterflur
(lfd. Nr. 46)

Löschwasser-Sauganschluss, Überflur
(lfd. Nr. 47)

Unterflur-Hydrant
(lfd. Nr. 48)

Überflur-Hydrant
(lfd. Nr. 49)

Schlauchanschlussventil, trocken, C-Anschluss
(lfd. Nr. 50)

Schlauchanschlussventil, nass, C Anschluss
(lfd. Nr. 51)

Wandhydrant
(lfd. Nr. 52)

Löschwasser-Einspeiseeinrichtung, B-Anschluss
(lfd. Nr. 53)

Löschwasser-Pumpe
(lfd. Nr. 54)

Löschwasser-Pumpe
(lfd. Nr. 55)

Pulverlöschanlage
(lfd. Nr. 56)

Pulverlöschanlage Bedienstelle
(lfd. Nr. 57)

Grafische Symbole für das Feuerwehrwesen
Teil 3 Organisatorischer Brandschutz

Kohlendioxid-Löschanlage
(lfd. Nr. 58)

Kohlendioxid-Löschanlage Bedienstelle
(lfd. Nr. 59)

Schaum-Löschanlage
(lfd. Nr. 60)

Schaum-Löschanlage, Bedienstelle
(lfd. Nr. 61)

Schaum-Löschanlage, Einspeisung
(lfd. Nr. 62)

Sprinkleranlage
(lfd. Nr. 63)

Sprinkleranlage, Bedienstelle
(lfd. Nr. 64)

Sprinklerzentrale
(lfd. Nr. 65)

Sprühflutanlage
(lfd. Nr. 66)

Grafische Symbole für das Feuerwehrwesen

Teil 3 Organisatorischer Brandschutz

Sprühflutanlage, Bedienstelle
(lfd. Nr. 67)

Berieselungsanlage
(lfd. Nr. 68)

Berieselungsanlage, Bedienstelle
(lfd. Nr. 69)

stationärer Werfer (Monitor)
(lfd. Nr. 70)

Löschmittelvorrat, allgemein
(lfd. Nr. 71)

Löschmittelvorrat, Inhalt & Bezeichnung
(z. B. 200 l AFFFF)
(lfd. Nr. 72)

Schmutz-/Mischwasserschacht
(lfd. Nr. 73)

Löschwasserrückhaltung
(lfd. Nr. 74)

Verschluss/Abdeckung Oberflächenwasser-Einlauf
(lfd. Nr. 75)

Grafische Symbole für das Feuerwehrwesen
Teil 3 Organisatorischer Brandschutz

Absperreinrichtung, Rohrleitung
(lfd. Nr. 76)

Hinweis auf Gashaupthahn [f]
(lfd. Nr. 77)

elektronische Datenverarbeitung
(lfd. Nr. 79)

nicht mit Wasser löschen
(lfd. Nr. 80)

Gebäudeeingang
(lfd. Nr. 81)

Hauptzufahrt
(lfd. Nr. 82)

Nebenzufahrt
(lfd. Nr. 83)

Grafische Symbole für das Feuerwehrwesen

Teil 3 Organisatorischer Brandschutz

Legende
[a] In das graphische Symbol darf die Feuerwiderstandsklasse in Kurzform als Zahl gesetzt werden, z. B. 90 für EI 90-C5 oder 180 für EI 180-C5, Beispieldarstellung siehe lfd. Nr. 15). Mit "Fb" oder "Fh" gekennzeichnete Türen sind abweichend mittels Schriftzeichen zu kennzeichnen.
[b] Bei einer Kombination von Feuerschutz- und Rauchschutzabschlüssen (RS) darf der Buchstabe S (für Rauch - engl. smoke) mit aufgenommen werden.
[c] In das graphische Symbol darf die Feuerwiderstandsklasse in Kurzform als Zahl gesetzt werden; z. B. 60 für E60-C2 (Beispieldarstellung siehe lfd. Nr. 3).
[d] Nur i. V. m. den lfd. Nr. 82 bis 84 für die Gebäudeeingangs- bzw. Grundstückszugangssymbole
[e] In das graphische Symbol darf unter das Symbol innerhalb des Rahmens der Löschwasserinhalt gesetzt werden; z. B. 30 m^3, 50 m^3, 100 m^3.
[f] Kein graphisches Symbol, sondern lediglich ein eingerahmtes Wort.

Stichwortverzeichnis

A

Abnahme .... Seite 77
AbP... Seite 312
Abschottungen .... Seite 269
Absperrvorrichtung................................ Seite 367
Abwasserpläne.. Seite 465
Aerosollöschanlage .... Seite 245
Allgemeine bauaufsichtliche Zulassung .... Seite 270
Allgemeines bauaufsichtliches Prüfzeugnis... Seite 270, 312
Anbindung von Löschwasseranlagen.................. Seite 196
ASR A1.3.. Seite 474, 487
Assessment and Verification of Constancy of
 Performance .... Seite 411
Aufladelöscher .... Seite 114
Außenhydranten .... Seite 190
Auslösung von Rauchabzugsgeräten .... Seite 175
Auswahl der Feuerlöscher................................ Seite 139
AVCP-Systeme .... Seite 417

B

Bandschutzklappen............................... Seite 363
Bauartprüfung .... Seite 425
Bauprodukte.. Seite 287
Bauproduktenverordnung .... Seite 318
Bauregelliste B .... Seite 271
Baustoffe.. Seite 287
Baustoffklassen.. Seite 273, 287
Bauteile.. Seite 303

Stichwortverzeichnis

Bauteilzulassung.. Seite 271
Bemessungsgruppe .... Seite 163
Brandabschnitte.. Seite 334
Brandausbreitungsgeschwindigkeit .... Seite 161
Brandbekämpfungsabschnitt............................... Seite 334
Brandentwicklungsdauer..................................... Seite 155
Brandgase .... Seite 152
Brandgefährdung... Seite 133
Brandgut .... Seite 126
Brandklassen .... Seite 131
Brandklassen-Löscher-Zuordnung .... Seite 118
Brandmeldezentrale.. Seite 67
Brandschutzklappen.. Seite 367
Brandschutzordnungen .... Seite 433
Brandschutztechnische Grundanforderungen an
   Lüftungsanlagen .... Seite 361
Brandschutzverglasung....................................... Seite 396
Brandverhalten.. Seite 287
Brandverhütung... Seite 441
Brandversuch bei Lüftungsleitungen................... Seite 364
Brennbare Baustoffklassen (A)............................ Seite 288
Brennbare Baustoffklassen (B)............................ Seite 288

C

CE-Kennzeichnung....................................... Seite 278, 317
CE-Kennzeichnungssymbol .... Seite 418
CE-Zertifikat.. Seite 412
Chemisch wirkende Löschgase........................... Seite 263
CO2-Systeme.. Seite 262

D

Dampflöschanlagen .... Seite 247
Dauerdrucklöscher .... Seite 114
Declaration of Performance = DoP .... Seite 278
Deutsches Institut für Bautechnik .... Seite 220, 312
DIBt-Richtlinie für Feststellanlagen .... Seite 97
Dichtedifferenz .... Seite 152
Direkt-Anschlussstation .... Seite 226
Druckerhöhungsanlage .... Seite 200

E

Eignungsnachweis .... Seite 310
Einordnung in Feuerwiderstandsklassen .... Seite 363
Einsatz geringer Löschmitteleinheiten .... Seite 139
Elektrische Verriegelungssysteme .... Seite 374, 387
EOTA-Stellen .... Seite 318
Erhöhte Brandgefährdung .... Seite 134, 143
Ermittlung der bereitzustellenden Feuerlöscher .... Seite 130
Errichterfirma .... Seite 75
Erstellung einer Leistungserklärung (DoP) .... Seite 318
Europäische Technische Bewertung .... Seite 273
Europäische Technische Bewertung
  (ETAssessment) .... Seite 274
Europäische Technische Bewertungen .... Seite 315
Europäische Technische Zulassung .... Seite 273, 314
European Organization of Technical Approval-
  Stelle .... Seite 274
Ex-Bereich .... Seite 108

F

Feststellanlage .... Seite 86
Fettbrandlöscher .... Seite 128

Feuerhemmende oder feuerbeständige
   Verglasungen.. Seite 394
Feuerlöscher... Seite 111
   Grundausstattung.. Seite 139
Feuerüberschlag... Seite 167
Feuerwehrlaufkarten .... Seite 67
Feuerwehrpläne.. Seite 458
Feuerwehrschlüsseldepot.................................... Seite 377
Feuerwiderstand... Seite 271
Feuerwiderstandsdauer............................... Seite 300, 362
Feuerwiderstandsklassen .... Seite 170, 300
Fließdruck .... Seite 184
Flucht- und Rettungspläne .... Seite 472
Fluchttürhauben .... Seite 386
Flutungszeit.. Seite 194
Fugen.. Seite 309
Fugenabdichtungsprodukte................................ Seite 326
Funkenlöschanlagen .... Seite 244
F-Verglasungsarten... Seite 394

G

Gaslöschanlagen .... Seite 253
Gefährdungsbeurteilung nach § 3 ArbStättV .... Seite 133
Gefahrenmeldeanlagen... Seite 75
Geschosspläne .... Seite 462
Grundausstattung von Feuerlöscheinrichtungen .. Seite 140
Grundkomponenten elektrischer
   Verriegelungssysteme .... Seite 391
G-Verglasungsarten... Seite 394

Stichwortverzeichnis

H
Handauslöser .... Seite 104
Heißschaumlöschanlage .... Seite 236

I
Inbetriebnahme .... Seite 76

K
Kabel- und Rohrabschottungen .... Seite 284
Kabelabschottungen .... Seite 284
Klassifizierung .... Seite 284
Kohlendioxidlöscher .... Seite 126
Kombiabschottungen .... Seite 277
Komplextrennwände... Seite 400
Küchenlöschanlagen... Seite 246

L
Legende .... Seite 476
Leistungserklärung .... Seite 419
Leitungsanlagenrichtlinie .... Seite 284
Liste der Technischen Baubestimmungen Teil II... Seite 271
Löschanlagen in Lagerhallen .... Seite 239
Löschmittel.. Seite 118
Löschmitteleinheiten.................................... Seite 138, 141
Löschmitteleinheiten/Löschvermögen .... Seite 140
Löschvermögen .... Seite 140
Löschwasseranlagen nass/trocken .... Seite 191
Löschwasserleistung... Seite 186
Löschwasserleitung .... Seite 181
Löschwasserübergabestelle................................ Seite 201
Lüftungsleitungen.. Seite 360

M

Maschinelle Rauch- und Wärmeabzugsanlagen.... Seite 152
Melde- und Löscheinrichtungen .... Seite 444
Meldebereiche.. Seite 67
Musterbauordnung... Seite 309

N

Nassanlagen.. Seite 214
Natürliche Rauch- und Wärmeabzugsanlagen ...... Seite 153
Normale Brandgefährdung.................... Seite 134, 139, 142
Notausgangsverschluss .... Seite 378
Nottaste .... Seite 387
NRA .... Seite 153

P

Panikbeschlag .... Seite 376
Panikschlösser... Seite 383
Panikstangen... Seite 383
Panikstangen und Schlösser .... Seite 379
Paniktreibriegel.. Seite 384
Paniktürverschlüsse .... Seite 379
Piktogramme... Seite 487
Plankopf... Seite 476
Planung und der Errichtung von
  Entrauchungsanlagen in Hochregallagern......... Seite 145
Probebetrieb.. Seite 83
Produktzertifizierungsstellen............................... Seite 411
Prüfsiegel .... Seite 84
Prüfung der Brandmeldeanlage.......................... Seite 78
Pulverlöschanlagen... Seite 245
Pulverlöscher... Seite 119
PyroBubbles-Löschanlage .... Seite 248

R

Rauch- und Wärmeabzugsanlagen .... Seite 145
Rauch- und Wärmeabzugsgeräte .... Seite 153
Rauchabschnittsgrößen .... Seite 166
Rauchabzug .... Seite 148
Rauchabzug in Industriebauten .... Seite 343
Rauchdichtheit .... Seite 408
Rauchentwicklung .... Seite 293
Rauchgase .... Seite 151
Raumabschluss .... Seite 394
Rettungswege .... Seite 495
Richtlinie über brandschutztechnische
   Anforderungen an hochfeuerhemmende Bauteile in
Holzbauweise .... Seite 310
Rohrabschottungen .... Seite 284
Röhrenspantüre .... Seite 409
RWG .... Seite 153

S

Sanierung von bestehenden Nassanlagen .... Seite 193
Sauerstoffreduzierungsanlagen .... Seite 244
Schaumlöschanlagen .... Seite 235
Schaumlöscher .... Seite 119
Schaumwasserhydrant .... Seite 189
Schlauchhaspel .... Seite 186
Schlüsselkästen .... Seite 380
Schlüsselschalter .... Seite 389
Selbstschließende Abschlüsse .... Seite 409
Sicherheitskennzeichen .... Seite 491
Sonderbauteile .... Seite 303
Sprinkleranlagen .... Seite 214
Steigleitung .... Seite 181

Stichwortverzeichnis

Steigleitungen nass/trocken .... Seite 190
Streulichtmelder .... Seite 95
Sturzmelder .... Seite 98
Symbole für das Feuerwehrwesen .... Seite 511

T
Trinkwasseranbindung .... Seite 197
Trinkwasserverordnung .... Seite 196
Trockenanlagen .... Seite 215
Türbeschläge .... Seite 423

U
Übertragungseinrichtungen .... Seite 80
Unterteilung der betrieblichen Brandgefährdung .. Seite 133
ÜZ-Übereinstimmungszertifikat .... Seite 300

V
Vakuumlöschanlage .... Seite 246
Verglasungen .... Seite 393
Volumenstrom .... Seite 184

W
Wandhydranten .... Seite 181
Wandhydranten Typ „F" .... Seite 187
Wandhydranten Typ „S" .... Seite 186
Wandhydrantenschrank .... Seite 189
Wärmemelder .... Seite 95
Wärmestrahlung .... Seite 394
Wasserversorgungsdruck .... Seite 194

Z

Zargenhohlraum .... Seite 429
Zulässige Rettungsweglänge bei Industriebauten . Seite 339
Zulassungsbescheid .... Seite 107
Zuluftöffnungen .... Seite 148

Stichwortverzeichnis

Ihre Notizen

Ihre Notizen